酋长
如何掌权

史 前 政 治 经 济 学

[美]蒂莫西·厄尔（Timothy Earle）/ 著

张炼 / 译

浙江人民出版社

图书在版编目（CIP）数据

酋长如何掌权：史前政治经济学 /（美）蒂莫西·厄尔（Timothy Earle）著；张炼译. — 杭州：浙江人民出版社，2023.8
ISBN 978-7-213-11137-2

Ⅰ. ①酋… Ⅱ. ①蒂… ②张… Ⅲ. ①政治经济学-经济思想史-世界-古代 Ⅳ. ①F091.1

中国国家版本馆CIP数据核字（2023）第136061号

浙江省版权局
著作权合同登记章
图字:11-2023-065号

How Chiefs Come to Power: The Political Economy in Prehistory published in English by Stanford University Press.

Copyright © 1997 by the Board of Trustees of the Leland Stanford Junior University. All rights reserved. This translation is published by arrangement with Stanford University Press, www.sup.org.

酋长如何掌权：史前政治经济学

[美] 蒂莫西·厄尔　著　张　炼　译

出版发行：浙江人民出版社（杭州市体育场路347号　邮编　310006）
　　　　　市场部电话：(0571)85061682　85176516
责任编辑：莫莹萍　　　　　　　营销编辑：陈雯怡　陈芊如　张紫懿
责任印务：程　琳　　　　　　　责任校对：姚建国
封面设计：东合社·安宁
电脑制版：杭州天一图文制作有限公司
印　　刷：杭州钱江彩色印务有限公司
开　　本：880毫米×1230毫米　1/32　　印　　张：9
字　　数：205千字　　　　　　　　　　　插　　页：5
版　　次：2023年8月第1版　　　　　　　印　　次：2023年8月第1次印刷
书　　号：ISBN 978-7-213-11137-2
定　　价：78.00元

如发现印装质量问题，影响阅读，请与市场部联系调换。

献给我的研究合作者们：

夏威夷社会形态与经济项目（1971—1972）
负责人：马歇尔·萨林斯（Marshall Sahlins）
成员：伊丽莎·厄尔（Eliza Earle）

上曼塔罗考古研究项目（1977—1989）
共同负责人：特伦斯·达特罗伊（Terence D'Altroy）、克里斯汀·哈斯托夫（Christine Hastorf）、凯瑟琳·斯科特（Catherine Scott）
成员：凯茜·科斯汀（Cathy Costin）、梅丽莎·哈格斯特鲁（Melissa Hagstrum）、特里·莱文（Terry LeVine）、格伦·拉塞尔（Glenn Russell）、艾尔西·桑德弗（Elsie Sandefur）

卡尔查基考古项目（1990—　　　）
负责人：特伦斯·达特罗伊（Terence D'Altroy）、安娜·玛丽亚·罗兰迪（Ana María Lorandi）、维罗妮卡·威廉姆斯（Veronica Williams）
成员：伊丽莎白·德玛雷（Elizabeth DeMarrais）

曲半岛考古项目（1990—　　　）
负责人：延斯-亨利克·贝克（Jens-Henrik Bech）、克里斯蒂安·克里斯蒂安森（Kristian Kristiansen）、迈克·罗兰（Mike Rowlands）、尼克·索普（Nick Thorpe）
成员：乔伊斯·丹尼尔斯（Joyce Daniels）、鲍勃·丹尼尔斯（Bob Daniels）、克里斯蒂娜·凯勒塔斯（Kristina Kelertas）、约翰·斯坦伯格（John Steinberg）

中文版序

我非常高兴能在张烁的邀请与帮助下出版《酋长如何掌权》一书的中文版。语言问题常常在研究同一主题的学者之间造成壁垒，因此本译本旨在与一个新的学术群体建立联系，以共同探讨"社会进化"这一重大问题。在未来，我期盼能与我的中国同行们产生更多有价值的对话，你们所研究的案例涉及数千年间的无数社会变革，其中必定有许多能使我受教。

我过去的工作离中国很远，我的相关知识充其量也是十分边缘的。我的研究主要关注新世界（南美洲安第斯地区）、太平洋（波利尼西亚）以及北欧（斯堪的纳维亚）等地区的酋邦社会。若要历史性地审视，这些案例间的关联是什么？从表面上来看，他们之间毫无关联，各自有着独立的社会变迁史。但我相信，在他们各自运作以组织起中央集权且社会分层的区域性社会的过程背后，必定存在发挥了作用的共同机制。波利尼西亚与安第斯地区的初兴复杂社会在包含灌溉系统的集约化农业经济的支持下掌控住了密集的人口。与之相反，斯堪的纳维亚地区青铜时代存在着的则是低人口密度的社会，它们处在农业国家的边缘地带，凭借着对财富物品贸易的控制而得以存续,后者主要包括金属、琥珀以及可能存在的奴隶(Ling et al., 2018)。在本书中,我罗列出了各式帮助酋长创建区域性政治体的权力运行过程,包括对于基本财政和财富财政经济、战士力量以及宗教组织的控制。它们在不同的案例中以不同的方式相互混杂、配合。

中国深远的历史记录下了其非凡的社会政治复杂性,这在资本主义诞生之前的世界舞台上是无与伦比的。她的成就是众所周知的,其中包括持续的人口增长,对特有动植物的驯化(如粟黍、水稻、水牛),农业的高度集约化(如持续性地对土地施肥、修筑梯田及灌溉系统),稳固的定居聚落(由村庄最终发展为城市),复杂的高温技术(得以生产出最高品质的陶瓷及金属器),经济的专业化,不断发展的社会不平,以及大规模的政治组织机构等。对于你们所拥有的世界,我自身的理解始终是有距离的。我近年来在台湾展开了工作(Chao and Earle,即将出版),主要目的在于审视台湾东海岸酋邦社会的兴起,及其融汇为一个跨境贸易/劫掠综合体的过程。在我们的论述中,这一区域随后通过软玉及金属交换与东南亚的初兴复杂社会建立了联系,反而与此时的东南沿海地区相对隔绝。但是,中国的历史在这期间深刻地引起了我的兴趣,尤其是其在与世界其他社会的社会复杂性进化对比中显示出的独特性。

我们该如何解释中国发生的宏大社会进化过程?希望我这本书能为此提供一些洞见,或至少是一些值得考古学参与检验的假说。在青铜及铁器时代,中国社会已达到了国家的组织阶段,并通过广泛的贸易逐步与欧亚大陆上其他复杂社会或简单得多的社会建立了联系。这些联系以及潜在的生产与贸易体系成为后续许多社会发展的关键性驱动力。这一体系内的各成员间是相互依存的,通过世界经济运行使人类整体的复杂性得到发展，对于前者的控制既有区域性的，也有跨区域的。然而，真正定义了中国独特性的复杂性要素早在新石器时期相对独立的环境中就得到了长足的发展，并在随后通过征服、合并、竞争等手段扩展到了中国的周边区域。我相信，中国独特的早期历史以及她随后的扩张，都能通过本书展现的酋长权力动态体系得到一定程度上的解释。

简单地说，酋邦是统治着数千到数万人口的区域性政治体。出于分析的目的，我认为所有这一人口规模内的政治体都能被称作酋邦，尽管对它们的描述及称谓在不同的案例中各不一致。与简单的村落社会相比，社会组织的区域性规模需要有着相应的组织制度支撑，背后则是对于劳力及资源的调配能力。或许所有酋邦社会唯一的统一特征便是区域性的聚落等级结构，其中包括特殊的纪念碑、人口的集中定居点以及酋长群体独特的墓葬及住房等。酋邦社会既不是必定产生的，也不是单一变量的。它们展现了在潜在的政治经济体系差异基础上，制度形式发展出的强烈多样性。为向卡尔·马克思致敬，我将其称作强调独特政治经济体系和资源调配手段的不同"生产方式"（Earle，2020）。这些多样性的发展在某种程度上与生物进化有着很大的相似性，这也将帮助我们进行理解。

实际上，我希望结束那些识别如酋邦这样的社会类型的尝试。社会类型学发展出了关于定义标准的各色清单，而这无疑已变成了史前史研究者的克星，以及当前研究所批判的焦点。相反，我更强调区域性社会（或者说酋邦）形成并得以维持的具体过程。这些社会全都有酋长吗？这在民族志中或许被清晰地记述并标定了下来，如在波利尼西亚所发生的那样，但它们在考古学中的识别既不容易，也从未被统一。这便是因为权力的基本特征各异，会根据经济控制、战士力量、宗教信仰等权力来源社会要素的不同而产生各自的表现。取得控制的机会通常会系统性地出现，而当早期领导者意识到这一点时，他们便会开展各种措施来增强其统治。如夏威夷的案例所展现的那样，灌溉系统的修建明确地定义了财产所有权，酋长对其修建活动的组织又使其获得对于劳力服务的总体权利（参见第二章）。统治的水平高低与否事实上并不能代表相应社会是否已与更平等、更小规模的社会有了质的区别。相反，酋长们所拥有的权力和控制能力会根据其发展政治经济体系的差异而有着明显不同。因此，后者才是我试图考察的主题。

还有一个不断被提出的问题是，酋长的行为到底出于其个人利益，还是群体利益。答案显然是在这两者之间不断变化的一种平衡。集合行动理论（collection action theory）认为，不同类型的国家（以及作为其形成基础的酋邦）依其收入来源构成了一条光谱（Blanton and Fargher，2008）。酋长权力来自调配本地劳力和资源的程度越高，便越依赖于群体的支持，且需要提供相应的服务。他们需要开展仪式，以及其他会将平民与领导者相互捆绑并为后者带来优势的活动。但当权力收入来自外部时，领导者便会更强调其自身的利益，并将其与大众有效地隔绝开来。这不是对于酋邦的类型学划分，而是资源调配过程和控制组织财政之间存在的区别。当然可以在合作结构酋邦（酋长强调社会的一般利益）和排他酋邦（领导者致力于使自身与平民不同）之间做出简单的二元划分（Blanton et al.，1996），但如上文所述，在实际的情境中，不同手段是会被混杂着以使权力中央化的。

当我以考古学的视角看待酋邦时，我发现不同案例间的对比更加凸显了各自权力关系和来源的重要影响。许多早期酋邦都以纪念碑建筑而闻名，这显示了酋长从仪式活动中获取权力的能力。这些酋邦通常都会修建非凡的纪念碑景观以展现区域性的权力组织，但其中的酋长却并不一定会在日常消费和丧葬行为上与平民有所区分。另一种情况是，酋邦会更依赖于对特殊物品的购置与制造，通常会因此与远方建立联系，而从群体外部获取权力，并愈加强调这些物品因此所获得的独特性，这便是所谓的排他性策略（Blanton et al.，1996）。因此，酋长的地位更可能在住房、物品消费以及特殊墓葬中对于个体的标识中得到表现。根据这些参照标准，不同时空条件下的酋邦中所应关注的重点便有所不同。

我发现，在新石器时代的中国，酋邦的诞生与定居社群内的一套独特等级体系有关，并与仪式活动有着密切的联系。然而，随着时间的推移，玉石器变得越来越重要，其获取被限制，只有熟练工匠才能参与制作，并会最终被用来标识精英的特殊地位。我注意到，许多玉石器尽管除展示外并不能被实际使用，但却代表着武器，这是精英统领战士力量的明确标识。更晚阶段中征服战争与战士的重要性很有可能在区域性酋邦的阶段里便已初步形成。在这之中，贸易的角色是相当重要的。贸易将象征性权力的来源从本地拉远到了跨区域的尺度上。在中国核心的农业国家诞生与发展之时，其周边呈弧状分布着许多酋邦政治体，它们在一定程度上控制住了特殊物品的流动，而这又是核心区域的城市精英们所渴求的。尽管和农业核心地带相比，周边区域所诞生的酋邦密度很低，但它们却适应出了控制贸易瓶颈的发展手段（Earle et al.，2015），这些通常由畜牧人群构成的战士社会甚至还时而能够征服核心区域。

与自然选择相似，社会变迁也代表了进化过程中的选择，针对的是各式各样的制度组织及行为模式。它作用于文化行为和它们的后果，而不是由基因所决定的表现型。如同自然选择，社会选择也并不是具有内在目标或无法避免的，而代表了个人和群体为其所感知到的自身利益和生存所做出的一次次决定。群体选择会发挥作用，如更大、更中央化的人群常在竞争中驱除或吞并更简单的社会。但这并不是始终如此简单的，群体的组织是多层次的，其中包含着更次一级的群体，后者也会因本地或其他产生冲突的利益而相互开展斗争。考古学作为一门历史科学，其重要目标之一便是研究社会进化的过程与结果。中国深厚的社会历史及其内在的时空对比及变化为研究提供了难得的机会。我很高兴我关于酋邦进化的思考能被提供给中国的学者们，希望这对研究社会长时段的形成发展有所裨益。

蒂莫西·厄尔
2023 年 2 月 1 日

参考文献

Blanton, R., G. Feinman, S. Kowalewski and P. Peregine. 1996. A dual-processual theory for the evolution of Mesoamerican Civilization. *Current Anthropology* 37: 1—14.

Blanton, R. E and L. Fargher. 2008. *Collective Action in the Formation of Pre-Modern States*. New York: Springer.

Chao, Chin-yung and T. Earle. in press. Taiwanese prehistory: Migration, trade and the maritime economic mode. *Current Anthropology*.

Earle, T. 2020. *A Primer on Chiefs and Chiefdoms*. Clinton Corners, NY: Eliot Werner Publishers.

Earle, T., J. Ling, C. Uhner, Z. Stos-Gale and L. Melheim. 2015. The political economy and metal trade in Bronze Age Europe: Understanding regional variability in terms of comparative advantages and articulation, *European Journal of Archaeology* 18 (1): 1—25.

Ling, Johan, T. Earle, and K. Kristiansen. 2018. Maritime mode of production: Raiding and trading in seafaring chiefdoms. *Current Anthropology* 59: 488—524.

序

　　书籍是大量劳动与思考的产物。在20世纪70年代初的密歇根大学，我的老师肯特·弗兰纳里（Kent Flannery）、理查德·福特（Richard Ford）、罗伊·拉帕波特（Roy Rappaport）、马歇尔·萨林斯、埃里克·伍尔夫（Eric Wolf），以及亨利·怀特（Henry Wright）将我引入了关于生态、经济、社会及政治之间复杂交互过程的探索与思考之中。当时的考古学研究生们都在关注所谓的"社会考古学"，即如何描述史前人类群体的组织并解释其社会进化。我们关注其中的多样性、复杂性，以及历史情境中的特殊性，讨论的对象从瓦哈卡州与墨西哥谷地一直延伸到伊朗、马达加斯加、太平洋地区，社会适应的各种原动力（Primemover）理论则不断为我们所批判。

　　我的第一份学术工作是加州大学洛杉矶分校人类学系的助理教授。在那里我度过了23年的时光。我被聘请来为考古学和社会文化人类学这两门学科建立相互沟通的桥梁。得益于在密歇根大学受到的训练，我自然地具备了这种学术视野上的广度，而与同事及研究生们共处的经历则使我持续受教。我最亲密的学术盟友是艾伦·

詹森（Allen Johnson）和吉姆·希尔（Jim Hill），他们是优秀的文化生态学家，关注人类是如何在多样的环境中成功生存下去的。社会人类学方向的同事包括资深学者希尔达·库珀（Hilda Kuper）、莎莉·福尔克·摩尔（Sally Falk Moore）和年轻一代的弗朗西斯卡·布雷（Francesca Bray）、南希·莱文（Nancy Levine）和安娜·西蒙斯（Anna Simons）。我在理解社会组织如何建立的问题上，受他们助益良多。西北大学现在的新同事们也会继续让我得到教益。

但让我受教最深的并不来自学院之内，而在考古田野之上。在这里，混乱而令人困惑的人类废弃物记录了人群及其社会的历史。向从未亲身参与考古项目的人介绍其内容是困难的。这一强调合作的事业包括一系列活动：一些单调的任务，从提供早餐到处理汽车抛锚；资料的收集工作，包括组织计划、发掘、实验室分析；剩下的则是超凡的智识构建，各种各样的观点被提出、争论、舍弃、优化。考古项目的合作者都会发展出亲密的伙伴关系，并知悉项目的意义与辛劳。这些人分享着共同的生活与目标，他们的观点逐渐融混而难以清晰地分辨出每个人各自的贡献。紧接着，我们回到学术世界中，又重新试图辨认出各自所属的部分，回答谁应该发表哪一部分、工作成果该如何分配的问题。因此，我要将本书献给我所经历的考古项目中的同事及研究生，这是我们共同拥有的。

本书实际的写作过程很长。通过努力思考人类社会的复杂性，笔者得以依次考虑各组复杂关系，提出观点，反思它们的优缺点，然后再费力地将它们联系到一起。在此要特别感谢伊丽莎白·布鲁菲尔（Elizabeth Brumfiel）、特伦斯·达特罗伊（Terence D'Altroy）、伊丽莎白·德玛雷、伊丽莎·豪·厄尔（Eliza Howe

Earle)、克里斯汀·哈斯托夫、安东尼奥·吉尔曼（Antonio Gilman）和帕特里克·基希（Patrick Kirch）。他们帮助我发展了本书的论点，并阅读了（有时是反复阅读）本书的早期版本，指出了我未发现的行文不一致、疏漏和错误。或许这本书真的应归功于他们，而我要对那些还未被发现的错误负责。

作者很多时候就如同野兽一般，他会从餐桌上偷偷溜走，粗鲁地把家人拒之门外。当别人需要关爱的时候，他却在考虑文法与体例。我非常感激我的家人，我的妻子伊丽莎（Eliza），我的两个女儿卡罗琳（Caroline）和海丝特（Hester），以及我通过美国战地服务团（American Field Service）结识的女儿伊娜·伊凡迪（Ian Iffandhi）。他们参与了田野工作，与我讨论发现，争论意义，并无私地后退，以满足我写作所要求的自私。

最终，我觉得写作已大体完成，便将其提交给了"虎视眈眈"的斯坦福大学出版社。高级编辑穆里尔·贝尔（Muriel Bell）和助理编辑埃伦·F. 史密斯（Ellen F. Smith）负责本书的审阅与印刷。文字编辑林恩·斯图尔特（Lynn Stewart）为本书的精进花费了大量精力。大部分插图初版由黛博拉·厄德曼（Deborah Erdman）负责，并最终由迈克·加百列（Mike Gabriel）完成。

我的田野工作与写作获得了许多不同来源的经济资助。最初的草稿写作于1994—1995学年，当时我正在休加州大学洛杉矶分校的公假。田野工作主要由以下五项国家科研基金赞助：夏威夷社会形态与经济项目（GS728718X1）、上曼塔罗考古研究项目（BNS8203723）、卡尔查基考古项目（BNS8805471）、曲半岛考古项目（DBS9207082、DBS9116921）。田野资助也部分来自其他一些组织，包括温纳·格伦基金会（Wenner-Gren Foundation）、富布赖特委员会（Fulbright Commission），社会科学研究协会（Social Science Research Council），主教博物馆（Bernice P. Bishop Museum），曲半岛与西汉赫雷德博物馆（Museum for Thy and Western Hanherred），丹麦国家森林与自然机构（National Forest and Nature Agency of Denmark），丹麦研究协会，加州大学洛杉矶分校（学术委员会、国际研究与海外项目、人类学系、考古学友会、考古学项目），西北大学，哥伦比亚大学，明尼苏达大学。我在这里感谢他们慷慨而持续的支持。

目　录

导　言　政治权力的本质 / 1

第一章　三个酋邦社会的长时段发展：丹麦、夏威夷及安第斯 / 18

第二章　经济权力的来源 / 71

第三章　军事权力：赤裸裸的力量 / 111

第四章　意识形态作为权力来源 / 151

第五章　酋长的权力策略与复杂政治组织的诞生 / 205

参考文献 / 225

索　引 / 253

译后记 / 267

图表目录

表

表 1.1　曼塔罗谷地的考古序列 / 56
表 1.2　上曼塔罗谷地人口变化预估 / 57
表 3.1　曲半岛考古计划发掘所得燧石匕首的分布 / 134

图

图 0.1　世界独立政治体的数量变化 / 12
图 1.1　丹麦曲半岛 / 20
图 1.2　曲半岛的古孢粉图示 / 25
图 1.3　曲半岛市区新石器石斧及巨石墓葬纪念碑的分布 / 27
图 1.4　曲 2758 遗址一号房屋 / 30
图 1.5　青铜时代早期比耶聚落的一号大型房屋（曲 2999 遗址）/ 33
图 1.6　曲半岛森讷哈市土堆墓分布（主要为青铜时代早期）/ 34
图 1.7　考爱岛 / 37
图 1.8　与欧洲首次接触时的考爱岛威美亚湾 / 39
图 1.9　夏威夷群岛人口增长估计曲线 / 45
图 1.10　安第斯地区截面图及自然地理空间海拔分布 / 50
图 1.11　秘鲁上曼塔罗谷地 / 51
图 1.12　上曼塔罗谷地万卡二期聚落模式 / 61
图 1.13　万卡二期大型中心聚落图南马卡 / 62
图 1.14　万卡二期中心聚落图南马卡一景 / 63

图1.15　万卡二期图南马卡聚落中精英与平民天井建筑对比 / 64
图1.16　上曼塔罗谷地万卡三期聚落模式 / 66
图1.17　万卡二期、三期中心聚落哈通马卡 / 67
图2.1　怀尼哈河心岛上的传统灌溉系统 / 82
图2.2　威奥利阿胡普阿中历史聚落及农业区域的布局 / 85
图2.3　夏威夷拉帕卡依周边狭窄的阿胡普阿旱田和道路系统发展的三个阶段 / 94
图2.4　秘鲁亚纳马卡谷地的排水田 / 97
图3.1　旱地平线期石板上表现斩首与开膛景象的刻画图案 / 119
图3.2　曲2758遗址一号房屋出土的丹麦新石器晚期燧石匕首及微型燧石匕首 / 133
图3.3　曲半岛青铜时代早期（蒙特留斯二期）的酋长佩剑 / 136
图3.4　与欧洲接触时期夏威夷的近战武器 / 143
图3.5　夏威夷最高酋长卡拉尼奥普乘双壳体木舟前往凯阿拉凯夸湾会见库克船长 / 145
图3.6　文中涉及的考爱岛最高酋长的谱系图 / 146
图4.1　丹麦巨石墓道墓葬剖视复原图 / 172
图4.2　夏威夷的柳条神；中为几件威望物品，包括一件卡希里；下为个人近战武器 / 184
图4.3　考爱岛威美亚湾的一处海奥（库克船长所见）/ 186
图4.4　大型卢阿基尼海奥的俯视复原图 / 187
图4.5　茂宜岛海奥建造年均总劳力投入估计 / 189
图4.6　考爱岛哈纳佩佩谷地的现代灌溉系统 / 191
图4.7　包含两座特殊方形建筑的图南马卡中心仪式广场 / 196
图5.1　酋长权力策略中不同权力来源之间的关系 / 216

导　言
政治权力的本质

关于人类社会进化的问题是人类学及其他社会科学所面临的一大难题。相关学术史很长、成就极多，涉及社会、政治、经济等不同层面的理论（如 Harris，1968）。如果想对此有所了解，我建议阅读最近的一些综合性研究，如詹森与厄尔（Johnson and Earle，1987），普莱斯与费曼（Price and Feinman，1995），或桑德森（Sanderson，1995）的著作。大部分理论常常强调人类社会的整合特性（如 Flannery，1972；Service，1962；Steward，1955），认为问题的解决得益于领袖的出现，并继而使群体迎来成功。

然而，一种对社会进程的新认识则强调个体的能动性。布鲁菲尔（Brumfiel，1992，1994）便着重关注人类群体中多样的利益与动机，以及社会中反映性别、年龄、派别、族属、阶级等的不同群体。复杂社会并没有那么等级分明（hierarchical），而实际上更像是"异质性的"（heterarchical）（Ehrenreich, Crumley and Levy，1995），这意味着这些群体会使内在的等级划分产生分裂并反抗社会的整体一致性。这些新观点揭露了将人类社会制度化的问题。然而，尽管关注人类生活中的无政府化倾向是有意义的，但我们也知道，复杂人类社会仍是带有较强制度性的。这究竟是如何发生的？为了回答这一问题，我将重点关注领导者如何获得权力，以及权力是如何被制度化的。

从政治逻辑出发，我相信领导权带来的个人收益足以解释对威望与统治权的追求。或许不是所有人都想要统治他人，但却永远存在有这种想法的个体。为什么？有人会试图寻求生物学意义上的解释，认为这带来了成功的再分配。这种论断简单且具说服力，但却超出了本书想要讨论的范围。追随利奇（Leach，1954）的观点，我姑且假设在所有社会中总会有人寻求政治上的优势。这当然可能是错的。我们要认识到，不同的文化在根本上具有差异，且都应在各自的体系内去理解。这是人类学家的信条。不过，在人类的多样性之中，显然也存在一些社会生活层面上相似的主题与过程。在这里，我想划定一种一般意义上普遍存在的社会行动——政治统治的制度化及其延续。

尽管从政治的角度来看，试图建立统治的动机反复出现，但不同社会中的领导者对统治的具体追求却也有所差异。一些文化的价值体系会阻止政治权力的发展，并作为一种文化（意识形态）工具来反对拥有政治欲望的个体。而在大多数文化中，获取权力的过程也是复杂及多维的。这涉及与其他潜在领导者的竞争，以及社会对领导权的反抗或限制。

我并**不是**想说明所有社会情境下都会出现领导者。想要建立统治的个体会因为各种原因失败，文化也是其重要因素之一。我并不试图解决动力问题——即为什么人们想做他们做的事，这离我的考古学视角太远。我将集中关注组织问题，其目的是理解酋邦的区域性组织是如何建立，以及如何被潜在精英所统治的（参见 Mann，

1986：7)。

在这层意义上，我考察的问题可被简化为：**是什么使得潜在领导者成功或失败？**本书试图回答这么一个直接的问题，并对政治过程及其在人类社会进化中的位置做出基本的说明。

一些定义

在介绍具体的政治过程之前，我们有必要先定义并简单讨论一些相关的有趣概念。

权威（authority）指领导行为所带来的权利与责任。这种领导权的权限及相应的社会位置由其所处的特定群体所规定。据马克斯·韦伯（Max Weber）的观点，权威是一个社会学概念，指无需物理强制的对命令的服从。人们自愿地跟随一个领导者，并天然地认为这是正确的，而领导者则有义务去维持社会的平稳运行。在一个无政府的社会里，权威的大小由个体所处的特定社会位置所决定。不同社会位置在仪式、社交、军事等具体行动中具有不同的权利与义务（如 Mair, 1977）。扮演领导者的角色对于某些个体而言是非常"自然"的，因为他们已通过血缘世系或其他被认可的能力取得了相应的社会位置。近来的一些研究转而关注其中的不确定性。尽管世系结构可能会指明某个个体适合成为群体的领导者，但实际情况却由更为复杂的政治过程所决定（Moore, 1978）。在竞争之中，权威紧接着变成权力的一项来源。其根源则来自传统的价值体系与体制化的组织结构。我将权威看作是意识形态的一部分。

权力（power）由领导者对他人的掌控程度来衡量（Mann,

1986：6）。不同于权威，由于普罗大众的顺从不会是自愿的，权力背后或明或暗地存在着胁迫行为。社会科学中关于权力的讨论有很多（参见 Adams，1966；Barnes，1988；Bloch，1989；Foucault，1970，1980；Giddens，1979；Lenski，1966；Mann，1986）。在我看来，社会权力不是一种资源，而是一种人际不平等关系（Giddens，1979：91）。为创造权力网络，不平等关系通过多样的媒介被组织起来。举例而言，迈克尔·曼（Michael Mann，1986：1）便将社会看作是"由多重交叠和交错的社会空间的权力网络构成的"。理论家们列举出了各种权力的不同来源，包括社会组织、经济、武力、意识形态及信息等等（Friedman and Rowlands，1977；Mann，1986；Earle，1987，1994a；Haas，Pozorski and Pozorski，1987）。权力正是通过这些媒介而得以形成。每个社会中最主要的权力来源都不同，但所有社会中权力的来源都是多样的。政治过程涉及这些不同来源之间的互动，且特定历史条件下对这些来源的结构化获取决定了政治集权与制度化的长期成效。我将试图证明这一点。

控制（control）指管控权力来源相关媒介资源的能力。这些媒介各自的特质决定了其是否便于被操控。社会中的权力之网应在强制保持对中央权威的顺从上发挥作用。举例而言，通过战士及他手中的剑刃，武力能够发挥极强的强制作用。但这种权力本身能被小群体直接控制而独自使用吗？如果不行，那么武力便可能会造成分裂与混乱。为了理解权力的各种来源如何被用于强化统治体制，有必要先探讨权力媒介的获取途径是如何被制度化限制的。社会中权力的本质与效用直接来自对权力来源的独占。

权力的来源

对于那些试图控制社会权力的新兴酋长来说,最主要的关注点便是可获取权力的来源。酋长权力来源何处?是社会关系、经济、军事还是意识形态?这很大程度上决定了酋长政治地位的影响范围及稳定程度。

社会关系是一种潜在的权力来源。人类是社会性的动物,我们不断地在个人的生命历程中建立或打破关系。可以想象,人群之间的日常交往一定会受生物联系的影响。夫妻、亲子、兄弟姐妹之间都会持续地相互扶持、合作或者竞争。家庭生活中每天都在发生的亲密关系自然地与权力相连,且这种权力关系还会通过更大的亲属单位,如宗族、氏族①而维持和放大(Malinowski,1944;Johnson and Earle,1987)。政治舞台的建立依赖于文化规则与价值所塑造的亲属关系。

在传统社会中,因个体在社会分层中的地位很大程度上决定了他的权威,故提高社会地位在政治进程中十分重要。文化中的亲属关系决定了相应的权利与义务,其中便蕴含了对于他人的权力。政治活动中的个体会策略性地通过婚姻、收养、认义子②等手段操控

---

① 人类学中区分宗族(lineage)与氏族(clan)的常用标准即能否明确地上溯出群体的共同祖先世系。由此可以看出,尽管它们都宣称群体有着共同的祖先,但氏族的范围要大于宗族。——译者注

② 原文为"godfathering",指成为某人的教父,具有基督教色彩。实际可扩展至所有无生育事实的拟亲子关系。——译者注

这些关系以集中、扩展权力。如在特罗布里恩（Trobriand）岛民中的乌里古布（urigubu）行为，丈夫会从他妻子的兄弟那得到甘薯（Malinowski，1922）。表面上这就是简单的互惠交换，男性个体为其姐妹的丈夫付出而从他妻子的兄弟那获取。然而，通过迎娶多个妻子，酋长便能操控这种交换来积累大量的甘薯。马林诺夫斯基（Malinowski，1935）便曾提到一个拥有多达 80 位妻子的强大酋长。

酋邦通常被认为是血缘社会，指个体的社会、政治地位由他/她在亲属关系中的位置所决定。教科书上常见的此类案例来自东波利尼西亚（Sahlins，1958）。个体的地位通过他与中心血缘谱系（长子继嗣）之间基因上的远近来计算。地位的排序又进而决定个体在政治职务中的重要性与相关权利。地位最高的男性（嫡长子）继承其父亲的最高统治权。在这个位置上，他既拥有权威，又能通过特殊渠道获得经济、军事及意识形态权力。地位较低的个体也会因其在酋邦分层中的位置获得一定特权。在夏威夷，最高统治者同时也是系谱的专家。如有个体想要担当政治职务，他会求见系谱专家，背诵其家谱，并宣称他应该取得某项职务，如阿利伊艾阿胡普阿（ali'i'ai ahupua'a），即"享有公共食物的酋长"。弗里德曼和罗兰（Friedman and Rowlands，1977）曾提到在一个前国家社会（指史前欧洲的部落组织）中酋长通过联姻来控制亲属系统以建立特权的例子。本地的酋长能够通过操控特殊商品、宴飨、婚姻的流动来获得政治权威。亲属系统与政治的关系以及由此而来的关于劳力的权利、个人支持因此应被看作是酋长权力策略的基础。

但亲属关系实际上并不是很好的权力来源。依照定义，每个人都是与他相关的血缘网络的中心，他们都能通过不断延展和利用亲属关系来建立自己的社会关系网。因此，亲属关系在等级化程度较低的社会中更重要，因为它提供了一个所有人都能使用的寻求帮助的策略，这同时也起到极好的社会均衡作用。酋长被看作是可以提供帮助的对象，同时在道德上也有着相应的义务（Sahlins，1972）。若要研究酋邦的起源，也需关注亲属制度是如何被群体所操纵，以迫使新出现的领导者妥协，明确每个个体所具有的道义上的权利。尽管亲属制度在建立恰当社会关系上的作用传统悠久，它能够成为所有社会成员，包括酋长自身寻求支持的一项有效媒介，但我并不将其作为社会权力的主要来源。

社会阶层化过程中的意识形态变迁，通常包含统治者与被统治者之间亲属关系的打破。最终，亲属关系的均衡作用被其他更易控制的权力来源所抑制。社会系统会使个体间的优势出现分化，但这些系统是如何被创造并维持的？亲属制度可被部分纳入关于统治的意识形态里，个体会尽力操控它来获取政治优势。但我们仍需探讨，通过地位、财产继承而表现出来的更为制度化的不平等是如何形成的。这将带领我们转向三个主要的权力来源：经济、军事及意识形态。

经济权力来源于能够被购买的服从。它植根于关于物质回报与攫取的简单原理。人类社会的生产、交换模式决定了其中成员获取生产、生活资源和商品的途径。马克思主义认为，私有制是资本主义社会形成的基础。在资本主义社会中，普通人因缺乏必要生产资料而无法有效地从事商品生产，他们必须为生产资料的拥有者工作，以被剥削为代价换得必要的生活资料。对此，马克思主义的解决方案是革命——打破资本主义下少数人的经济权力，并将之掌握在国家手中以维护工人的权利。

在酋邦中，控制生业、财富的生产和交换同样是政治权力形成的基础。在夏威夷，地方酋长分配给平民基本的生产资料，即灌溉农田，以换取他们在酋长领地与特殊工程中的劳作。掌握灌溉系统便控制住了当地的首要生业方式，酋长由此得以管控平民的劳力。你的居住地只能是在土地管理人"让你工作"的地方。相反，在青铜时代的丹麦及北欧其他地方，区域精英的崛起则依靠于对特殊生产技术及威望物品（prestige goods）[①]的掌控（Friedman and Rowlands，1977）。

经济权力来自掌控关键生产资源或商品的能力。对生业资源及技术的控制是一种简单但有效的权力来源。对交换的控制则提供了掌控更大区域的潜力，但其内在的分散性却又使得它同时具备削弱与增强中央控制的可能性。并且，经济权力也为酋长发展其他权力来源提供了有效的物质手段，这或许才是它真正的价值所在。相应地，经济权力也依赖于其他权力来源——军事力量会被用来保护资源，而意识形态则能将不平等的资源获取合法化。

军事权力来源于强制性的服从。社会阶层尚未组织化时，强力的领导者依靠武力胁迫来获得服从。最基础的武力就能达到极好的效果。政治进程中的一大要点便是能有效地利用这种强制性的权力。在安第斯的例子中，领导者都是以个人武力闻名的优秀武士（辛切科纳 [cinchekona]，单数形式为辛切 [cinche]），时刻准备着

[①] 威望物品是第二章和第四章的重要概念，同时也是探讨欧美史前早期社会复杂化的一个重要指标及分析对象，指那些能够帮助特定群体积累威望的物质工具。具体而言，在考古学语境中，威望物品与特定社会的意识形态背景相关，主要可分为两种，包括来自异域的具有神秘感的稀缺物品，以及本地生产但由意识形态赋予特殊意义的物品。——译者注

面对杀戮与死亡。酋长麾下的战士们也是他权力的依靠,他们因亲属关系及对领袖的忠诚而甘愿服从。吉尔曼(Gilman,1981)认为政治领袖都是当地的"恶棍",常以保护的名义展开勒索。政治上的支配地位确实以特殊战斗技巧、武器等带来的强制性优势为基础(Goody,1971;McNeill,1982)。

从赫伯特·斯宾塞(Herbert Spencer)19世纪的成果出发,罗伯特·卡内罗(Robert Carneiro,1970,1977,1981)高度强调战争在政治系统形成与发展中的重要性。他认为,没有人会自愿地服从于他人的权威,正是肉体层面上的斗争带来了领导权,而复杂政治系统则是由征服这一行为塑造的。地区性的战争正是酋邦的特征,权力的崛起总是有着军事上的根源(Carneiro,1981)。夏威夷的最高酋长(the paramount chief)很少自然死亡,而总是死在内外战场之上或刺杀之下。

然而,军事力量显然也是一种问题频发的权力来源。酋长依靠战士来建立政治统治,但由于随时可能出现反噬,他同时也会害怕战士。在冰岛的萨迦传说、夏威夷统治世系的历史叙事、安第斯领主们的行径中,造反、叛乱、阴谋屡见不鲜。尽管领导者们依赖他们的战士来扩展政治权力,但他们也得时刻警惕背叛。从根本上来说,武力在领导权的制度体系中是不利于稳定、常常制造分裂的。只有当其能被策略性地掌握时,它才能发挥出有效的作用。

意识形态来源于常规化的服从。随之而来的是一套完整的权威结构与对规则的制度化实践。意识形态是建立社会秩序的准则——社会政治组织是怎样结构化的,以及为什么会存在特定的权利与义务。意识形态是文化的一部分,它与特定的社会群体相联系。这些群体通常有着较为独特的信仰、行为、仪式及物质文化模式。在某种程度上，意识形态代表着文化向度上的统治群体，它影响着整体社会秩序规则的设立，继而使统治更为便利并合法化。在秘鲁高地，酋长被描绘成担负着保卫群体安全任务的凶狠的战士。群体的存续被认为有赖于战士。夏威夷的酋长则被看作是神，身穿由色彩鲜艳的各式羽毛制成的斗篷，这被认为是神的装束。当夏威夷最高酋长在玛卡希基（Makahiki）仪式中巡视全岛，收取年度赋税时，他就是罗诺神（Lono），影响着土地与人民的繁盛发展。

结构马克思主义者认为物质基础、社会结构及意识形态之间有着复杂的因果关系。因此，传统社会发展出了亲属关系或王权意识形态来保障社会的再生产（Friedman and Rowlands，1977；Godelier，1977；McGuire，1992；Meillassoux，1981）。统治意识形态通常会包含一套关于宇宙"自然"秩序的叙述，来证明特定社会、政治及仪式行为对维持世界的正常运转是必要的。领导者必须被拥护，拥护者需要被领导。这是宇宙秩序的一部分，并通过神话、传说、仪式等行为融入日常社会生活中。社会体制正是用意识形态来构建的。

信息是权力的基础之一（Barnes，1988）。本质上来说，追随者总是有"权力"反抗，但领导者却会操控信息来使统治精英所拥有的权威变得理所当然。领导权的一大特征便是能够发声。男女头人（Big man or Big woman）一般都是优秀的演说家，常常向追随者陈说遵从他们的好处及必要性。酋长或他们的代理人会公开演讲以说服、指导及感谢追随者。沟通的作用还可以通过此后凸显领导权的仪式活动与修建纪念碑等来延展与强调。后者又显示了领导者组织社会劳力的能力。一般而言，一套完整的社会秩序建立后，便不再需要一直凭借"说服"来使人们保持合作。

如同亲属关系和军事力量，意识形态本身也是一种脆弱的权力来源。每个个体都能信仰并宣扬任何他认为恰当的内容。因此文化本身便是碎片化的，代表了来自不同年龄、性别、职业、地域、阶级以及个体的不同声音（Keesing，1985）。如果我们将文化看作是人群共同持有的规范与价值，那么就难以理解文化（或更狭义的意识形态）如何能逐渐被广泛接受并成为一种有效的权力来源。每个人都被其个体经验与偏好所塑造，都对现实事物的本质有着个体化的理解与认知。意识形态只有以一种既能被集中操控，又能在目标群体的日常中被体验的物质形式表现出来，才能塑造群体的信仰并指引社会行为。正是这种物质化的过程将意识形态嵌入生产的经济过程之中，并使其在政治权力的竞争中具有了中心位置。

对权力网络的控制

政治权力受到多种因素的影响，它们既可建构也可破坏中央权威。因此，政治权力天生便是有问题的。那么，难道向复杂中央集权社会的进化只是一个神话？难道所有试图去掌控、固化权力的举措都注定会走向失败？从长时段的角度来看，尽管政治实体兴亡不断，但若以单个政治体所控制人口的规模为标准，确实存在着政治系统的持续进化。事实上，随着世界人口的不断增长，人类历史中独立政治体的数量却经历了显著的下降（图 0.1）（Carneiro，1977）。在新石器时代之初，最大的政治群体可能也只有数百人的规模。我们可以推测，当时应该存在超过 10 万个这样的政治体。而现在最大的政治体却容纳了超过 10 亿人，联合国组织中则只有大约 160 个主权国家。

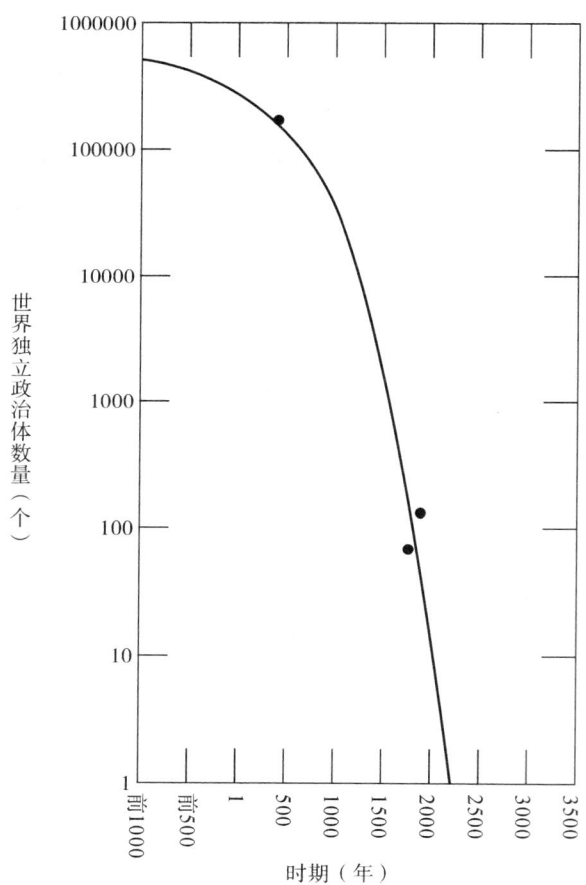

图 0.1　世界独立政治体的数量变化（Carneiro，1977）

---

① 文中所指的时间是 20 世纪 90 年代初，至 2023 年联合国已有 193 个会员国，参考其官方网站。——译者注

在社会的竞技场上，权力网络相互重叠、交错（Mann，1986）。为了获得优势地位，或仅仅是想在竞争激烈的政治世界中生存下去，有志向的领袖或统治群体必须尽可能多地掌控有效的权力媒介。在竞争权位时，可能因多个领导者各自掌控不同权力来源，从而难以构建出有效的中央集权等级结构的情况（Crumley，1987）。在许多情况下，不同权力基础被制度化地分隔，常会导致政治格局的不稳。集权政治组织的出现在社会进化的轨道中更像是例外而不是通则。举例而言，迈克尔·曼（Mann，1986）认为中东地区主要国家的进化是不寻常的。它们是沙漠人口依赖灌溉技术所产生的经济权力的结果。对政治权力来源的有效控制是社会组织稳定、统治发展的基础。这种控制可能最终取决于一种逐步发展的政治经济的物质化过程。它能够支撑所有权力来源的发展并进而成功地将其纳入控制。

是否有某种权力来源具有最根本的作用？没有哪种权力来源可以单独作为政治组织形成的媒介，每种来源都在特定的情况下发挥最主要的作用。教皇能摧毁君主，反之亦然。语言与利剑都很强大，而经济的影响也毫不逊色。

但在一个稳定、集权的政治组织建立的过程中，不同权力来源的作用却也不是分量相当的。尽管所有的来源都可能被用来建构权威，但作为基础的仍是物质。经济的物理本质使其在规模大、延续时间长的社会组织形成过程中充当着最为理想的媒介。生产与交换本质上便是组织化的，它们能够将人群有机、牢固地联系在一起。物质产品被用来满足需求、创设象征、制造威胁。社会关系的力量由此得到展现，但却比关系本身更为持久并具有更强的扩展性。文化产品的流动表明胁迫与信仰也需通过有组织的经济关系来发挥作用。对经济的控制因此能够保证对其他权力媒介的长时间使用。

限制竞争对手对不同权力来源的获取是领导者在创建、扩展、维持政治组织上获得成功的基础。潜在的权力来源会随着社会复杂性的提高而增多，而政治组织则正是通过强化链接不同权力来源的能力来提升其规模。对这些权力来源的控制都需直接或间接地经政治经济体系来达成。我们可以得到一个结论，即不同权力来源在根本上相互纠缠、相互依赖，并植根于同一物质基础。

物质基础使得不同的权力来源以经济为基础，对资源与技术的控制可被逐步扩展至对人类活动的控制，尤其是对劳力的控制。因此，尽管提升社会复杂性的方式有很多，但许多都是死路一条。政治扩张和中央集权机构的建立要求既有的权力来源植根于经济控制。与此同时，同样也不存在无法避免的政治集权化。我们将会看到，夏威夷酋长虽然得以掌控一套高度集权化的组织，但秘鲁的万卡（Wanka）酋邦则持续保持着分裂。

本书继承了多线进化论的取向（Steward，1955；Johnson and Earle，1987）。这一视角中"多线"的部分指提升复杂性的不同路径。各类权力来源存在于其所处的特定历史条件下，它们能以无穷多的方式被组合起来。权力来源的本质及其组织方式会影响具体政治体的长时段动态变迁。"进化论"则意味着我们将重点关注组织化政治体的扩张、崩溃等动态变化。但我并不认为社会进化本身便足够令人满意或是不可避免的（向某种技术性的目标机械地演进)。① 我更倾向于认为存在变化的力量决定（通过"自然选择"的方式，如果你愿意这样说的话）政治组织的特征。以扩展及延续的能力为标准，为什么某个系统能够"成功"，而其他的则失败？我认为其决定因素正是酋长控制及扩展不同权力来源能力的强弱。

研究酋邦

酋邦（chiefdom）指拥有组织化统治能力及一定社会分层的区域政治体，通常包含数千或数万人（Carneiro，1981；Earle，1987）。酋邦是中间层次的政治体，勾连了小型村庄政治体与大型官僚制国家之间的进化鸿沟（Johnson and Earle，1987）。尽管酋邦是多种多样的，但通常而言，这一层次上的组织具有政治等级结构，或一套用于协调与决策的多序列重叠等级结构（Johnson，1982）。在这样的等级结构中，少数群体会取得优势并进而导致社会分层（Sahlins，1958）。考古学家以纪念性建筑及威望物品的出现与分布为标志，以记录酋邦社会的进化（Creamer and Haas，1985；Earle，1987；Peebles and Kus，1977；Renfrew，1973，1974）。

酋邦本质上是处于发展初期的政治组织，因此为理解领导权的发展提供了重要的标准。酋长已经是掌管事务的成熟领导者。当一个外来者表述道"带我去见你们的领袖"时，是能够被酋邦社会所

---

① 书中所用的这一"进化"（evolution）实际上更偏向汉语中的"演化"，即不带有明显方向性及优劣性，主要是由社会与环境情境选择造成的变化。但为了与旧有的学术及文化传统保持一致，本书将该词统一译为进化。——译者注

理解的。酋长掌管的事务是高度概括的,因此他可以负责各类具体的政治、宗教、经济事务,以获取不同的权力基础,并通常不会局限于单个方面。因此,理解酋邦社会同时也是理解此后国家社会兴起时社会复杂性发展的关键。

我认为酋邦的动态变化本质上与国家相同(Earle,1978)。国家的起源也需放在酋邦的诞生与发展中去理解。酋邦历史中展现的进化策略在某些情况下也能适用于大规模、政治高度集权社会的制度化过程。但更多的则导致了一些地区政治体的高度分裂与不稳定。对酋邦社会中既能促进中央集权、对外扩张,也可导致分裂的动态变化的理解,能为我们提供一个看待现代世界历史背景的视角。

本书的论证将基于三个具体案例——新石器及早期青铜时代的丹麦(公元前2300—前1300年),从最初定居到融入世界经济体系之中的夏威夷(公元800—1824年),以及从早期瓦克拉普基奥(Huacrapukio)酋邦到印加帝国时期的秘鲁安第斯高地(公元500—1534年)。我十分荣幸在这三个地区完成了大量的田野工作。这些社会都属于酋邦社会,其政治体规模都在千人尺度上,最多也只有数万人。它们都拥有初级阶段的政治领袖,并出现了一定的社会分层。我们的目标是在对每个案例千年左右的史前史的研究基础上,试图评估其酋邦社会长时段的动态进化过程。

这些案例展现了拥有不同社会权力基础的酋邦。事实上,我们是在"酋邦如何形成并发展权力"这一问题的导向下,试图展开有效的对比研究。不同权力媒介是如何影响政治组织发展的长时段策略的?如上所述,各地区的具体经济状况极大地影响了权力来源的可选项。酋长们只能使用他们能够使用的方式来获取权力。但同时他们的行为也常会有无法预见的后果。最初的酋长试图掌控权力的具体行为会影响政治系统的动态发展。在权力网络中做出的选择是非常机会主义的，但不同权力来源为政治组织提供稳定性及扩展潜力的能力是不同的。我们的研究预设是，案例间**经济基础与历史背景的差异**会帮助我们理解其所采取的权力策略与政治得失上的不同。

与其逐个分析案例，我更倾向围绕不同权力来源及其相互关系、动态发展来展开综合性的讨论。在简单介绍完每个案例及其千年文化史后，我将重点分析酋长使用的不同权力来源，以及这些来源是怎样被综合使用的。我的最终目标是确知酋长是如何获得权力的，以及这些不同的权力基础对相应的社会进化策略有怎样的可能影响。

第一章
三个酋邦社会的长时段发展：丹麦、夏威夷及安第斯

我们可以通过考古学、历史学的方法来观察世界各大陆、海岛上的酋邦社会的长时段动态发展（Earle，1987）。为了研究这些在社会文化进化序列中处于中间阶段的社会（指既不是平等的部落，也不是官僚化的国家），我分别选择了三个地区以展开调查：丹麦的曲半岛（Thy，公元前 2300—前 1300 年）；夏威夷的考爱岛（Kaua'i，公元 800—1824 年）；秘鲁的曼塔罗谷地（Mantaro Valley，公元 500—1534 年）。表面上看，这三个区域的酋邦社会几乎没有共同点。他们位于不同的大陆或偏远的海岛，各自的年代不一。千百年来，他们之间几乎没有任何文化上的联系，也不存在移民或其他形式的交流。他们所处的自然环境也完全不一样。

总之，被选中的案例都是相对独立的。研究得出的共性结论不会是由共同的历史传统或对相似环境的适应所造成的。基于这两方面的简单解释显然是不适用的。反之，通过这些案例，我们既能发现酋邦社会中政治进程演进的一般过程，也能探究不同进化策略中所反映各自社会的独特之处。

第一章 三个酋邦社会的长时段发展：丹麦、夏威夷及安第斯

以下将用相同的格式简单介绍丹麦、夏威夷及安第斯社会的基本情况，以便比较研究能更好地开展。首先，我们将阐述案例所处的时空及环境背景。之后会综合可得的考古学、历史学材料来对三个社会的聚落模式、生业发展、技术演进、环境变迁展开分析。环境与人口的长时段演变将为酋邦搭建起发展、兴衰的基本舞台。

丹麦 曲半岛（公元前2300—前1300年）

丹麦地处北欧，纬度在北纬55度及以上。丹麦的领土包括德国以北的日德兰半岛，较大的岛屿如西兰岛、菲英岛、洛兰岛，以及许多较小的岛屿。这个国家几乎被水包围——北海在西，波罗的海在东。相对于农业繁荣的中欧及文明发达的地中海沿岸，丹麦常处于边缘地位。由于对于水生资源的有效利用，此地的中石器时代人群很晚才接受农业（约公元前3500年）。但从另一个角度来看，丹麦同时也是北欧的商业及政治中心，对包括斯堪的纳维亚半岛、波罗的海及低地诸国[①]、不列颠群岛等在内的广泛区域造成了深刻影响。中世纪早期，城市中心开始于此涌现，维京商人、强盗及殖民者也从丹麦出发远航到纽芬兰及拜占庭等地区。

我选择开展研究的区域是曲半岛，地处日德兰半岛的西北边缘（图1.1）。曲半岛的面积不大，约为2100平方千米。其地平整而狭长，被西部的北海及东部的利姆水道所包围。此地起伏不大（海拔

[①] 低地国家（low countries）为对欧洲西北沿海低地地区荷兰、比利时、卢森堡三国的统称。——译者注

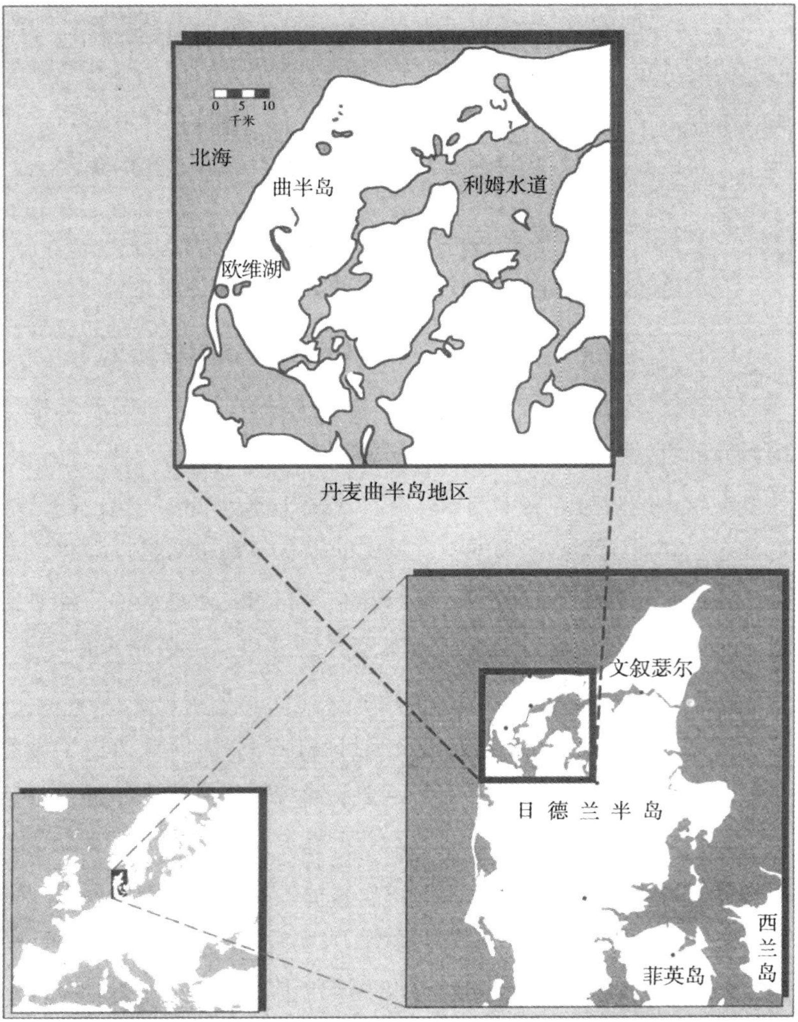

图 1.1　丹麦曲半岛（John Steinberg）

最高为 74 米），其上有一些小溪、湖泊及沼泽。地表以下分布着白垩纪地层，地面上覆盖的则主要是晚更新世的冰碛土，土质肥沃，包含有燧石及冰川漂砾。西边强劲的向岸风及海浪持续侵蚀着陆地，并将沙砾吹向内陆。曲半岛原本是独立的岛屿，但冰后期发生的隆起活动抬升了其与北部文叙瑟尔地区之间的海床，并将它们连为一体。冰碛土与原先的海床区域现在被用来种植作物，畜养猪与奶牛。捕鱼活动则在海岸边持续兴盛。同时也有一些荒地被作为空地重新保护起来。该地的气候相对寒冷，极限气温主要受周围的水体影响（2月平均气温为 0.3 摄氏度，7月平均气温为 16.3 摄氏度）。总体降水量较为稳定（年均降水量约为 750 毫米），秋季降水量最大，冬季常会下小雪。由于地表缺少较大的径流及灌溉设施，夏季的干旱对农业收获影响很大。

丹麦的案例将集中关注其从新石器时代到青铜时代的转变（公元前 2300—前 1300 年）。这一过程长达千年，且我们并没有可资利用的文献材料。但我们或许能根据稍晚的铁器时代的情况做出一些相关推理。这一时期从不列颠到阿拉伯世界的许多有文字的社会都留下了关于北方入侵者的记录（Hedeager，1994）。斯堪的纳维亚的口传历史也生动地描述了他们的生活。其中最有名的是叙事诗《贝奥武甫》（*Beowulf*）（Huppé，1987），一项重要的古英文文献。该文献明确成书于公元 8 世纪，并记载了发生在公元 6 世纪丹麦的故事。后续的冰岛文文献同样大大增强了我们对于晚期斯堪的纳维亚社会的理解·(如《尼亚尔萨迦》［*Njal's saga*］［Magnusson and Pálsson，1960］、《埃吉尔萨迦》［*Egil's saga*］［Pálsson and Edwards，1976］及斯诺里·斯图鲁松［Snorri Sturluson，1966］记下的诸神话诗篇）。

这些早期文献记载中的世界归属于一支狂傲的民族，他们在各个地区的"王"及其麾下战士的治下。吉尔曼（Gilman，1995）曾指出，日耳曼社会普遍追求酋长间的平等关系，而只允许小规模不平等的存在。因为军事力量本身会不断被挑战，由此所建立的秩序也就不稳定。《贝奥武甫》的故事提到了三代丹麦霸主的故事，他们的政权最后传到罗瑟伽（Hrothgar）手中。罗瑟伽因其在对外劫掠上的成功而获得了大量支持者，并在其统治期间修建了著名的"鹿厅"（Heorot）。在那里，他举办宴会，并向其盟友和支持者分发财物。他麾下的战士酋长们也于此休养并时刻准备着为保卫其领主而战。

> 一如往常，
> 留守大殿的无数勇士
> 收拢凳板，铺开被枕……
> 他们将闪闪发亮的椴木圆盾搁在枕边，
> 身旁长凳上，整整齐齐一字排开
> 久经战火的头盔，
> 铁环织就的胸甲，
> 威名远扬的长矛。
> 他们早已习惯随时准备战斗，
> 无论在家在外，无论何时何故，
> 只要首领要他们效力。（Huppé，1987：67—68）[①]

---

① 中译参考冯象译：《贝奥武甫》，生活·读书·新知三联书店，1992年，第64—65页。——译者注

由于罗瑟伽的鹿厅受到"残忍的恶魔"葛篓代（Grendel）的袭击，贝奥武甫来帮助这位遭遇危机的国王，并最终收到了黄金制品作为回报。战场上的无畏也使贝奥武甫在欧洲文学史上占据了重要的位置。

此时的丹麦由多个竞争中的酋邦所组成。等级更高的"王"并不强势，他们的权力与威望建立在大量的掠夺与对罗马帝国遗留财富的继承上。赫迪格（Hedeager, 1994）指出，理解早期维京时代的关键是"礼物"经济。酋长们会在每年的春秋时节前往南方大肆掠夺，以获取通过用于礼物交换与展示来提升个人威望的战利品。最近一些关于中世纪冰岛的研究生动地描述了维京酋长们是如何在寒冷的北大西洋地区定居，建立阶层社会，并对抗挪威诸王试图加之其上的政治控制的（Byock, 1988; Durrenberger, 1992; Miller, 1990）。斯堪的纳维亚的酋长们并不循规蹈矩。某个当地酋长可能会向一位"王"宣誓效忠，但也会随政治环境的变化而轻易转变态度。

以上的历史文献提供了一个可与青铜时代的丹麦相比拟的政治模式。但只有依靠考古材料，我们才能真正理解曲半岛在公元前2300年至公元前1300年时期政治情况的动态变化。丹麦是欧洲考古学研究历史最长的国家之一，而曲半岛的考古资料尤为丰富。从19世纪末开始，丹麦政府开展了大量的调查，系统地记录了此地区的史前遗址（Ebbesen, 1985）。令人印象深刻的是，曲半岛有着数千座丹麦地区保存情况最好的新石器及青铜时代的土堆墓。在法律上，所有被发现的金属制品都属丹麦王室所有，曲半岛出土的超过一百件的金属剑和其他青铜或金制品因此得以被妥善保存在哥本哈根的国家博物馆中。国家博物馆的考古学家们还发掘了曲半岛一些保存良好的铁器时代土堆遗址（Hatt, 1935; Kjær, 1928;

Vebæk，1971）及面临海水侵蚀威胁的遗址（Liversage and Singh，1985；Liversage，1987）。本地的齐斯泰兹（Thisted）博物馆极好地保存了地区考古遗址的档案及发掘报告，并收集了大量的出土遗物。在延斯-亨里克·贝克（Jens-Henrik Bech）的领导下，博物馆针对那些因农业活动、基础建设等事件而面临威胁的计划外土堆墓及居址开展了大量的抢救性发掘（Bech，1985，1991；Bech and Haack Olsen，1985）。（"计划外"指其并未被纳入丹麦政府的永久保护名单中）

在这些丰富的考古工作基础上，曲半岛考古项目于1990年开始进行。这一项目是多学科导向的，旨在调查从新石器时代到中世纪这一长时段中的景观变迁与社会进化。为对考古遗址展开保护与研究，丹麦环境部下属部门的负责人克里斯蒂安·克里斯蒂安森聘请了一支国际考古团队，包括延斯-亨里克·贝克（齐斯泰兹博物馆）、迈克·罗兰（伦敦大学学院）、尼克·索普（温彻斯特大学）及本人（加州大学洛杉矶分校、西北大学）。丹麦地质调查局地质植物学部门的斯文·安德森（Svend Th. Andersen，1993、1995）对古孢粉展开了研究，以重建曲半岛的长时段环境变迁。通过对哈辛休斯莫斯（Hassing Huse Mose）沼泽的深钻，他绘制了此地区的古孢粉情况简图。曲半岛考古项目团队则对沼泽周边的相关区域（10千米直径，总面积约314平方千米）展开了集中的考古调查。在过去三年里，丹麦、英国、美国的团队对两个市[1]（森讷哈

---

[1] 丹麦自1970年起将旧有的堂区（parish）和市镇（market city）合并为统一的自治市（municipality），原书作者依个人习惯使用parish，译文直译为"市"，即丹麦最小行政单位。——译者注

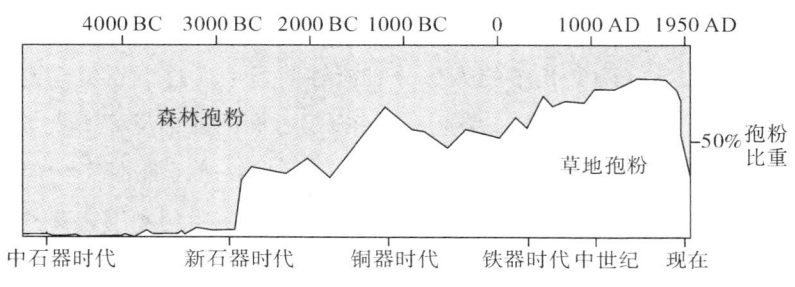

图 1.2 曲半岛的古孢粉图示（Andersen，1995）。

[Sønderhå] 与赫尔特堡 [Heltborg]）开展了系统的田野调查，并发掘了五个新石器晚期和四个青铜时代早期的居址，以及七座新石器与青铜时代的墓葬土堆。我们的目标是获取曲半岛景观下聚落分布及家户活动的系统记录，以扩展当前的考古知识。

为了将我们研究的时段放到更广阔的背景下理解，让我们先来关注更早时期，即农业聚落初建之时的情况。新石器时代稍早阶段，曲半岛定居着以漏斗杯陶文化（Funnel Beaker Culture）为主的农业社会（公元前3500—前2600年）。孢粉记录（图1.2）显示这一时期为森林植被的持续发展阶段。森林植被孢粉谱系中的不同种属发生变化，表明存在植被被清理后的次生繁衍。此时期同时也发现了谷物孢粉的痕迹。一些本地树种显然被清除了，但也有一些仍被保留。安德森认为，此时人们的生业经济为强化的"移动灌木农业，人们会利用生长着次生灌木的林地（从榛树、蕨类及蒿类植物的增长可看出）短期种植谷物，之后在其中放养动物"（Andersen，1993：91）。

漏斗杯陶文化末期，丹麦的农业经济已能支撑一定人口数量的农民。此时新的农业基础促使了技术条件的变迁，其中包括驯化动物及谷物、用来清理森林植被的磨制石斧、简单的犁及精致陶容器的出现。丹麦发现的犁地证据都出土于墓葬土堆中（Kristiansen, 1990）。漏斗杯陶文化中的人口分布能够明显地通过巨石纪念碑、堤道环壕、长条形土堆墓表现出来。聚落方面的证据反而不太多。在丹麦某些地区曾发现一些大型长屋，但大多数地区都并不存在居住的痕迹。在曲半岛，除了一个拥有两间疑似房屋的小型聚落外，仍未发现任何其他聚落。此前的抢救性发掘曾记录了一些分散的灰坑以及一处包含大量燧石废片的堤坝，这些也暗示了聚落的存在。图 1.3 展示了漏斗杯陶文化中薄柄斧及同时期墓葬纪念碑的分布。曲半岛的人口主要集中在东海岸，但由于居址较小且缺乏高强度建设，很难识别出具体的聚落。约公元前 2700 年，有明确的证据表明，一群相对密度较低、农业程度较高的人群开始在曲半岛定居繁衍，并向原有的荒野扩展。但相比于丹麦其他地区，如东日德兰半岛，曲半岛墓葬纪念碑的密度仍较低。

大部分研究者认为，漏斗杯陶文化中已出现简单的社会等级，并存在类似其他头人社会中的简单领导关系（Jensen, 1982; Kristiansen, 1984）。纪念碑最能证明等级的存在，如巨石墓葬、围墙等（详见第四章）。举例而言，建造大型墓葬需要大量的劳力，在建造过程中很可能存在一定的领导与管理。同时，对于一个中央墓室而言，其中混杂的骨殖应来自多次的埋葬活动，每次都需要重复地打开覆盖其上的巨型冰川碛石。显然，当地人群中只有一小部分被埋藏于此（Kristiansen, 1984）。这一实践或许代表了一种群体认同（与偏个体化的相对），以将某些祖先与衍续群体相关联。对纪念碑的占有体现了一定程度上的排他性（参见 Hodder, 1990）。

等到公元前 2600 年的新石器中期，一场迅速而强烈的经济政

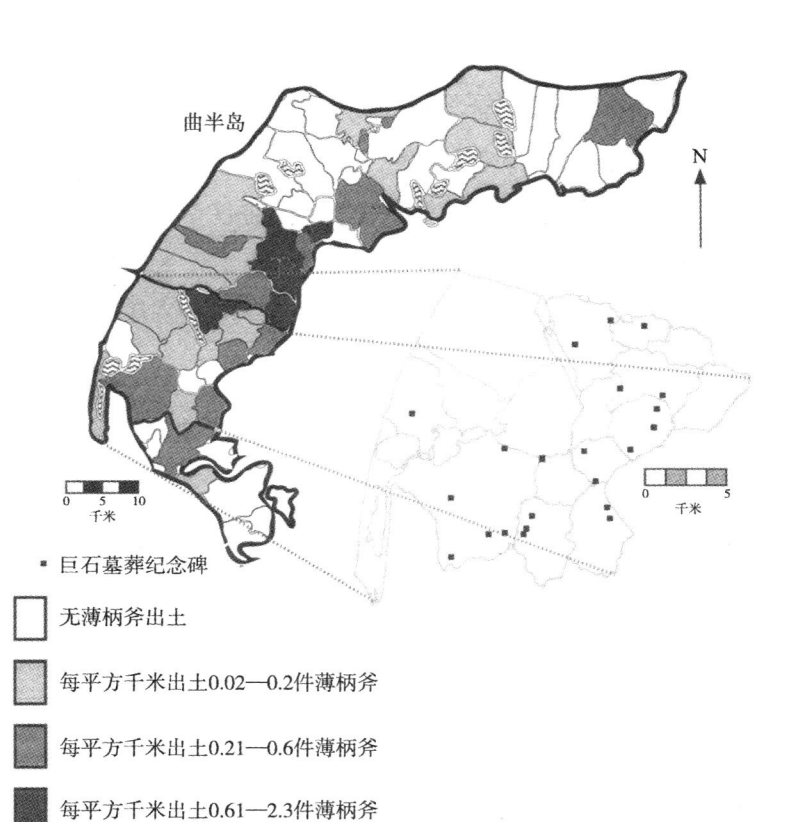

图 1.3 曲半岛市区新石器石斧及巨石墓葬纪念碑的分布（均来自漏斗杯陶文化）(John Steinberg)

治变动开始发生。独墓文化（Single Grave Culture）占据了日德兰半岛西南部，漏斗杯陶文化几乎于此绝迹（Glob，1944；Kristiansen，1989）。经过一段或各自独立或相互合作的共存时期，新来的牧人们逐步迁移至漏斗杯陶文化存在的丹麦其他区域。在曲半岛，独墓文化人群快速地改变了当地景观（图1.2）。森林的快速消退与人口增长证据的缺乏表明，这片土地已被开发为畜养牲畜的牧场。尽管高强度的田野调查发现了不少独墓文化的纪念碑式墓葬,但并没有辨识出此时期的聚落,而只在侵蚀海岸边发现了一座小型房屋(Liversage,1987)。当时当然存在聚落,但其较小的规模和延续时间的短暂让其在考古学上难以被辨认。对牧业的强调或许确实使该地区的人口出现了下降。在丹麦其他区域,如各个岛屿或日德兰东部,森林并未快速消退,早期漏斗杯陶文化的农业生活显然延续了下来(Davidsen,1978)。

这些早期牧民反映的文化变迁相当曲折。不同于漏斗杯陶文化强调群体的丧葬习俗,独墓文化更凸显个体。低矮的墓穴通常只包含一具男性遗骸及战斧、陶杯,少数情况下则是一具女性遗骸及琥珀项链、陶杯(Kristiansen,1984),分别强调了男性的战士角色及女性个人饰物的重要性。尽管不同土堆墓情况各异,但它们的大小规格较为统一,陪葬品也存在着一定标准,这表明并不存在明显的等级分化。克里斯蒂安森(Kristiansen,1984)将该文化阐释为一个分节社会(segmentary society)[1],如游牧人群努尔人(Nuer)。他同时相信,这一文化的经济中包含着一套威望物品交换系统,从而使财富能在各自竞争的文化实体中广泛地相互交换(参见第四章)。

此后(公元前2300—前1700年),新石器晚期的匕首时期(Dagger Period)延续了独墓文化的许多特征,并发展出了新的钟

---

[1] 新进化论的重要概念,最早由涂尔干提出,在塞维斯的游群(band)—部落(tribe)—酋邦—国家四阶段论里描述前两个阶段的社会。该类社会的主要特征是平等与分裂,其中的每个基本单元各自地位平等,会针对如战争、祭祀等特殊事件而广泛地集聚联合,并选取对应的领导者。但一旦事件消失,各个单位则会相互分裂,重新独自活动,领导者也复归为普通的个体。——译者注

型杯文化（Bell Beaker Culture），包含一些新的特色陶器及武器（新型箭镞、腕部护具、燧石匕首等）。北日德兰成为文化"中心"，通过向北欧出口本地制造的燧石匕首，向更远的区域出口琥珀来积累财富，同时从不列颠及爱尔兰地区进口铜斧（Vandkilde, 1991）。从不列颠到波罗的海，再到中欧，丹麦似乎已经成为威望物品经济的重要组成部分（Shennan, 1986）。孢粉证据显示此时期自然景观变化不大，仍为宽阔的空地（Andersen, 1995）。但这也可能是谷物种植快速发展的结果。此时期的浮选样品大多数都包含着谷物（Bech et al. n.d.），且曲半岛考古项目发掘的所有青铜时代晚期土堆墓的底层地层中都显示出明显的定居、开垦痕迹。

农业的广泛传播可能带来了人口的增长。森讷哈市藏文物显示，曲半岛新石器晚期匕首及相关压制石片要比以前时期的特色遗物分布广得多、密得多。曲半岛考古项目在森讷哈市的田野踏查也发现了大量新石器晚期到铜器时代早期压制石片。对遗址数量的简单统计也显示在此时期达到一个顶峰。在 8 平方千米的田野调查中便发现了 23 处应为匕首时期的聚落（Bech et al. n.d.）。别忘了，此前的独墓文化时期可从未发现过一处遗址。

试举一例，在森讷哈市高地的田野踏查中曾发现三处紧挨的新石器晚期聚落（曲 2756，2757，2758），其中针对曲 2758 的调查最为详细。它坐落于比耶纳（Bjergene）山的冰碛高地之上，这种地形常见于森讷哈市东部。山丘较周边区域高出 56 米，是该市境内最高峰。通过均匀分布的密集石片碎屑可知，该遗址沿着一条山脊分布，面积约为 3.5 万平方米。陶、石器分布最为密集的区域被证实为沿山脊零散分布的洞屋所在之处。

在曲 2578 遗址中发掘了三座房屋。如一号房屋（图 1.4；N45）

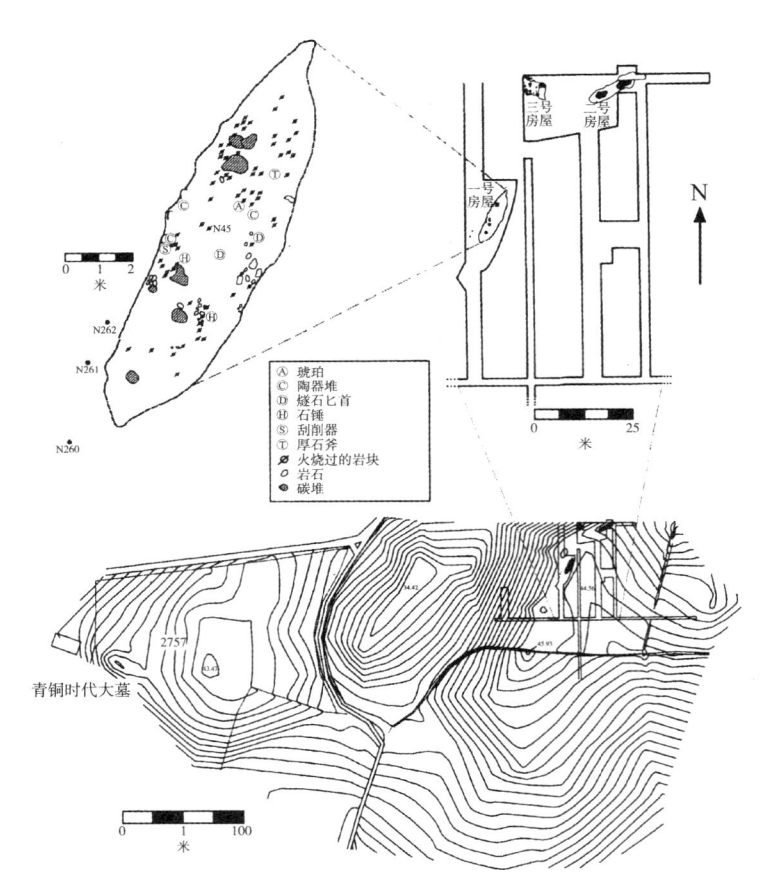

该半地穴房屋为新石器晚期曲半岛地区房屋遗迹的典型样式。

图 1.4 曲 2758 遗址一号房屋（Michael Gabriel）

所展现的那样，房屋面积不大，约 13 米长，3.8 米宽，两段呈圆弧状，同时具有着约 40 平方米的屋顶区域。这些房屋最特别之处在于他们半地穴的营造方式，无需中心支撑，而只在周围施以矮墙。它们的屋顶很可能在后部及端部直接延伸至地面。这些特点是对新石器晚期曲半岛环境的合理适应，此时没有充足的高质量木材作为建筑材料，同时在开阔地上持续存在着大风天气。狭窄的半地穴房屋深伏于地，能减小风阻与对材料的需求。丹麦其他缺少木材的地区也发现过类似的房屋（Jensen，1973）。有些地区则存在有平地起建的小型房屋，可能是因为当地拥有足够的森林资源。

曲半岛匕首时期的社会组织延续着缺少政治等级划分的地位竞争模式（参见第四章）。聚落的材料表明不存在明显的规模分化，大型土堆墓的修建也很少。对于一般的钟型杯文化社会而言，对社会地位的竞争可从墓地中随葬品的持续分布中推断出来（Shennan，1986）。曲半岛地位竞争的主要证据是仿中欧铜匕首的燧石匕首及特殊钟型杯陶器的普遍存在，这显然是社会地位的象征物。尽管这些威望物品在所有房屋的生活面或垃圾堆中都有发现，但数量最多、质量最好的匕首和剑型打火石集中出土于曲 2758 遗址的一号房屋，这可能代表了杰出家庭的存在。尽管燧石匕首的分布显现出一定的分化，但并不存在社会地位高度结构化、集中化的证据。在整个丹麦范围内，新石器晚期的社会仍相对简单，显然未达到酋邦的组织化水平。

在青铜时代早期（公元前 1700—前 1300 年），曲半岛及丹麦其他区域的景观进一步消退，禾本科草类植物成为孢粉谱系中的主要成分。和独墓文化一样，持续的植物清理和创造广阔的草场显然与畜牧的增长有关。从曲半岛青铜时代土堆墓下采样的孢粉分析显示，此前的农田变为了牧场。此时的人口保持稳定，或者可能出现了一定的消退。

大量抢救性考古项目已揭露了不少青铜时代早期的房屋，但如匕首时期的房屋一样，它们的分布集中于特定区域。就整个丹麦而言，标准的青铜时代早期房屋通常较长，且具有由成对立柱支撑的屋顶。在曲半岛，这样的房屋主要出现在青铜时代的比耶（Bjerre）遗址，位于汉斯特霍尔姆（Hanstholm）白垩岬以南的隆起海床（Bech，1993）。该遗址地处平坦低地，青铜时代其周围曾被耕种。平地中较高的一些"岛"上分布着柱网结构。比耶遗址的大部分考古工作为抢救性发掘，由齐斯泰兹博物馆于1990年组织开展，其时便发现了青铜时代早期的居住区域。

曲半岛考古项目于1993年发掘了其中一处青铜时代早期的房屋（曲2999遗址）。此房屋于当年勘探中被发现，保存良好，留下了完整的屋内活动面及外部工作区域、许多内部小坑、附属屋顶支撑柱洞和墙基，以及水平面以下常见的保存良好的木材。房屋（图1.5）总长21米，且其屋顶区域约165平方米。这是北日德兰地区已发掘的最大的青铜时代早期的房屋，其内部面积是新石器晚期半地穴房屋的五倍。通过营造内部柱网以连接房梁，增加空间成为可能。

附近的其他建筑遗迹显示，房屋可能经过一次或两次的重建，并移动到新的位置。可能在同一时间里比耶遗址中居住着的家庭并不多。这一小型聚落显然与低地的农业活动有关，同时也可能是季节性迁移中的冬季居所。

在大多数土堆墓分布的海拔更高的地区里，建筑遗迹的延续时间则更短，我认为这可能代表了夏季放牧的临时居所（Earle，1994b）。暗示聚落存在的主要证据是日德兰及曲半岛西部集中分布的土堆墓群（Kristiansen，1984）。仅森讷哈市中便集中分布着250座土堆墓，年代大多数为青铜时代早期。但遗憾的是，田野调查中并未发现此时期的聚落，仅记录了五处曾发现不对称镰刀的地点（Bech et al. n.d.）。我们试图根据土堆墓群的位置寻找青铜时代的

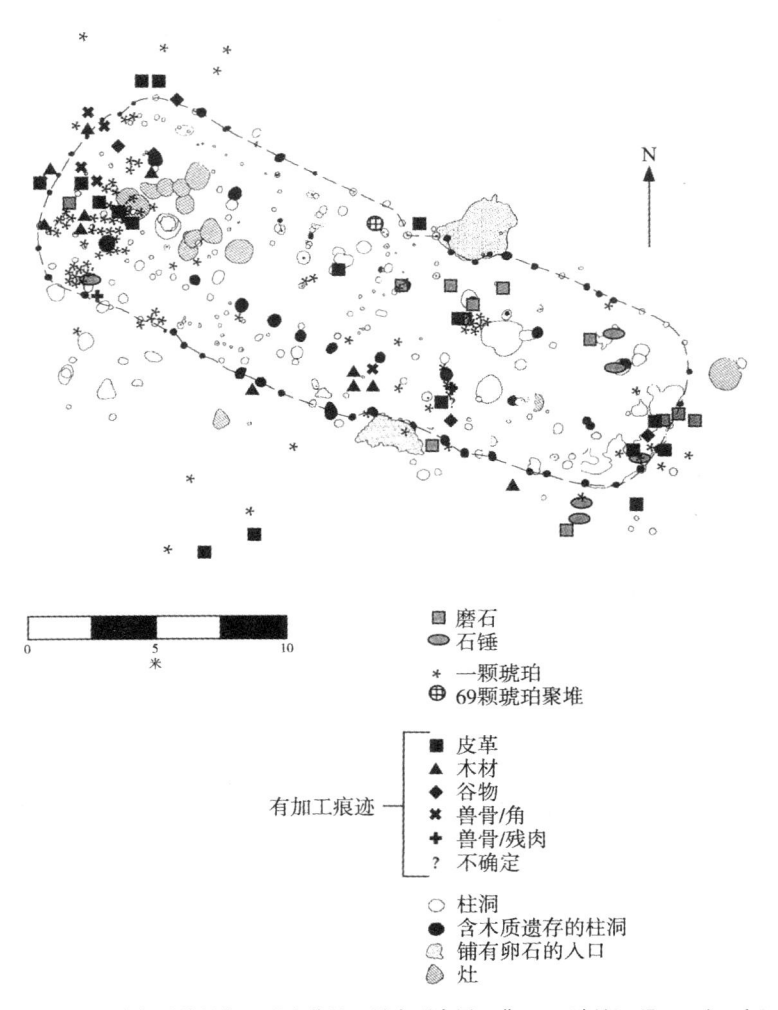

第一章　三个酋邦社会的长时段发展：丹麦、夏威夷及安第斯　33

图例：
- 磨石
- 石锤
- * 一颗琥珀
- ⊕ 69颗琥珀聚堆

有加工痕迹：
- ■ 皮革
- ▲ 木材
- ◆ 谷物
- ✕ 兽骨/角
- ✛ 兽骨/残肉
- ? 不确定

- ○ 柱洞
- ● 含木质遗存的柱洞
- 铺有卵石的入口
- 灶

图 1.5　青铜时代早期比耶聚落的一号大型房屋（曲 2999 遗址）（Peter Aperlo）

聚落，如比耶纳山的情况那样，但最终我们的发掘只发现了匕首时期的聚落。在森讷哈市内，我们并未找到标准的青铜时代早期的房屋，这可能是由于我们找到的那些聚落都只供夏季使用。尽管现有证据并不足以支持曲半岛存在人口增长的推测，但青铜时代纪念碑的密度却是惊人的，而这显然是需要被解释的。

青铜时代早期的社会组织显然由等级制酋邦组成，其中的少量个体控制了大众，以及那些可用来彰显地位的物件。该区域的景观被大量覆盖着草皮的土堆墓所塑造，其密度在整个欧洲都是最高的。这些土堆墓集中分布在曲半岛最高、最容易被观测到的地区，尤其是森讷哈市中靠近欧维（Ove）湖的地方（图 1.6）。在该市范

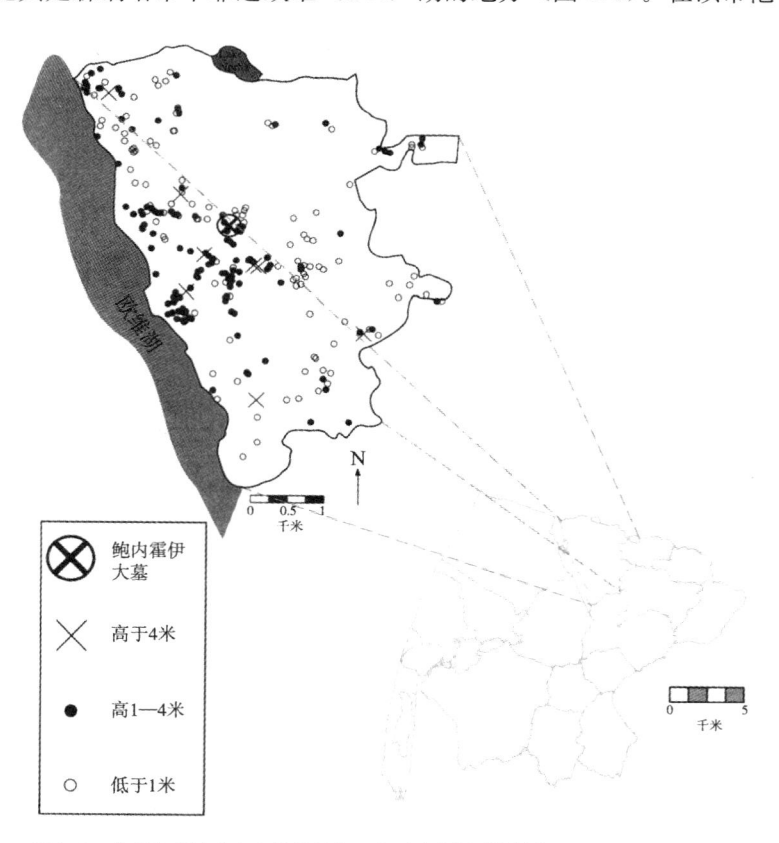

图 1.6　曲半岛森讷哈市土堆墓分布（主要为青铜时代早期）（John Steinberg）

围内，不同地区土堆墓的数量和规格也呈现出等级分化。十米高的鲍内霍伊（Bavnehøy）大墓显眼地坐落在森讷哈市的一座小山上，几乎在该市的其他所有地方都能被看到（参见第四章）。在这中心墓葬周边 1000 米范围内又集中分布着 117 座稍矮的土堆墓（平均每平方千米 37.6 座）。这种规模的土堆墓和如此集中的分布在森讷哈市仅此一处，该市每平方千米平均分布着 11.4 座土堆墓。

曲半岛的土堆墓曾发掘出丰富的青铜时代早期遗存（参见 Haack Olsen，1990）。男性墓葬通常包含精美的展示用剑或更为简单的实战用剑。社会地位通过这些武器及其破坏力的象征反映出来（参见 Kristiansen，1982）。在蒙特留斯二期（公元前 1500—前 1300 年）的丹麦，评价男性墓葬中财富最明显的标准是剑及其他金属制品的质量。直到青铜时代稍晚，女性墓葬中才开始出现少量金属物品，如用于拴紧衣物的铜扣针（Levy，1982），她们的社会地位分化并不明显。曲半岛青铜时代早期的社会保持着一种结构化的精英等级体系。

总结而言，曲半岛的人类活动造成了该地区植被及生业资源的长时段变化。森林被清伐并被替代，先是被农耕用地，后为大规模的牧场所替代。聚落模式显示出农业扩展期间人口的波动增长，随后则迎来青铜时代早期的稳定或下降阶段。人口和生业模式虽然相关，但并不遵循简单的 S 型增长和稳定发展。相反，人口的长期循环似乎反映了政治经济领域的动态变化（参见第二章）。有趣的是，青铜时代早期政治复杂性的显著增长正好发生在人口稳定或下降的阶段。至少在这个时候，等级制度的进化显然是一个政治过程，而并不直接由对环境的适应或人口的增长所造成。

夏威夷 考爱岛（公元 800—1824 年）

夏威夷群岛位于北太平洋中部，由七座主要岛屿组成，跨越北纬 19 度至 22 度的范围，正好处于热带边缘。这些岛屿是地壳西进越过热点形成的火山岛，与其他主要岛屿或大陆都有着 5000 千米以上的距离。

每座岛屿都有一处坡度极大的中心山峰，其环境则是一处具有温暖气候、大量降水、壮丽景观的热带天堂。降水通常位于山腰上，植被因此相当茂盛。由于岛屿地形影响，该区域拥有约 1500—2000 毫米的年均降水量，全年均有降雨，但冬季相对较多（Thomas，1965：34）。岛屿较潮湿的向风面和较干旱的背风面之间的植被类型有所差异。岛屿海岸边的气温常年稳定，平均为 23—27 摄氏度，昼夜温差也不大。

我主要研究的岛屿是考爱岛，夏威夷群岛主要岛屿中最西侧、最古老的那个（图 1.7）。其最大径约为 40 千米，面积约为 1400 平方千米，中心山峰海拔高达 1548 米。考爱岛被称作"花园岛屿"，有着被高度侵蚀的火山坡。从山顶朝岛屿四周流出溪流，下切出许多延伸至海岸的山谷。在山谷和溪岸边分布着丰厚肥沃的火山灰沉积土。陡峭的地形造成了岛屿上降水的差异。当信风冲击考爱岛的东北侧时，空气上抬降温并产生降水，使向风侧的年均降水量从海岸边的 1300 毫米直接增长到山脊的 10000 毫米，而背风侧的年均降水量则只有不到 500 毫米。基于这一巨大的气候差异，岛屿上的植被景观呈现出从茂盛的热带雨林到荒漠的变化。在这么一个狭小

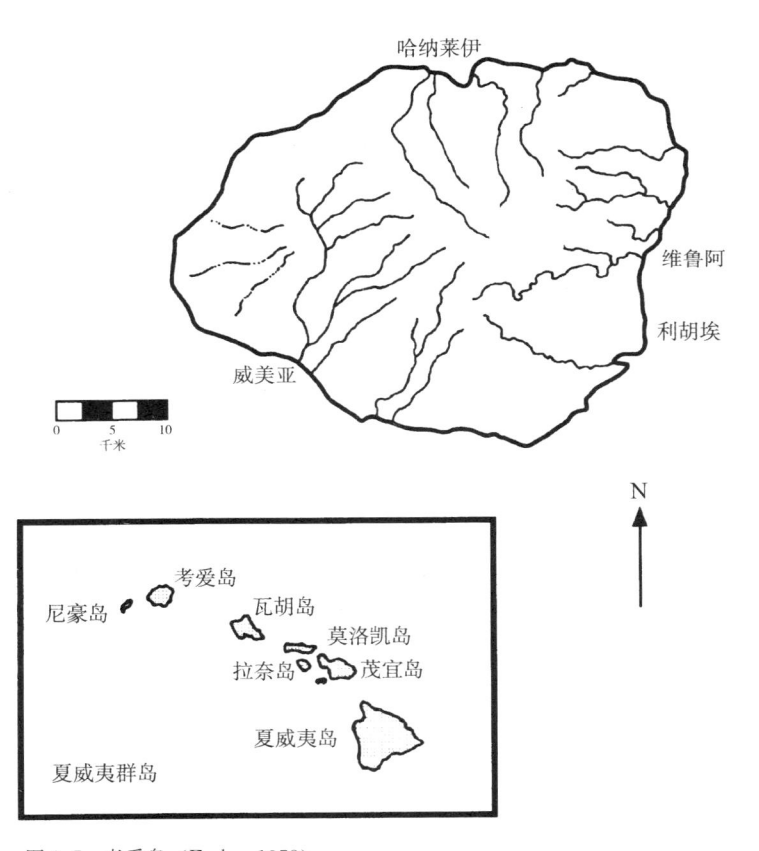

图 1.7 考爱岛 (Earle, 1978)

的区域内，土壤、降水和植被却变化巨大，这强烈地影响到了该岛屿上的农业生产。

在与欧洲接触之时，夏威夷群岛上的社会组织是波利尼西亚诸酋邦，其甚至是世界上已知酋邦中最为复杂的。在酋长与平民之间有着巨大的差异。酋长诞生于一些统治宗族之中，他们都来自不同的主要岛屿——考爱岛、瓦胡岛、茂宜岛与夏威夷岛。与最高酋长相联系的世系会被谱系专家们上溯至 20 个世代，甚至更早之前。

作为统治宗族中拥有最高等级的那个人，最高酋长便代表了最高统治权。理论上来说，每个具体酋长与最高酋长的基因距离便决定了其具体职位，如管理某个本地山谷社群的酋长。但在现实里，对于此类位置的争夺十分激烈，并且高度个人化。大多数酋长不仅与最高酋长在亲缘上十分接近（通常是嫡亲堂表关系），同时也常常在继嗣与征服战争中与其共同作战。

社群中的酋长被称作阿利伊艾阿胡普阿（*ali'i'ai ahupua'a*），即从社群中获取食物的酋长。地位较低的酋长还可以成为最高酋长的附属，作为其战士或随从，并会携带标志其职务的象征物品，如卡希里（*kahili*）（驱虫拍）或痰盂。低等级酋长同时是某个社群（阿胡普阿［*ahupua'a*］）的管理人（科诺希基［*konohiki*］），安排平民在酋长的土地或其他特殊工程中工作。科诺希基便是本地酋长，负责组织社群的经济活动。如果某个灌溉系统需要维修，科诺希基便会作为领主的代表组织工作的开展以及安排随后的宴飨活动。科诺希基同时还需安排劳力来获取上贡给最高酋长的贡品，并在最高酋长每年到达该社群神社，即代表罗诺神降临时，交给他。

夏威夷人群中的主要成员还是平民，他们居住在社群之中，以在从酋长处获取到的耕地耕作、水体中捕捞到的鱼、海岸及内地森林中采集到的野生食物为生。由于他们被限制与酋长专属的记忆专家（memory specialists）相接触，他们无法记住自己的谱系。事实上，记下可能展示平民独特性的谱系本身便是被禁止（*tabu*）的（Kamakau, 1961: 242; Malo, 1951: 60; Sahlins, 1971）。酋长和其统治的平民之间的巨大差异在这种亲属关系知识上得到强调。平民的社会认同与社会组织直接源自他们所寄生的社群以及他们为之工作的酋长。

第一章 三个酋邦社会的长时段发展：丹麦、夏威夷及安第斯

图1.8 与欧洲首次接触时的考爱岛威美亚湾（Cook，1784）

大量历史材料记载下了西方社会向北太平洋扩张稍前、之中、稍后的夏威夷酋邦社会。英国探险家、航海家詹姆斯·库克（James Cook）船长于1778年在考爱岛南岸的威美亚（Waimea）湾靠岸。他被当地人授予极高的敬意，并被看作是一位高级酋长或神："我跳上岸的一瞬间，他们（当地人）① 便都伏地不起，直到我好言相劝让他们站起来，他们也仍表现得十分谦逊。他们带来很多小猪赠予我们，并似乎不求回报"。（Cook，1967：269）②

威美亚零散的聚落使库克船长将夏威夷社会看作是一处本地的复杂酋邦（图1.8）。许多小型房屋沿着谷地分布，山间则有着为芋头种植而修建的大型灌溉系统。女性会制作树皮布（tapa cloth），男性则在田间耕作。夏威夷人热衷与欧洲人交易，以食物、羽毛或

---

① 若无专门说明，本书引文中括号内部分均为作者所加。——译者注
② 中译参考［英］詹姆斯·库克著，陶萍、李汐译：《库克船长三下太平洋》，重庆出版社，2018年，第328页。——译者注

性服务等换取新奇的产品,尤其是铁。此后不断有探险家、商人、传教士来到此地,并记录下骚动的夏威夷社会政治与日常生活中的细节,而夏威夷也逐步被纳入西方历史与世界经济中的一部分(参见 Broughton,1804;Campbell,1967[1822];Dixon,1789;Ellis,1963[1827];Portlock,1789;Turnbull,1813;Vancouver,1789;Whitman,1813—1815)。与此同时,我们的视角也不是单一的。夏威夷酋长们从小便要学习本地夏威夷语的读写,以记录下岛屿政治的口传历史、他们的个人记忆与分析,以及无比详细的"民族—民族志"(Beckwith,1932;I'i,1959;Kamakau,1961,1964,1976;Malo,1951[1898])。卡玛考(Kamakau)便曾对考爱岛的这一重要历史时刻有过描述:

> 当人们看到拥有巨大光束状桅杆的船时,整个威美亚谷地都响起了兴奋的呼喊声。某人问道:"那些分叉是什么?"有人回答:"那是在海上移动的树。"又有人说:"是无毛曼纳神(Mana)的双壳体木舟!"某个叫库欧胡(Ku-'ohu)的卡胡纳(kahuna)宣称道:"那绝对是罗诺神的古神殿,是克欧勒瓦(Ke-o-lewa)之塔,圣坛里的祭牲之地。"(1961:92)

库克船长可能被当作是罗诺神的凡人化身来到威美亚这一历史叙事中的重要地点(Sahlins,1985;Valeri,1985),但欧洲舰船和铁的军事作用却在之后成为夏威夷人为达成政治目的而寻求的魔法。

随后在欧洲人及其军事技术的帮助下,通过征服而建立的夏威夷君主制是基于欧洲模板而塑造的,并开始试图构建其法律记录体系。后者不仅仅记录下了此时快速、剧烈的社会经济变迁，同时也出于建立判例的目的而留下了许多传统夏威夷社会的细节。

记录夏威夷社会发展的考古材料目前仍不够丰富。一些初步工作记录了考古遗址，其中许多都通过历史文献而发现。尽管本身为著名南美考古学家，但温德尔·贝内特（Wendell Bennett）的博士论文则是对考爱岛遗址的记录（Bennett，1931）。他率先对遗址展开了类型学分析，其中许多都是神社遗址。20世纪50年代期间，以肯尼斯·埃默里（Kenneth Emory）为代表，夏威夷考古学家通过许多小规模发掘建立了该地区的年代序列，其中也包括在考爱岛纳帕里（Napali）海岸所做的工作。对聚落形态和生业经济的系统性工作开始于20世纪60年代，其间在瓦胡岛、莫洛凯岛（Molokai）和夏威夷岛的谷地里展开了详细的田野调查（Green，1969，1980；Kirch and Kelly，1975；Rosendahl，1972）。

在这一新兴经济、社会考古学的潮流之下，我的博士论文分析了考爱岛北部海岸与欧洲接触时期的生业与政治经济（Earle，1973）。我曾参加由马歇尔·萨林斯（Sahlins，1971，1992；Linnekin，1987）组织的一次民族历史项目，旨在分析土地大分配法令（the Great Mahele）①，以及群岛上永久（私有）土地产权的出现。山谷（从前的阿胡普阿）被授予酋长们，小型的生业单元则被授予平民。马歇尔·萨林斯（Sahlins，1971，1992；Kirch，1992）一开始便试图在分析中将文献记录与考古材料结合。我在此项目中具体负责审阅考爱岛北部哈勒里阿（Halelea）区的文献记

---

① 由夏威夷国王卡米哈米哈三世（kamehameha Ⅲ）于1845—1855年间组织的一次土地改革运动，旨在仿照西方建立土地财产的私有制度。——译者注

录，并在此基础上组织一项地图化工程，以记录该地区灌溉系统在历史中的技术角色（Earle，1978）。

在 20 世纪七八十年代，研究通常以大型文化资源管理项目（CRM）的形式开展，以记录区域内考古遗址信息，并对其中某些遗址展开抢救性发掘。CRM 项目参考了既有关于聚落、经济及社会组织的研究视角，开展了大量工作以确定遗址年代并对社会的长时段进化趋势做出描述（Cordy，1981；Hommon，1986；Kirch，1984，1985a；Dye and Komori，1992）。我们目前已能简要勾勒出夏威夷群岛自人类定居到与西方社会接触的长时段历史发展过程。

夏威夷群岛在公元后，或许是公元 400 年，才第一次迎来人类定居。当时群岛的环境与近 1400 年以后库克船长所见有着很大差异。岛屿上最初都被茂密的森林覆盖，桃金娘花（Ohia）和寇阿相思树（Koa）一直延伸至海岸边，但森林中的物种多样性却相当贫乏（Kirch，1982a）。得以在岛屿上繁衍的物种首先要是能够到达其上的物种，因此与大陆间的距离限制了物种多样性的发展。越向东往太平洋深处去，动植物种类的数量越少。夏威夷群岛及其他波利尼西亚岛屿都处在太平洋中部或东部，几乎地处世界最偏远之处，因此该地区对人类有价值的地方物种也较少。除了蝙蝠以外，其他来自大陆的哺乳动物都没能到达此地。至于鸟类，也只有几个特定的地方物种能被用作食物来源，如鸭、鹅、朱鹭、秧鸡等。除此之外，深海及近岸鱼类，以及一些海洋哺乳动物则十分充足，是较好的野生食物来源。

波利尼西亚人群对夏威夷群岛的殖民活动则有意无意地改变了当地原初的岛屿环境。波利尼西亚殖民者必定清楚他们即将定居地区环境资源的贫瘠，因此在旅行中携带了建立稳固经济所需的动植物资源。可以想象，大量的深海远航的独木舟除了满载移民之外，还装载了他们的猪、狗、鸡等家养动物，经驯化后的芋头、甘薯、甘蔗、香蕉等的插枝和块茎，各种各样的种子、坚果、椰子、石粟、药用植物等的插枝，以及有意将其野化的各类纤维植物。波利尼西亚群岛的定居者最初高度依赖海洋资源（Kirch，1984），如哈拉瓦岛（Halawa）和莫洛凯岛居民最初便主要从鱼类之中获取蛋白质，但在后续发展中则转向驯化的猪和狗（Kirch and Kelly，1975：68—69）。在加拉帕戈斯（Galapagos）群岛，因长期缺少大型捕食者的威胁，鹅、秧鸡、朱鹭等本地大型鸟类的飞行能力较弱，且不害怕人类猎人。因此，它们非常容易被猎取，并随着人类的进入而快速灭绝。还有一些物种则因环境变迁而灭绝（Olson and James，1984）。许多波利尼西亚岛屿因此具有了一种"搬运的环境"（transported environment），即由波利尼西亚人携带的许多经济物种替代了本地有限的自然资源基础（Kirch，1982a）。

为了发展农业而清除森林促使环境无可挽回地恶化，造成了植被破坏与土壤流失等后果。基于蜗牛化石指标的古环境重建显示了火烧造成的森林与雨林退化，这可能是为了获取耕种用地（Kirch，1982a；Christensen and Kirch，1986）。在较小的卡霍奥拉维（Kaho'olawe）岛上，公元1400年后，聚落向内陆的扩张是基于对森林的破坏，而后面这些聚落重新迁回海岸则明显是土壤的恶化与流失造成的（Hommon，1986；参见 Spriggs，1991）。巧妙的是，原本在森林高地中流失的土壤又会于谷地平原处沉积下来，从而创造出新的耕作机会（Spriggs，1986）。

这些谷地与河口地区的新沉积土随后便被改造为附带灌溉系统的芋头地（Allen，1991）。一片完全人工且相当高产的环境被创造出来，其中包括了为芋头种植而修建的人工蓄水池和浇灌水道，种植有椰子、香蕉、甘蔗等的水田间堤坝，以及较大的鱼塘等等（参见第二章）。就像群岛内的大多数景观一样，库克船长在威美亚看到的布满农田的谷地与长满青草的山顶是一种文化产物。

岛屿环境的变化伴随着实际人口和最大适宜人口的长时段增长。我猜想，最初群岛可能只迎来了数百人，并随着后续的移民和人口自然增长，在公元800年左右增长到数千人。人们会首先在最高产的地方定居，然后向干燥的背风海岸和岛屿内部扩展（Cordy，1974）。对农业需求的增加促使人口流动至其他岛屿，而在约公元1200年之后，快速增长的人口需要可持续的农业集约化。然而，夏威夷群岛的人口峰值是多少？又是在何时达到了这一峰值？

夏威夷群岛的峰值人口无疑也是波利尼西亚所有群岛中最高的，但其究竟是多少则引来了激烈的争论（Stannard，1989；Nordyke，1989）。库克船长和他的船员最早将整个群岛的人口粗略估计为24万至40万人。另一根据文献材料得出的更为慎重且长期被接受的是施密特（Schmitt，1971）较低的估计，认为应在20万到25万人之间。诺迪克（Nordyke，1989：表1）又将这一范围的上限提升至31万人。斯坦纳德（Stannard，1989）则基于潜在生育率及群岛中的农业资源估计应有80万人，这在所有现代观点中是最多的。关于人口具体数值的问题显然尚未解决，而若只依赖文献记录和人口估算，这或许根本无法解决。我们需要对考古材料展开系统的评估。

对聚落和单个房屋的断代是解决人口规模问题的基础。量化人口增长的其中一种方法便是评估某考古序列中放射性碳年代出现的相对频率。当然，这便假定了既有考古工作没有过度局限于某个时

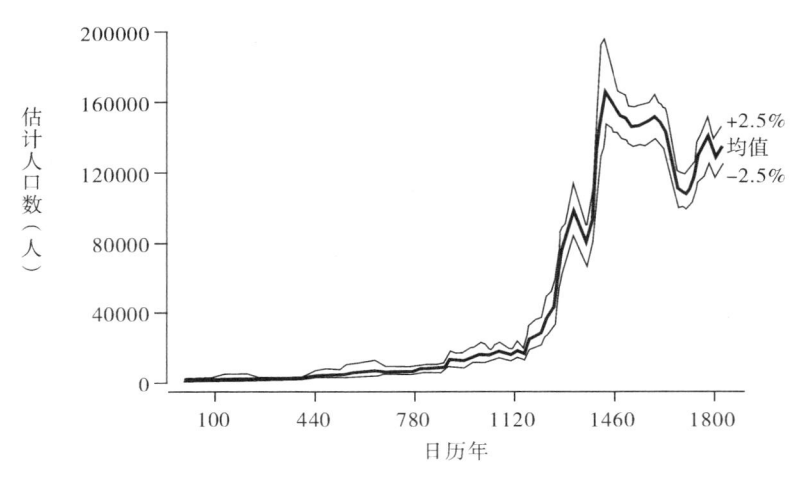

图 1.9 夏威夷群岛人口增长估计曲线（Dye and Komori，1992）

段或地区（Rick，1987）。戴伊和科莫里（Dye and Komori，1992）曾使用这一方法对夏威夷群岛 495 个年代标本（18 个来自考爱岛）展开了分析，并建立了一条人口增长曲线（图 1.9）。在长时间的缓慢增长（公元 400—1200 年）之后，群岛的人口开始快速增长，并在约公元 1500 年达到了约 16 万的峰值。此后，直到 18 世纪末开始的与欧洲接触，群岛人口数量保持着稳定或少量减少。由于放射性碳样本可代表性的一些潜在问题，这些估计，尤其是后期增长的停滞，并未获得广泛的接受（Kirch，1995）。年代样品可能没能反映出主要地区后期出现的人口增长，因为获取样本的考古发掘基本集中于边缘位置，而曾居住有大量夏威夷人的地点大都被现代建筑所破坏。理解群岛中多样的人口增长与消退是留给未来考古学家们的一道难题（Kirch，1990）。

公元 1500 年以前人口的持续增长大致是可接受的，这一过程伴随着原有森林的清除与耕地的扩张。但包括第二章将集中讨论的人工农业环境建设等环境改造行为在公元 1500 年左右达到顶峰，并在之后持续开展，而人口增长却明显放缓了（参见 Kirch，1990）。尽管戴伊和科莫里提出——人口数量下降的证据可能实际上反映的是人口的集中，但亦不存在后续人口快速增长的证据。我们可以得出结论：最初的人口扩张引发了农业的集约化，但 1500 年后的环境改造（包括灌溉系统的快速扩展）却并不是由人口增长所驱动的。特定地区的人口集中与灌溉系统的强化更像是特殊政治经济体系变化的结果（参见第二章）。

在最初的殖民过程中，定居者应具有早期原始的，或原始波利尼西亚体系的等级与领导准则。尽管这些体系本身可操作，并不是强力的权力来源，但它们也为后续从其他权力来源构建权威提供了重要的合法性支持。波利尼西亚的社会结构常被描述为一种锥形的氏族结构，即内婚、二元、等级分化的社会政治组织。等级的划分基于与核心支系的距离远近，最高等级的个体一定是长子的长子。因此理论上每个个体都拥有独特的等级，"与他离核心支系的距离精确地相称"（Sahlins，1958：141）。整个波利尼西亚语系中关于酋长的词都是类似的（阿利克［arike］，原始波利尼西亚语；阿利伊［ali'i］，夏威夷语）。酋长可能会在许多地方保持他们作为领袖的独特性，但其中最为基础而重要的，则是作为出海航行殖民木舟的领袖与组织者。

在我们讨论的千年范围内，夏威夷政治组织的复杂性急剧增加。口传历史展现了政治权力的扩张及随后的政治整合。成功的最高酋长会通过征服与通婚来扩大他们酋邦政治体的规模。依据茂宜岛的口传历史材料，科尔布（Kolb，1994）描述了大型酋邦的成功塑造过程。在约公元 800 年，茂宜岛上便布满了聚落。基于对原始波利尼西亚文化的重建，此时的早期夏威夷人群大概由简单的酋邦组织所组成，各个酋长分别领导着当地的血缘群体。等到形成期（Formative Period，公元 1200—1400 年），酋邦的规模扩大，而在稳固期（Consolidation Period，公元 1400—1500 年），茂宜岛的东西两侧分别形成了唯一的区域性的酋邦。这两大酋邦相互对抗，并试图扩展地盘。类似的竞争同样存在于夏威夷岛的西海岸，科迪（Cordy，1981：180—181）依据考古学材料将之描述为此时期不存在聚落的缓冲区。等到最终的统一期（Unification Period，公元 1500—1600 年），茂宜酋邦通过成功的征服扩展到了整个岛屿。与此同时，乌米（'Umi）也征服了整个夏威夷岛。通过征服来扩张的长期趋势一直延续至吞并期（Annexation Period，公元 1650—1820 年），其间茂宜酋邦与夏威夷酋邦交战以试图建立跨岛屿政治体。在西方船只、枪械及特殊人员的帮助下，夏威夷年轻的最高酋长，卡米哈米哈，在 1790 年征服了茂宜，这也成为其建立夏威夷国家过程中的首次胜利。

社会分层的出现在考古材料上表现为建立墓葬纪念碑（Tainter，1973）和高级房屋平台（Cordy，1981）所需劳力的分化趋势上。在公元 1400 年时，房屋都大同小异，但就在此之后，一部分拥有精细平台和封闭围墙的房屋被建造了出来。这些令人惊叹的房屋展现了一个正在兴起的酋长群体，他们利用群体的劳力并让自身与之相分离。在稳固期的茂宜岛，宗教纪念碑场所（海奥 [*heiau*]）的建造大幅度增加（Kolb，1994）。对劳力控制的强化能够被纪念碑的规模所证明，并从中反映出茂宜岛东西酋邦形成过程中领导体系的强化与体制化。考古材料与文献记录共同表明，夏威夷群岛酋邦的规模和制度结构都经历了长时段且变化巨大的发展。

在与欧洲接触期间，夏威夷社会已经具有严格的社会阶级分化。平民是村庄中的农民、渔民及手工业者。他们住在从山地延伸至海洋的各个社群之中，通常会围绕着某个河流、谷地。男性或在有灌溉系统或纯粹旱田的芋头地里辛勤耕耘，或在海岸边用网捕鱼。女性则采集许多种类的野生食物，并制作树皮布。平民的血缘谱系很短，大致只能追溯到祖父辈。最基础的社会单元是家户，但几个家户可以联合组成围绕某个灌溉系统的合作组织（Earle，1978：153）。不同代际与群体之间的家庭也可能因收养行为而被联系起来。特定的个体是"头人"，其他平民会定居在头人的房屋周围（Sahlins，1992：208），但这一等级并不正式。与之对应，夏威夷的酋长们是与人群相分离的。酋长们具有曼纳（mana），一种在个体间流动并能展现令人畏惧的神圣本质的力量。平民会俯身跪拜或从船上跳下以在物理姿态上处于他们的酋长/神们之下，如同库克船长第一次来到考爱岛所遇见的那样。

总结而言，夏威夷群岛上记录了将自然环境改造为由酋长及其统治阶级所拥有的文化世界的长时段发展趋势。这一历史过程或许正好是文化生态学家们所期盼的：人口的增加导致农业集约化与环境恶化，以及酋长式经济管理的不断发展。然而，这一情况缺失了进化过程中的一些细微之处。人口确实有所增长，刀耕火种的不断实践确实显著地改变了环境，但集约灌溉技术与酋邦社会的分层却也在高速发展，而不是相对缓慢地迎合人口生业的需要。在灌溉系统的快速建造之后，尽管生产力的极限大大增长，但人口却并未随之增长。

第二章将会论证，生业经济晚期的集约、强化发展并不与人口增长相关联，而是政治经济体系强化的结果。后者的动态发展涉及不同酋长势力相互竞争过程中对于资源操控的精心设计,这同时也将是理解、描述为什么夏威夷酋邦会发展出以灌溉系统为基础的经济,并试图向整个岛屿扩张其政治体的关键。

秘鲁　上曼塔罗谷地（公元 500—1534 年）

秘鲁境内的安第斯山脉呈锯齿状地分布在南纬 5 度至 16 度的太平洋边缘,此地曾出现许多酋邦政治体,并孕生了印加帝国。太平洋板块和南美洲板块的碰撞造就了世界上最为壮观的山脉的隆起。自西到东仅不到 250 千米的距离内,海拔先是从海面倾斜上升至 4500 米以上,又在另一侧的亚马孙雨林直接回落至近乎 0 米（图 1.10）。安第斯由三个较大的环境区域构成：海岸沙漠（查拉 [chala]）,锯齿山脊（永加 [yunga]、克丘亚 [quechua]、苏纳 [suna]、普纳 [puna]、詹卡 [janca]）,以及热带丛林低地（上、下塞尔瓦 [selva]）[1]。雨水很少降落在太平洋海岸的贫瘠沙漠里,只有一些贯穿沙漠的绿色谷地将来自高山上的水源运送到此地,接着直接流向海洋。通过建立许多灌溉水道,这些谷地成为人类农业聚落发展的理想地带。

---

[1] 括号内及图 1.10 中的八个区域是秘鲁地理学家哈维尔·普尔加·维达尔（Javier Pulgar Vidal）最早于 20 世纪 40 年代对秘鲁自然地理空间做出的划分。这些词分别来自西班牙语和本地克丘亚语、艾马拉语对于地理景观的描述,较为详细的英文介绍可参考 Karl S. Zimmerer and Martha G. Bell, "An early framework of national land use and geovisualization: Policy attributes and application of Pulgar Vidal's state-indigenous vision of Peru (1941-present)," *Land Use Policy* 30 (2013) 305 — 316。——译者注

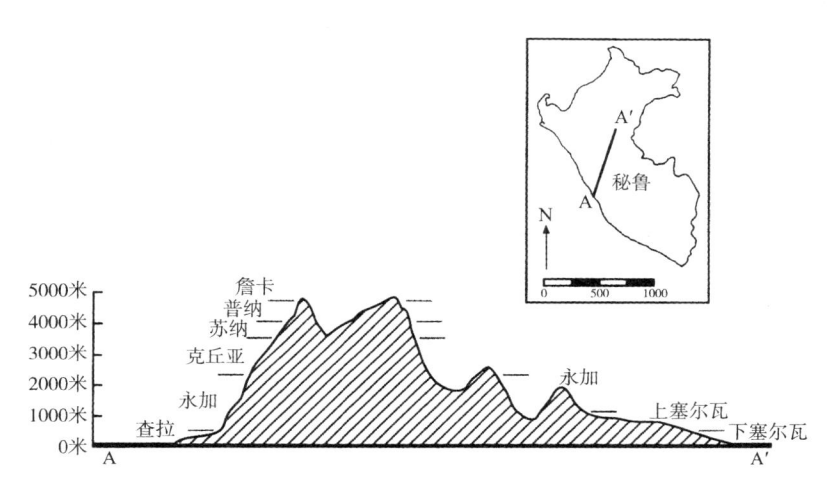

图 1.10　安第斯地区截面图及自然地理空间海拔分布（D'Altroy，1992）

在海岸沙漠之上的是位于中央的锯齿山脊地带。随着海拔上升，降水量增加，气温下降。4000 米以上地区的冬季降雪十分常见。海拔 3000—3800 米的山间谷地与其周边山坡有着肥沃的土地与适宜的降水，利于灌溉农业的发展。在此之上则是开阔的高山草原，常被用来放牧。山顶则被冰帽覆盖。越过山脉，随着海拔直降，高山植被又迅速变为热带植被。现代的旅行者只需开几个小时的车，便会因盆地内温暖、潮湿的热带空气而脱下防寒大衣，换上 T 恤衫。

我主要关注的区域是锯齿山脊地带的上曼塔罗谷地（图 1.11）。真正的研究区域面积约为 1000 平方千米，曾由杰弗里·帕森斯（Jeffrey Parsons）进行过调查（Matos and Parsons，1979）。曼塔罗地区是秘鲁安第斯高山环境的典型代表。此地中心城市豪哈（Jauja）所处的谷地海拔只有 3400 米。豪哈是一个只有约 3 万人口

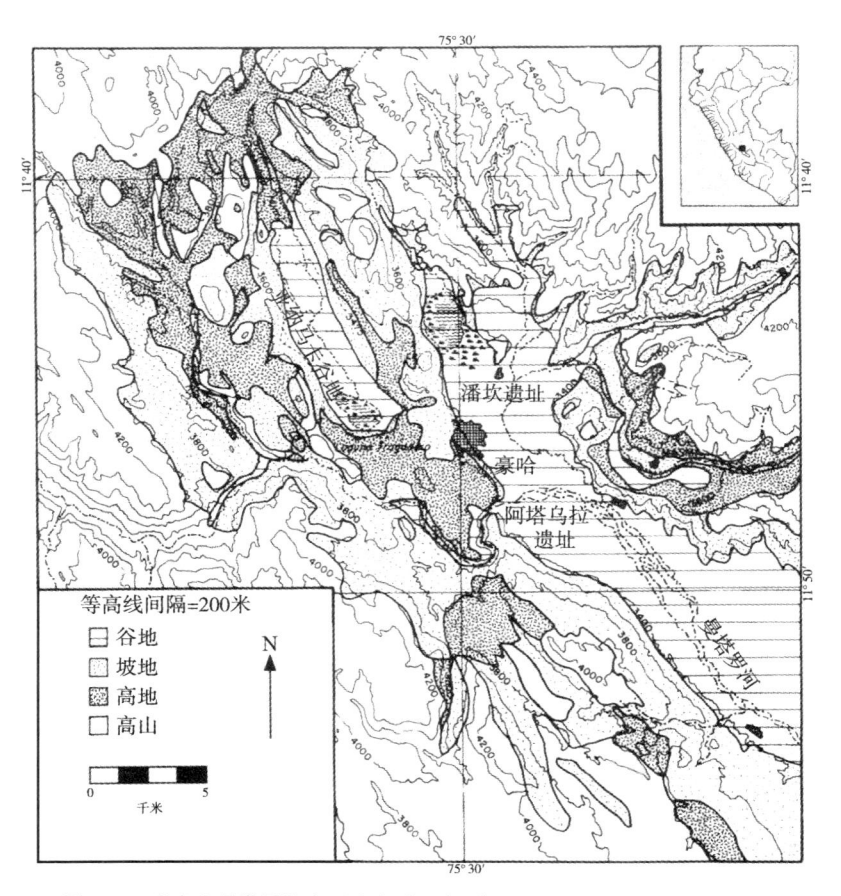

图 1.11　秘鲁上曼塔罗谷地（Michael Gabriel）

的小城，但自殖民时期起，它便是曼塔罗谷地北部区域的政治与交易中心。更小的城镇与村庄散布在整个区域，靠近各自的农地。豪哈的年均降水量约为 600 毫米，主要集中在夏季（11 月至次年 3 月）。干旱会定期发生。当地人通过修建灌溉设施种植谷物、玉米及土豆等作物，该地区也因此闻名。这里的气温并不高，年平均气温只有约 12 摄氏度。尽管白天的日均气温全年变化不大，但在昼夜温差方面，干燥的冬季（17 摄氏度）要大过湿润的夏季（13 摄氏度）（Hastorf，1993：105）。能够随时毁灭作物的霜冻使该地的种植季只能限制在夏季。

周边环绕的高山（海拔 3400—3800 米）上几乎没有树。小型的溪流和泉眼提供了一定的灌溉水源，但更多地方则需春雨的浇灌。农民们会焦急地等待春雨并在降水之后抢种，以避免秋霜和冰雹造成的损失。主要的作物是谷物与土豆。散布在高地上的诸多小村庄共同协作以开展农耕。随着海拔上升，温度下降，种植季随之缩短，农田也逐步让位给牧场。本地草场占据了海拔 3800—4300 米区域内的谷地与山丘，一团团的欧洲绵羊与本地骆驼科牲畜（羊驼与大羊驼）在此吃草。绵羊与羊驼能用来生产毛料，大羊驼则能拉上载有土豆和其他产品的篷车去往其他遥远的谷地。高山上夜晚的气温都会降至冰点以下，夏天还常会下起寒冷的细雨。更高海拔的区域覆盖着白雪，在山顶之上则有着常年的冰盖。

如同其他安第斯高地酋邦，曼塔罗山谷中的万卡（Wanka，公元 800—1534 年）酋邦规模较大，但组织化程度不高。单个酋邦可能拥有 1 万以上的人口，并由名为辛切（cinche）的领袖所领导。"在印加帝国之前，这片土地上（曼塔罗）并没有统一的领主，每座城镇、每个土著都是各自所有物及土地的主人"（Toledo，1940［1570］：22）。"由于土著及城镇间存在战争，之中出现的勇士便被称作辛切科纳（cinchecona），意为'现在勇士出现了'，而那些无法（保卫自身）的人则会依附于其下……因此，他们服从他，除此之外不存在其他形式的政府"（同上：18）。尽管辛切的职权是可继承的，但职权的正当性却也需要通过战斗实力来彰显。每个社群都会为了土地、畜群、女人等与他们的邻居交战。这样的社会分层并不复杂。

约公元 1460 年，一支印加军队侵入曼塔罗谷地（D'Altroy，1992：79—81）。万卡的酋邦组织延续了下来，但谷地本身却变成了印加帝国的一个省份。

上曼塔罗谷地拥有丰富的文献与考古材料。可获取的主要历史文献包括早期征服者的日记、西班牙与印加领主的编年记录、正式的行政报告以及法庭案件。征服者的日记、书信、回忆录提供了欧洲人视角下的一手材料。关于豪哈最早的记录来自埃尔南多·皮扎罗（Hernando Pizzaro）的几封书信，他在征服印加帝国的行军途中路过了豪哈。"广场很大，有四分之一里格长……（广场上）确实有着超过十万的亡魂……豪哈城非常美丽"（转引自 D'Altroy，1992：103）。其他材料还包括切萨·德莱昂（Cieza de León，1984[1551]）的生动记录，他曾作为西班牙军队中的一名年轻战士游历从前的印加道路，另外则是政府、教堂（如 Cobo，1956[1653]）或印加后代（如 Guaman Poma，1980[1614]）所撰写的记录。这些文献描述了印加的帝国系统，但却没有关于本地人群的深入记录。

西班牙殖民政府的行政文件相较更为片面，但也更具体、详细。其中最早的是对上曼塔罗谷地的两次巡查（*visitas*）（Toledo，1940[1570]；Vega，1965[1582]）。行政官员直接向本地领袖询问了印加占领前和占领后的情况，由此得到了关于万卡酋邦及其并入印加帝国过程的描述。几件早期的案件也留存着，描述了万卡地主们对土地和特殊权利的诉求（Espinoza，1971[1558—1561]）。

上曼塔罗谷地同时也是秘鲁高地中考古记录最为丰富的区域。研究首先从陶器编年和区域文化历史的建立开始（Flores，1959；

Lumbreras，1957，1959；Matos，1959，1966，1972）。20 世纪 60 年代，在部分学者对聚落形态显露兴趣的背景下，大卫·布罗曼（David Browman，1970）开展了一次广泛、详细的调查，并对谷地内的史前史做出了有价值的综合分析。在 1975—1976 年，杰弗里·帕森斯和拉米罗·马托斯（Matos and Parsons，1979；Parsons and Hastings，1988；Parsons and Matos，1978）再次在谷地内组织了一次全面的遗址调查。

1977 年，在帕森斯、马托斯、凯茜·斯科特（Cathy Scott）、特伦斯·达特罗伊、克里斯汀·哈斯托夫等人的支持下，我发起了上曼塔罗考古研究项目。直到 1988 年，项目因当地的光辉道路党（Sendero Luminoso）和图帕克·阿马鲁（Túpac Amaru）革命运动的频繁暴动而终止之前，我们一共完成了八个发掘季的工作（Earle et al.，1980，1987；Hastorf et al.，1989）。研究关注的主要是西班牙征服之前 200 年（公元 1300—1534 年）的遗址，同时也对再之前 800 年（公元 500—1300 年）的材料展开少量的分析。展开发掘的遗址从大型中心聚落延伸到只包括少量房屋的小村。该研究项目的大部分成果已在一系列的硕士、博士学位论文及后续出版物中公布（Borges，1988；Costin，1986；D'Altroy，1981，1992；DeMarrais，1989；Hagstrum，1989；Hastorf，1983，1993；LeBlanc，1981；LeCount，1987；Lennstrom，1991；Leonard，1984；LeVine，1979，1985，1993；Russell，1988；Sandefur，1988；Sikkink，1988）。一系列的丰富考古材料现已公布，涉及环境变化、人口、生业、手工业、社会政治组织、文化等方面。

在人类高强度定居并改造环境（公元 200 年以后）之前，上曼塔罗谷地显然被林木覆盖。其所处的植被区是覆盖安第斯山脉中部大部分中海拔地区的干燥低山稀树草原和低山森林的一部分（Tosi，1960：11）。这是一片开阔的混交林，生活着鹿等猎物。在海拔较高的地方，在山谷之上的山丘上，森林则被开放的高山草原所取代，那里是野生骆驼科动物（羊驼和大羊驼的祖先）的栖息地。

人类的定居极大地改造了曼塔罗谷地。现在此处几乎没有林木，广阔的景观被高强度地利用着，在谷地和起伏的高地上分布着大片农田，山坡和山脊上也有着小型的梯田。除了田间边界和村庄，海拔低于3600米的每平方米土地几乎都被耕种着。在海拔稍高的区域，农田休耕，谷物间长满了杂草。海拔超过3800米的地区则主要是"自然"草场，尽管人类的影响仍能明显地从被剪毛的羊和史前耕作遗迹里体现出来（Matos，1975）。

史前的气候变化对人类经济有着重要的影响。赫伯特·怀特（Herbert Wright）和杰弗里·塞尔策（Geoffrey Seltzer）（Seltzer and Hastorf，1990）通过绘制和测定华塔帕拉纳雪峰（Nevado de Huaytapallana）冰堆终端冰碛的年代，对长期的环境变化进行了研究。在约公元250年（未校准）的一次冰川推进后迎来了一段冰川消退的变暖期。约公元600年的气温达到了与现代相当的水平，我们的研究区间也从此开始。然后在约公元1200年至1500年的万卡二期、万卡三期，冰川再次推进，反映了区域气温约0.6摄氏度的下降。这样的降温会使植被群落的分布下降约70米。该谷地本就是发展农业的边缘地带，植被带海拔分布的降低又将提升作物因霜冻而歉收的几率，使可供农业发展的总区域减少（Hastorf，1993：106—108）。

曼塔罗谷地的考古序列如表1.1所示。狩猎者早在公元前1000

年左右便首次定居在谷地边缘（Browman，1970），当时便可能开始放养驯化后的动物，如同北部胡宁（Junin）草原那样（Rick，1980）。漫长的形成期（公元前1000—前300年）里人口密度一直很低。遗址调查只发现了散布在谷地的少量聚落。考虑到这些遗址的规模较小，延续时间较长，形成期的人口可能总共只有数百人，分散居住在几个村庄内。

表 1.1　　　　　　　　　　曼塔罗谷地的考古序列

年份	时期	时段	典型陶器遗存
1534 年 1460 年	晚地平线期	万卡三期	印加及万卡二期类型
1300 年	晚中间期	万卡二期	万卡红陶 夹云母釉陶 红色巴斯罐 无色巴斯罐
1000 年	中地平线期	万卡一期	无色巴斯罐 夹云母陶 万卡紫釉陶 万卡紫彩无釉黄陶 万卡紫彩白陶 万卡白彩红陶
800 年 600 年 500 年	早中间期	瓦克拉普基奥二期	瓦克拉普基奥紫彩黄陶 瓦克拉普基奥类型 万卡紫彩黄釉陶
200 年 *		瓦克拉普基奥一期	瓦克拉普基奥紫彩黄陶 瓦克拉普基奥类型 粉黏土器
公元元年 *		/	卵石磨光乳色釉陶
前 900 年 *	形成期	晚形成期	科查琼戈斯类型
		早形成期	皮里普基奥类型

数据来源：Hastorf et al.，1989
* 估计数据

在早中间期的前数百年（约公元前 300—200 年）里尚未发现聚落，其时的人口可能仍较少，甚至可能只有百余人（表1.2）。但在随后的瓦克拉普基奥一期（公元 200—500 年），人口快速跃升至 12000 人，并在早中间期晚段（公元 500—800 年）稳定在约 14000 人。

代表了瓦里帝国（Wari）扩张的中地平线期（公元 800—1000 年）在曼塔罗谷地的痕迹却很少。布罗曼（Browman，1976）认为，该地区被瓦里征服了，后者还在南边建立了瓦里维卡（Wariwilka）以建立统治。但在谷地北部却并未发现任何瓦里帝国的聚落，这一时期的确立仅仅是靠遗址调查与发掘期间发现的一些瓦里陶片（Borges，1988）。中地平线期的文化面貌变化极大，或许跟瓦里帝国的崩溃有关。瓦克拉普基奥陶器被新的万卡工艺与风格所取代，此时人口仍保持稳定。

表 1.2　　　　　　　上曼塔罗谷地人口变化预估

时段	预估人口（人）
形成期	
皮里普基奥	1000
科查琼戈斯	2500
早中间期	
瓦克拉普基奥一期	12000
瓦克拉普基奥二期	14000
晚中间期	
万卡一期	14000
万卡二期	61000
晚地平线期	
万卡三期	36000＋9000 印加人

注：基于遗址面积、遗存密度、不同年代遗存占比计算（Earle et al.，1987：8—10；Hastorf，1993：71）。

晚中间期则分为万卡一期（公元 800—1300 年）和万卡二期（公元 1300—1460 年）。研究区内万卡一期的聚落数量仍较为稳定，估计人口数仍保持在 14000 人左右。但万卡二期则迎来了人口数的快速爬升。此时聚落的规模和其内部建筑的密度都大幅提升。北部谷地区域的人口数达到了 61000 人的峰值（D'Altroy，1992：60）。在晚地平线期，印加帝国征服了这片谷地，人口数则迎来下降，估计拥有 36000 人的本地万卡人和 9000 人的印加人（D'Altroy，1992：194）。

该如何理解曼塔罗谷地不稳定的人口发展模式？这其中实际上显示了酋邦发展的两个循环。首先，在人口增长的长期沉寂之后，早中间期中段迎来了人口的快速增长并随后保持稳定。对此，一个合理的解释是，能够抵抗霜冻的多样化谷物的引入（土豆、奎奴亚藜［quinoa］、特殊的玉米等），使风险更低、生产力更高的农业基础得以形成。早中间期和中地平线期人口的稳定发展因此**可能**是区域农业经济生产潜力限制的结果，而此时的冰川消退也为农业生产提供了较为理想的环境（Seltzer and Hastorf，1990）。

第二个人口数增长与下降的循环则集中在万卡时期。是什么引起了人口的飞速增长？生业基础和技术水平并没有太大的进步。更进一步而言，人口的增长正好发生在冰川推进导致生产潜力大幅下降的时期（Hastorf，1993）。不仅如此，可能是因为对优质土地的争夺，某些人口迁移到了更高的利于防卫的位置。这和温度下降相结合则进一步使聚落周边土地的农业生产力有所降低。人口的增长和集中与生产力的降低一定给生业经济带来了极大的压力，并继而导致高婴儿死亡率和低生活质量，如同墓葬材料中所反映的那样（Owen and Norconk，1987：112）。然而随着生业状况的恶化，人口仍在增长，甚至增长得比以前更快。

为何人口密度的依赖法则会失效？万卡二期人口持续增长的关键因素可能是此时的政治经济动态。本地酋邦间激烈的政治竞争或许使大型家庭更易出现，因其能够提供更多承担防卫工作的战士。在传统战争中，战斗人员的数量是至关重要的。在后续印加征服所带来的区域和平阶段，人口却又随之降低（D'Altroy，1992：194）。为什么和平的改善并未带来人口的增长呢？或许是因为斗争减少后，抚养更多孩子的需求也降低了。除此之外，由于印加政治经济将家庭作为税收单元，年轻的万卡情侣也可能会因此推迟结婚（和生养后代）。人口的下降也可能是这类抵抗税收政策行为的无意识结果。

曼塔罗谷地的动态发展将我们的眼光带到了政治组织及酋邦的长期循环发展上去。简单总结便是，在漫长的形成期及早中间期，小型而分散的聚落与相对平均的农业社群相匹配。

而在瓦克拉普基奥时期，简单酋邦便开始出现，最好的证据则是等级化分布的聚落特征。在少量的大型遗址周围聚集着小型遗址，组成一处区域遗址群。北部谷地中分布着四个这样的遗址群，每个都可能代表着一个约有 2000 人口的简单酋邦。最大的遗址可能是这些小型酋邦的政治中心。举例而言，J132 遗址位于曼塔罗谷地一处海拔 3500 米的低山之上，占地约 17.9 公顷，留下了足以支撑上千人居住的大量建筑遗迹。其周围的防御围墙可能正是由社群领袖组织本地劳力共同修建的。

等到瓦克拉普基奥期末，新来的瓦里帝国还保持着对南部区域的控制，但在遗物上却又开始出现万卡文化的新要素。目前这一变化的原因尚不明确，但这种周期性的崩溃与变化可能代表了酋邦社会循环发展的一般模式，即曼塔罗和世界上其他地区酋长权力基础的不稳定（Anderson，1994）。

万卡时期是激烈竞争的酋邦社会：晚中间期的安第斯高地上到处都分布着类似的酋邦（Hastorf，1993；Hyslop，1977；Krzanowski，1977；Topic and Topic，1987）。这些酋邦基于高强度的战争与本地的战争领袖（参见第三章）。人口集中在一些大型聚落以"保卫高地"（Hastorf，1990）。从表现社会地位的物品上可以看出酋邦社会中的等级，但不同等级间的差距仍较小。

整个高地社会以山堡为中心，呈现出明显的聚落等级分化。曼塔罗谷地万卡一期最大的聚落有8.2公顷，可能拥有八九百人的人口。遗址中常见碎石堆，圆石块堆砌的房屋则围绕天井构成单组建筑（Hastorf et al.，1989；Hastorf，1993）。少量聚落还被防御围墙所环绕。较大的万卡一期聚落均匀、规律地分布在谷地之中，同时也可能是各个小型酋邦的中心。单个的酋邦政治体大概包括三到五个聚落，分散在不大的区域内，拥有约一两千的人口。世界上其他小规模农业酋邦的规模也与此相似。万卡一期时期的酋邦中可能有三分之一的人都住在中心聚落。

万卡二期酋邦政治体的规模与复杂性都得到了极大的提升。在研究区范围内共识别出了三个主要酋邦，分别围绕着大型聚落图南马卡（Tunánmarca）（J7；24公顷）、拉马什隆（Llamap Shillón）（J109；31公顷）、哈通马卡（Hatunmarca）（J2；74公顷）。这些遗址都位于曼塔罗谷地北部的高脊上，非常壮观（图1.12）。众人居住于这三处聚落中（人口数分别约为10600、5800、8800），在其坚固的围墙之中蜗居（D'Altroy，1992：56—56；Earle et al.，1987：10—11）。各个主要中心周围都分布着许多小型聚落，不同

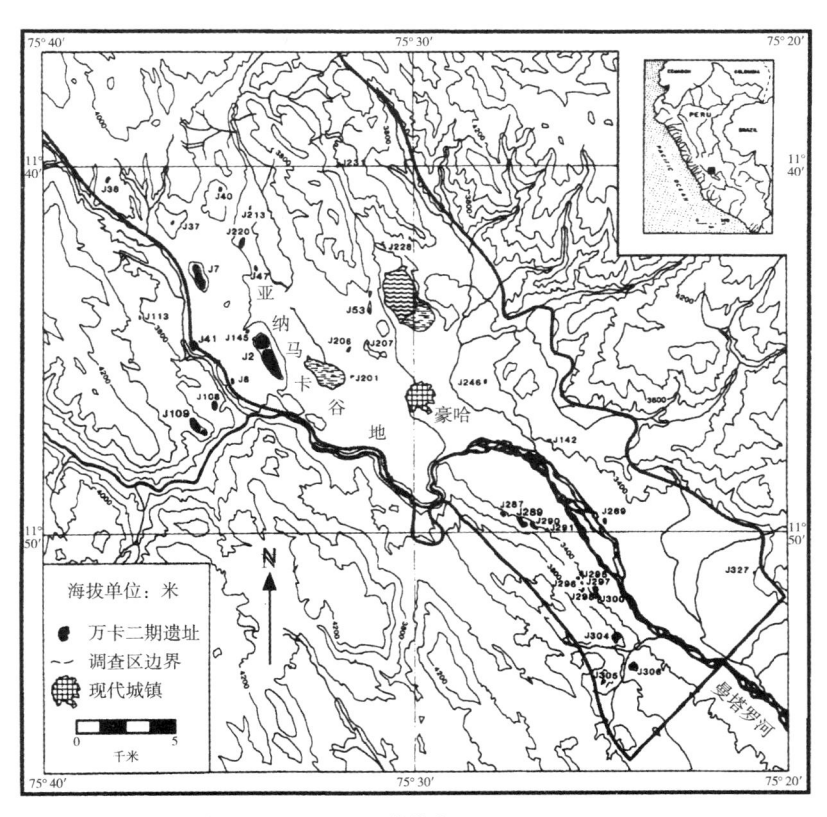

图 1.12　上曼塔罗谷地万卡二期聚落模式（D'Altroy）

群体之间的陶器风格也有着明显差异（LeBlanc，1981）。对遗址中遗存的分析显示，每个中心及其附属聚落各自代表了一个经济单元，并通过陶石器手工业的生产和交换相互联系（Costin，1986；Russell，1988）。

举例而言，图南马卡便是北部亚纳马卡（Yanamarca）山谷中的主要酋邦政治体。中心城镇 J7 统治着周边区域（图 1.13），位于地势极高（海拔 3850—3900 米）的石灰岩山脊上，俯瞰整个亚纳马

上曼塔罗考古研究项目负责发掘的天井建筑组以数字形式标于图中。

图1.13 万卡二期大型中心聚落图南马卡（Earle et al.，1987；由UCLA考古研究中心授权重印）

第一章 三个酋邦社会的长时段发展：丹麦、夏威夷及安第斯　　63

图 1.14　万卡二期中心聚落图南马卡一景（D'Altroy，1992）

卡山谷的农业地带。其中的建筑遗存保存极好，许多史前房屋都有着两米高的石墙（图 1.14）。我们根据航拍照片绘制了该聚落的基本布局，并在 24 公顷的区域内识别出了约 3800 座居住建筑。房屋围绕着天井而建，后者可能是个体家户的私密空间。不规则的道路将各个天井连接起来，而在聚落中心则有一座双层广场。图南马卡政治体中还包括了其他七座聚落，总人口估计约为 24000 人，其中 44% 居住在中心聚落中。

我们试图通过发掘来区分平民与精英的居住建筑（DeMarrais，1989；图 1.15）。典型的平民房屋如"7=9"是单体结构的，天井区域也较小。这些建筑所花费的劳力较少，石作水平也不高，位置也相对偏远。与之相比，精英房屋则更大，拥有多个房间。图南马卡的天井建筑组"7=2"便包括六座独立结构，且都应是用于居住的，因其同时都含有火塘、居住遗物、房下墓葬等。精英房屋的多

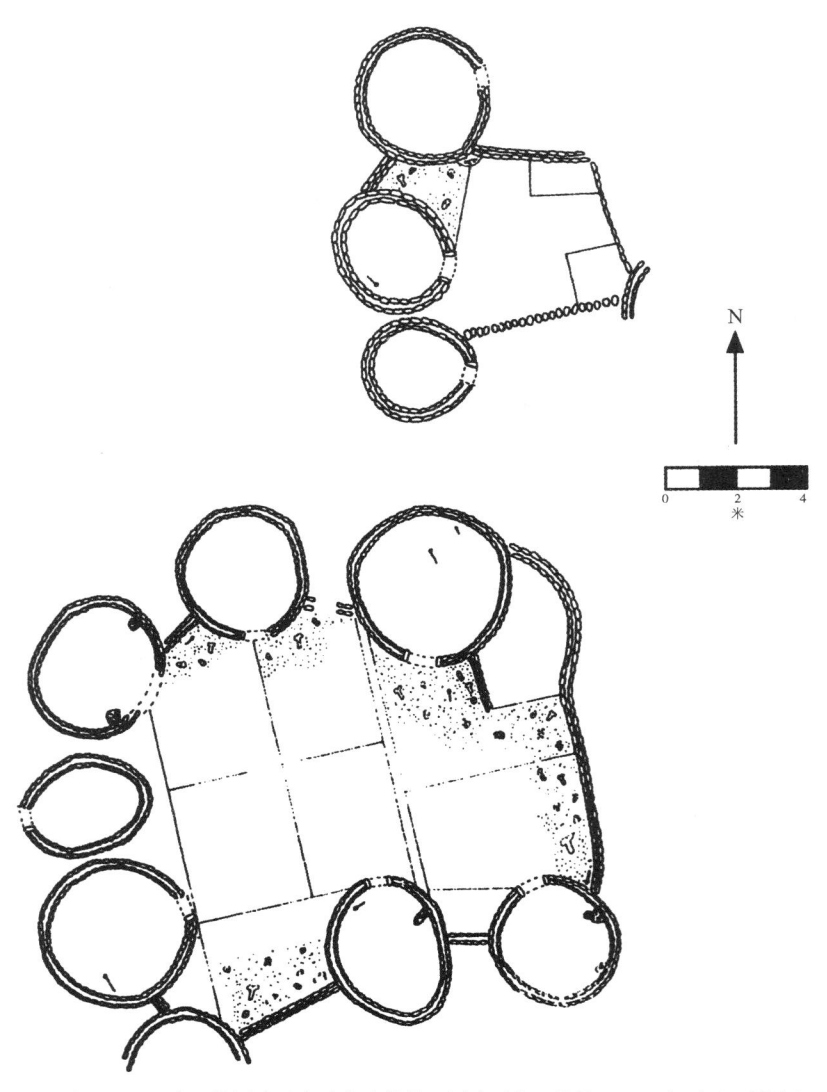

图1.15 万卡二期图南马卡聚落中精英（图片下方，编号7＝2）与平民（图片上方，编号7＝9）天井建筑对比（Costin and Earle，1989）

座结构可能是为了满足酋长的扩展家庭所需，包括他的多个妻子或其他相关专业仆从。这些建筑用石都经过精细加工，通常位于山脊的高处，以及聚落的中心位置。然而，精英和平民房屋的区别也不能被过度放大。这种区别是量的而不是质的。所有人都住在相似的房屋里，只是在规模和建造精细度上有所区分。

领袖和追随者同样也不能通过其他物质材料区分出来。尽管如金属、精美陶器等威望物品在精英房屋中出现的概率较高，但并不局限于其中。特殊的银器或铜针（图普［$tupu$］）几乎只在精英房屋中被发现，但其他金属器和特殊的陶器却到处都存在，虽然平民房屋中确实发现得更少。万卡精英显然还没形成一个超然的阶级（distinctive class）。

等到万卡三期，在印加帝国的征服与政治合并之后，考古学中也同时显现出了延续与变迁。基本的聚落等级仍存在（图 1.16），但聚落的规模却缩小了。图南马卡被快速遗弃，哈通马卡的居住范围缩小至 27 公顷（人口约 3300 人）。尽管出于放牧、采矿等特殊目的，在较高位置也分布着一些小型聚落，但大多数人当时都居住在海拔 3650 米以下的区域（DeMarrais，1992；图 9.2）。聚落规模的缩小与迁居似乎是达成区域和平的结果。在和平的条件下，农民也可以居住到离其田地更近的地方，万卡二期人口拥挤的中心聚落在经济上是不必要的。

此前阶段的至少两个政治体仍延续了下来。万卡三期的聚落中最大的两个——马卡（Marca）新城和哈通马卡规模相似，但陶器风格却差异明显，显然出于不同的制造与分配系统（Costion，1986；D'Altroy and Bishop，1990）。马卡的本地风格延续了图南马卡的模式，且马卡的居民也似乎来自图南马卡。哈通马卡则从万卡

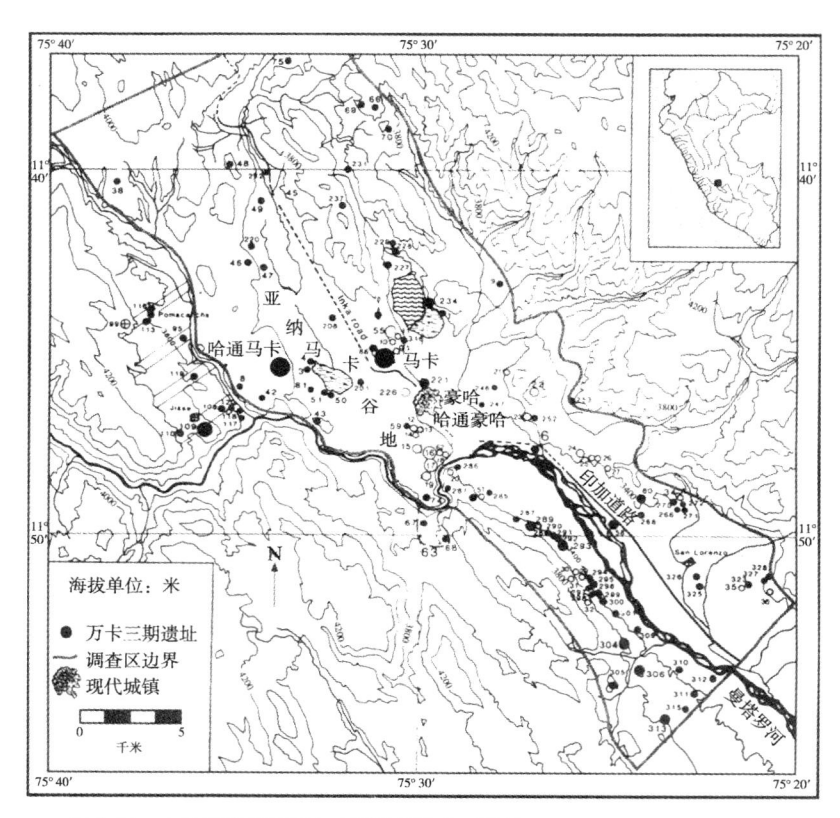

图 1.16　上曼塔罗谷地万卡三期聚落模式（D'Altroy，1992）

二期直接延续了下来。印加帝国应该是通过这些此前便存在的酋邦政治组织来间接统治曼塔罗谷地。

　　哈通马卡和图南马卡一样，在万卡二期便是一座中心聚落，但它在印加统治期间仍延续了政治地位。哈通马卡聚落面积很大，地处亚纳马卡山谷西侧石灰岩山脊上，最长范围约有 2 千米，有着长期的居住历史（图 1.16）。整个聚落占据了两个小山头，中间由较低的鞍部隔开（图 1.17）。南侧山头顶部发掘出的地层显示，早在瓦

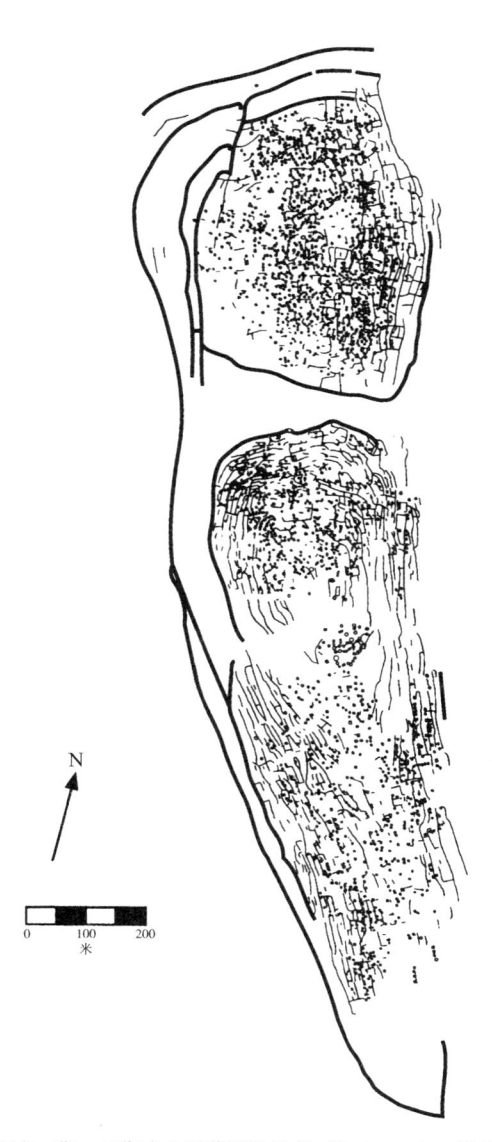

图 1.17 万卡二期、三期中心聚落哈通马卡（Earle et al., 1980；由 UCLA 考古研究中心授权重印）

克拉普基奥一期和万卡一期时便有人在此居住。但整个聚落整体的年代主要为万卡二期。

南侧山头上分布着一座中心仪式活动区域，包括开阔的广场和一些特殊建筑（D'Altroy，1992：图 9.4）。尽管这一区域从万卡二期开始便存在，但在印加统治时期展开了大规模的重建。各类印加风格的建筑被建立起来，包括一座带有山墙和梯形壁龛的大型方形建筑。

哈通马卡的精英建筑集中在仪式区南侧的山脊上，其中包括几座方形的印加风格建筑和大型的万卡风格圆形建筑。与之相对，平民的天井建筑组则更小，大多只包括一间圆形房屋。

此时出现的另一聚落系统则代表了印加帝国对曼塔罗地区的统治。位于主要帝国道路边的哈通豪哈（Hatun Xauxa）便是一座大型的帝国中心。切萨·德莱昂（Cieza de León，1984 [1551]，pp. 242—243）记录了其中精美的寺庙和广场，以及为之服务的 8000 名居民。谷地里的其他帝国建筑包括路边的二级站点、一座吊桥，以及山丘上的数千座贮藏建筑。作为一种经济与政治手段，印加帝国在曼塔罗地区的基础设施建设上投入了大量资源。

小　结

这三个长时段社会演进的酋邦社会案例揭露出了多样性中的共同主题，展示了中级水平社会**提升复杂性的可行途径**。每个社会都处在独特的环境与历史境况之下，他们各自的发展道路也深受此影响。但我们是否可以简单地得出结论，在每个社会的独特性中寻找人类社会的一般发展过程就是徒劳的呢？我不这么认为。

这三个案例自然环境间的差别几乎不能再大——林木茂盛的夏威夷群岛、贫瘠的安第斯山间谷地、风成的丹麦平原，但在人类长期利用造成的景观变化中却也存在着一定的规律。在每个案例中，农业利用都使森林变为田地。新的物种会被引入，旧的物种也会绝迹。景观逐渐变成文化的人造物，并被用以支持大量的人口及酋邦的政治经济。那么，究竟是什么推动了这些环境的改造？

人口增长显然是其中的一个要素。在每个案例超过一千年的时间里，各自的人口都扩张至足以填满其所处的整个环境。在新的驯化物种和技术的帮助下，人类不断殖民并改造环境，以支持不断增长的人口。但人口的增长也不是能够简单预测的单调发展。一个生物模型或许能够预测在一定环境资源与生产力水平下，人口逻辑上的增长过程与后续会达到的瓶颈，并为我们理解长期发展动态提供一个背景，但其背后其实还有更多其他因素在发生、发展。

与其说人口在长期持续地发展，不如认为这三个区域都经历了扩展与消退的不稳定循环，而我们也无法用资源状况来有效地对此做出解释。人口最初的增长确实是通过对新区域的殖民和农业技术的发展来达成的，但随后增长的放缓则与资源的因素并不明显相关。

这种增长的停滞首先与发展中的政治经济状况有关，在这方面，每个案例的具体情况各不相同（参见第二章）。在丹麦，早期青铜时期人口增长的停滞反映了向动物放养的转向。但为什么会发生这种转变呢？畜牧会降低整个区域的承载能力，因此在生业经济的"理性"逻辑上是说不通的。这更可能是因为在一个威望物品的交换体系中，动物也被看作是可移动财富中的一部分（参见第四章）。在夏威夷，现有证据并未表明在公元 1400 年后存在人口增长，而此时复杂酋邦已被建立。尽管大量新的灌溉系统不断被建造，人口却并未出现变化。这些灌溉系统的修建并不是为了供养更多人口，而是为了调动生业产品中产生的剩余产品用于支持酋邦的扩展。在安第斯，人口在战争频繁的时期快速增长，即便此时出现了小冰期且人群还大量迁移至生产更不稳定的高处。当这一区域被并入印加帝国之后，优质农田因和平重新开放，大量新的农业设施由帝国完成建造，但人口却都仍保持稳定，甚至略有下降。这显然说明，这些新变化本身并不是为了扩展人口，而是为帝国财政生产更多财富而服务的。

复杂社会系统常常被人类学家们看作是为处理各种生业问题而出现的，因此应当是能够促进人口增长的。但这三个案例却显现了相反的结果。举例而言，秘鲁万卡二期酋邦的人口数量并未因各类困难而增长放缓，反而是在印加帝国提供的更好条件下停滞不前。

这三个案例显示出了酋邦社会发展和循环中明显的多样性。在每个案例中，都存在精英控制平民生活的情况。

它们也显示出了酋邦社会发展和循环中的明显变化。在每个案例中，新兴的精英都有可以控制其臣民生活的时期。权力和控制的特定机会进而创造了投资、增长、稳定和崩溃的各种可能性。不同的权力来源如何在长期的政治发展中创造出截然不同的社会动态将是后续章节的主要内容。

第二章
经济权力的来源

政治制度的发展必须建基于领导和驱使他人的能力之上。那些能提供赏赐的领导者会被接受，而那些无法这样做的领导者则会丧失权威。领导权本身是问题多发的，它需要个人、家庭、社群，乃至国家主动交出自主权并表达忠诚。没有个体或群体会热衷于做这种事，因为这意味着要将个人或群体的利益献给一个不同的、更大的或遥远的实体（Carneiro，1981；Johnson and Earle，1987）。本章和后续两章将讨论领导权是如何诞生并被制度化的，即机构组织是如何被创造出来，并向更广阔的群体活动扩展的。我将以用来统治人类事务的三种主要权力为中心展开分析，分别是经济的、军事的和意识形态的。

对于经济的控制是一种作用于人类生活的直接且物质化的权力。个体或家户的生存建立在获取必要食物与商品的基础上。他们每天都要吃东西，还要定时获取衣物、房屋居所，以及手工业产品。人类生活的世界充满了能量的流动，这也是维持所有生命的必要条件。为了从最简单的角度来理解经济控制，我们需要理解生业经济（subsistence economy）的概念，即社会如何适应环境、人群如何维持生命（Johnson and Earle，1987）。接下来需要提出的问题是，生业经济的本质是否**可能**被控制，而通过对其展开控制与操纵，一个群体的活动能否被置于领导者的权威之下。

经济权力来源于对经济中关键部门的控制。理解这种控制的社会理论主要有两种：自愿的适应主义理论（voluntarist, adaptationist theories）及强迫的政治理论（coercive, political theories）（Brumfiel and Earle，1987；Haas，1982；Johnson and Earle，1987；Service，1975）。**自愿的适应主义理论**建立在西方思想中古老的理性人（rationalist）传统之上。社会系统的进化被认为能通过不断的改进达成，并会在社会中逐渐发展出对于生存与效率问题更优的解决方案。根据这类理论，人类社会中的领导权是为了更有效地解决个人与群体的生存问题而出现的。

文化生态学（cultural ecology）是人类学中与自愿理论联系最为紧密的研究领域（Binford，1968；Service，1962，1975；Steward，1955）。简单来说，文化遗物和知识、社会政治组织以及宗教都被看作是社会适应环境的核心部分。某种特定形式的政治组织，如酋邦，被解释为解决关键问题的一种社会技术。因此对于酋邦领导者而言，族群的生存便是他行动的中心推动力。

塞维斯（Service，1962：144；Fried，1967：183）将酋邦描述为再分配的社会。随着人口的增长，人们开始定居在一定的地域之内，而各地资源的多样化则导致本地有效生业和手工技术的专业化。在环境资源分布不均的地区，社群会从一般化的自足经济转变为专业化的关联互动经济。这些经济主体紧接着会发展出某种由酋长组织的中心化管理，以协调专业化产品的分配。酋长从专业化社群手里收集本地生产的商品，然后将之再分配至所有社群。酋长的权威直接来自于他协调区域性关联互动经济（及政治）系统的有效地位。

魏特夫（Wittfogel，1957；参见 Earle，1978：37—49；Kirch，1994；Service，1962：150）则将酋长在水利灌溉系统中的必要角色看作是中央领导权和最终国家官僚体系发展的原因。魏特夫的水利理论提出了一种简单的适应关系：在干旱的环境中，灌溉科技是使更多地区得以耕种以降低干旱风险的主要改良手段。为了扩展灌溉系统并改进生业基础，中央管理变得必要。这在某种程度上与现代的资本密集型工业有些类似。灌溉技术也需要相应的劳工部门，而管理者在生产过程中的许多步骤上都是必要的，包括水坝、水渠和梯田等大型水利网络的建设，水资源的公平调配，洪水等灾难后系统的重建，以及因分配水资源和集中劳工而产生的新核心聚落的管理。除了强大的领导者，谁能满足这些需要？酋长和之后国王的权威在此被认为直接来自其管理义务，即创造（最终会出现极大型的）灌溉系统，以满足本地社群对于生产力和生存的依赖。

在 20 世纪六七十年代，过程主义考古学家们将长时段的文化变化分析为对环境的适应（Binford，1968；Flannery，1972；cf. Kristiansen，1984）。通过使用并改进来自塞维斯的模型，许多研究者进一步论证了再分配经济是由酋长管理以有效利用生态多样性（Cunliffe，1978；Gibson，1974；Renfrew，1973），并降低生业失败几率（Peebles and Kus，1977）的观点。

但是，从 20 世纪 70 年代开始，更为细节化的历史与考古研究开始对酋邦和国家中央化领导权发展的管理理论提出了有效性的质疑（Brumfiel，1980；Earle，1977，1978；Feinman and Neitzel，1984）。基本论点是，在酋邦中贸易和灌溉的复杂性并不与中央领导权和制度化控制紧密相连。夏威夷的复杂酋邦成为对酋长经济角色再分析的重点案例，管理理论有效性不足的其他一些细节原因将在本章稍后部分进行讨论。

社会进化的**强迫的政治理论**基于对适应主义理论的批评，强调个人与群体不会轻易放弃自主性，除非强大的权力被建构出来以让他们服从。对于生产、分配和消费因素的控制能够为权力的积累提供相应的机制。而由于经济对于人类生存的重要性，控制经济便能直接控制人类的生活。但是，这种控制不太可能是全面的，而常常是有选择的，只针对经济的某些特定部分。

这些政治理论深受历史唯物主义的滋养，包括李嘉图（Ricardo，1821）、马克思（Marx，1967［1867］），及后续的学术传统，这里显然无法将之全面总结（McGuire，1992）。关键点在于，为了理解对于生产过程的控制，首先要理解对于政治经济体系的控制及由其造成的阶级分化。在《共产党宣言》中，马克思和恩格斯（Marx and Engels，1965［1848］）强调，现代社会中对于资本的占有为资产阶级的政治进程提供了坚实的堡垒。占有被理解为能异化剩余产品并以此为其占有者"牟利"。对于工业技术的占有便直接导向了政治上的统治。

由马克思和恩格斯发展出的模型或许真的能对社会复杂性的起源与发展做出一般化的解释。我认为，他们分析所依赖的基本原则能够被扩展到"部落社会"，即头人社会和酋邦社会中领导权的兴起之中。

由经济控制得来的社会权力

足以在经济上支撑新统治机构活动的政治经济体系的形成与发展,是中央化组织与分层社会兴起的关键(Earle and D'Altroy,1989)。为了理解这一过程,我发现有必要区分基本财政(staple finance)与财富财政(wealth finance)的概念,它们对于经济控制有着各自不同的机制。

基本财政即"国家的基本收入……可能是平民生产中的一部分,或一种特定的税收,或强制劳工[①]所生产的产品。这一收入随即被用来支付国家体系内人员,或其他兼职为国家服务者的收入"(D'Altroy and Earle,1985:188)。有效的基本财政应基于一个繁荣的经济系统,其中的财政所得被视作平民获取生产资料所付出的"租金"。关键问题是要最大限度地提高生业经济中的"剩余产品"(Orans,1966)以支持精英活动,从仪式场合一直延伸到供给战士所需的手工业生产。将剩余产品转移为财政收入需要将生产资料集约化(intensification),而这一过程则又会使土地更易被控制。

出于社会或生业目的而集约化农业生产的策略有很多(Morrison,1994)。但这些不同的策略会产生差异巨大的后果,一些是早已预见的,一些则是无意中发生的。最基本的策略包括建立农业设施来保持水土,以发展稳定的农业生产力。这些设施可能由

[①] 如奴隶的劳作,或平民被强制在井田制中的公田部分及下文提及的夏威夷的科勒田中的劳作。——译者注

本地的农民修建，以解决农业生产中遇到的特定问题，也可能由区域性领主组织修建，以促进制度化的财政基础的发展。在尼日利亚，农业的集约化与"周界设施"（perimetric festures）的发展是同步的，后者包括界墙、水渠、围栏，或其他类似设施。它们既增加了土地的生产力，又标识了这些经改进的土地的私属性（Stone，1994）。集约化还会造成对自然景观的社会性改造（Alder，1990），而被人工设施所改造的资源便能在政治经济体系下被掌控、操纵。

技术上精耕细作的农业的发展，如何通过土地租佃体系使统治机构后续的控制成为可能？这是问题的又一关键。洛克（Locke，1947［1690］）认为，例如土地这样的自然资源是上帝赐予所有人的，但个体又可以通过他们自己的劳力来改造资源、改进土地，最终使其变成私有财产。"改进"（improvement）这一有着特殊文化含义的概念如何能被转译成人类社会中普遍适用的原则？对资源的技术改进实际上达成了两件事。首先，它们使土地的质量高度分化。被改进的特定地点变得更具生产力，并因此较区域内其他地点更受欢迎。其次，改进通过在文化景观中能被直接体现与识别的方式，界定、标识了资源。如围墙、梯田、沟渠这种改进设施物化了景观的分隔，并成为土地所有权文化体系所依托的物质基础（参见第四章）。

对于灌溉系统的研究最好地表现了农业改进是如何被转化为土地租佃系统和政治统治制度的发展的。通过资助灌溉水道的修建（并组织战士确保其供给被控制，参见第三章），统治组织变为最具生产力土地的所有者。"灌溉渠的挖掘和维护是社会性的任务⋯⋯对于水的控制则为操纵社会之手增添了另一种有效的、超自然约束的潜在力量"（Childe，1942：70）[①]。作为社会群体的化身，领导者还能主张对于农业系统的权利，以及其中所包含的对于世俗事务控制的权利。

亚当斯（Adams，1966）认为，早期国家的灌溉技术相对简单，但却创造出了一个富有生产力且被限定住的资源基础。在美索不达米亚，对于景观的长期改造将人类可利用的最具生产力的区域限制了起来（Flannery，1969）。在狩猎采集者社会，土地整体生产力不高，但却非常平等均一：最具生产力的土地广泛地分布在所占据景观中的大部分地区（约35%）。向靠天吃饭的农业的转变则使理想土地的分布范围显著减少，只有那些拥有较高降水量的微环境才是最适宜的。灌溉系统的发展能更进一步地改造环境，最终使仅有2%的土地（那些最便于灌溉的区域）变为最具生产力的。这一选择效应又使得这些土地可以被兴起的中央权威所控制。

西班牙东南部的史前农民便被田地里最发达的那些设施捆绑住了（Gilman，1976，1981）。尽管灌溉系统和其他农业设施本身可能并不**需要**中央化的管理，但对于农民而言，为了脱离后者而放弃这些改造是相当不情愿的。因此，农民只能为保留田地而屈服于地方精英的控制，后者还可以用驱逐的惩罚来威胁那些不缴偿劳力和商品的平民。在这些情况下，新兴的酋邦社会会重点关注那些被界定而具高生产力的可灌溉部分，"占有土地"的统治群体便可轻易地迫害农民。

从那些被灌溉的、具有生产优势的土地所束缚的农民手中，统

[①] 中译参考［德］戈登·柴尔德著，李宁利译：《历史发生了什么》，生活·读书·新知三联书店，2012年，第58页。——译者注

治群体可以征收到税款（参见 Mann，1986）。一个较为极端的例子是，新兴的领导者能通过灌溉沙漠在一个不毛之地建设出肥沃的农田。在沙漠中的生活完全依赖于河水，而灌溉水道则能将其引入田地。灌溉系统的建造为定居和农耕提供了更多的机会，但由于水道就是农民的生命线，他们只能由此服从于它的主人。农民于是被束缚，除非从统治组织手中获取灌溉农田，否则他们便无法生存。

经济控制的另一种形式主要在贸易发达的地区发挥作用。柴尔德（Childe，1936）最早指出控制专业化生产和分配在城市及国家社会兴起中的重要性。尽管他论述中基于市场的交换体系并不存在于已知的酋邦社会中，但财富物品的交换本身仍是非常常见的，且能为酋长提供另一种获取政治权力的来源。

财富财政通过将特殊物品（原始的奢侈品、威望物品或钱[Earle，1982]）用作政治货币，为统治组织内部人员提供回报。财富的形式有很多，从酋长的威望物品（Friedman and Rowlands，1977）到国家化市场中的货币（Brumfiel，1980）。物品因其象征了社会含义及/或交换中的价值而被视为财富。新兴的精英通过参与经济中的特定部门从而控制财富财政。举例而言，他们可以通过支持制造财富产品的手工业者来控制生产（Brumfiel and Earle，1987），或通过威胁竞争者（Junker，1990）、占有交通手段（Arnold，1995）、控制贸易路线（Sáenz，1991）来控制交换。

在酋邦社会中，财富的分配是象征社会关系的手段，而这又进一步决定了社会等级。由于社会结构是影响文化、政治和经济价值最重要的决定因素，实质主义经济学家（substantivist economists）将经济定义为"组织的过程"（Polanyi，1957），意指社会结构决定了经济的关系与目标。现代的结构马克思主义者认为，对于经济的控制是通过掌控社会结构中的传统权利与义务而达成的。酋邦社会中的领导者会通过他们基于亲属的权威来控制经济。据弗里德曼与罗兰所言，"再生产的结构……决定了生产与流通的过程，并……因此构建出人口作为经济实体进行再生产的社会形式"（Friedman and Rowlands，1977：203）。这一语境中的"再生产"指既有社会关系持续的再创造（或维系）。根据结构主义的逻辑，统治者要拥有复制其统治系统的能力。因此，社会结构决定了生产关系，传统的领导者便能借此利用从其支持者那获取的劳力，进行商品积累、女性交换、宴飨以及积累区域威望等，延续旧有的社会关系。

我认为，对社会等级意识形态的控制基于对于财富财政体系的控制。财富财政相比基本财政有着很大的优势。高价值的物品能很容易地被运输到相当远的地方，并能被用以对人们进行长距离的控制。财富的集中分布也能够促使剩余产品向中央积累。但财富财政的显著优势同样可以被其局限所抵消。对于财富的控制是高度不可靠的，随着其价值的增长，从既有网络中走私商品或在指定手工业场所之外生产赝品的行为便会变得多发。与此同时，价值也会因贬值或文化变迁而变得不稳定。对基本财政的需求是长期稳定的，但对于财富的渴望则是易变的。对这一角度的理论分析有些超出了我的能力范围，我将在下文用丹麦的案例具体探讨财富的使用。

以下几个案例将展示经济控制的多样化手段，以及它们对酋邦社会可能会造成的后果。夏威夷的案例展现了经济权力是如何随着被酋长所占有的灌溉系统而产生的。接着则是安第斯的案例，表现了经济权力的局限，其农业的集约化较弱，所处的环境也更加边缘。在丹麦的案例中，灌溉系统和集约化农业并不存在，政治经济体系的稳定与发展依赖于对跨欧洲威望物品交换体系的参与。在所有的案例中，经济权力在一定程度上都是积累权力的基本政治策略，但这些策略在使酋长体系制度化和扩展其统治范围的效用上却各不相同。

夏威夷　考爱岛（公元 800—1824 年）

夏威夷的案例展现了灌溉技术是如何成为复杂酋邦兴起过程中经济控制的一大来源的。我的博士论文（Earle，1978）始于对魏特夫和塞维斯管理理论的批判继承，所利用的主要材料便来自夏威夷，并强调了灌溉系统在西夏威夷群岛政治经济体系中的重要性。酋长统治阶级会使用灌溉系统内生长出的基本农产品来资助其政治扩张。这种经济控制的基础正是在于对灌溉系统的占有，其中的土地被成片地分配给普通农民，以换取他们耕种的粮食，后者也成了当地酋邦社会中的流通货币。

在此简要概括我的博士论文（Earle，1978）的基本观点。我的目标是评估那些被认为是社会复杂性进化"主要动力"的因素（如灌溉系统、再分配以及战争）的有效性。根据管理理论，人口的增长会产生人类适应上的诸多问题，而只有（或者说是最高效的办法）酋长及后续国家组织的中央化管控才能使其得到解决。但是，考爱岛的考古与历史证据却显示，魏特夫强调灌溉系统和塞维斯强调再分配的管理理论都不足以解释群岛中酋邦社会的进化。

魏特夫（Wittfogel，1957：239—246）使用了夏威夷酋邦的例子来支持他的水利假说，认为灌溉系统在技术上的复杂性催生了管理上的困难，并只有中央化行政管理能解决这一问题。他认为酋长的土地管理人科诺希基便是夏威夷社会为解决灌溉系统的技术问题而出现的。

早期的西方探索者常被夏威夷群岛富有生产力且组织良好的灌溉系统所震撼。植物学家阿希巴尔德·孟席斯（Archibald Menzies）参加了乔治·温哥华（George Vancouver）于1792年组织的前往考爱岛的探险，并描述了威美亚谷地的灌溉系统：

> 我们走向这两条（注入威美亚河的）溪流的交汇处，发现浇灌整个田地的水渠被设计得十分精巧，其修建也应耗费了不少劳力，从西北支流便开始顺着山岩底部进行铺设。在这里我们可以看到从河岸引出的一侧设置有石质建筑以作支撑，中留一窄口，整体高达20英尺以上。整个构造齐整而具艺术感，即便是更科学的建筑匠来设计也不过如此。整个田地都十分整洁，被几座更小的河堤分割，它们汇集着从上面水渠引来的溪流（即灌溉水道），并将之输送至远处的农田。通过这些设施，他们鲜嫩的根茎作物（即芋头）长得如此完美，是我所见过所有品种中最好的。（Menzies，1920：29）

在这些欧洲人看来，整洁的灌溉系统构建出了一处富有秩序感的景观。

但是，考爱岛的灌溉系统在规模上并不大，技术也较为简单。哈勒里阿区历史上的44座灌溉系统的平均大小仅为2公顷，其中只有1座大于5公顷，有16座小于1公顷（Earle，1978）。在每个系统上工作的农民平均为5人。除其中一座例外，各个系统都完全分布于单个社群的领地之内。传统的夏威夷灌溉系统显然规模较小，且基于社群建设，魏特夫所构想的超社群组织应当是不需要的。

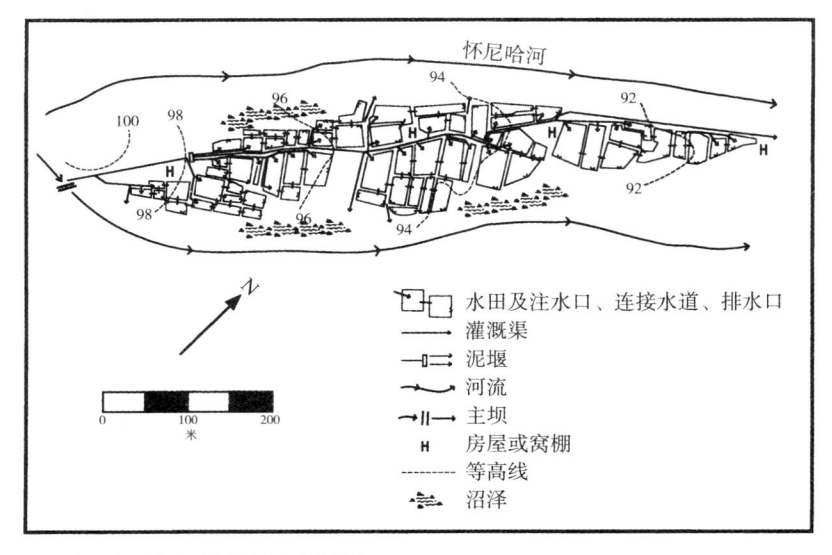

这一系统在 1972 年时仍正常运行。

图 2.1 怀尼哈（Wainiha）河心岛上的传统灌溉系统（Earle，1978）

不仅如此，夏威夷灌溉系统的技术也非常简单（Earle，1978：110—113；Spriggs and Kirch，1992）。我们可以综合历史、考古和 20 世纪 70 年代早期的民族志材料复原一个典型的灌溉系统（图 2.1）。在考爱岛的历史上，每个主要河谷都分布着一个社群（*ahupua'a*），并由高等级的酋长和他/她的管理人所控制。随着河谷中的径流不断流向海洋，谷地平原及海岸上则慢慢沉积着冲积壤。在缓流处通常会设置有岩石分水坝，将坝后的水流分隔入简单的土沟之中，水流顺着谷边，或沿着岛屿中心向下，在重力的作用下流至上百米范围内的芋头地里。水流最终会流入水田（洛依

[*lo'i*])，或从中心水渠直接导入，或从更短的二级水渠导入，或直接从更高的田地自然流入。每块田地周围都修有宽约 1—2 米的土堤，以创造出人工的水田环境。每处田地都是一处阶面，前侧设有护岸由被压实的土或结实的石块建成，具体材料的选择视地形倾斜程度而定。水流持续地流过水田及台阶状的梯田，最终回到径流中去。产量极高的芋头正是被种在水中的，其最早在东南亚由野生天南星科母本驯化而来。芋头的水下部分包括一个球茎和较粗的枝干，芋头是世界上提供碳水化合物最高效的根茎作物之一。其他的作物如香蕉、甘蔗、红薯等则被种植在围绕水田分布的堤岸之上。

　　夏威夷的灌溉系统设计建造得很精巧但都是基础的。主要的技术原则是水会往低处流，且不会渗入被压实的土内。这一系统的建设不需要什么特殊的知识或大规模的劳力，就能被简单地复制与扩建。与其他规模相似且拥有灌溉系统的社会进行跨文化比较，便能进一步表明：对于这样的系统而言，中央管理是不必要的。从土地大分配法令（Great Mahele）颁布到现在，当地的合作农民们仍一直维持着类似的灌溉系统（Earle，1978）。

　　但是，夏威夷各处酋长的管理人**确实会**监管灌溉系统的建设和维护。许多文献（Corney，1898 [1818]；I'i，1959：68；Stewart，1830：142）记载了建造水田和准备耕作的成队劳工。科诺希基会组织安排沟渠的布设与挖掘，水田的修建、日常修理、洪水后的重建，以及种植前的准备等工作。举例而言，某个节日中一组劳工在他们的科诺希基领导下踏实水田的土基，以防止水下渗，并为种植做好准备："在踩踏之日，水田里灌满了水，这块儿的主人准备了许多'食物'（*poi*），猪肉和'鱼'。这天是男人、女人、孩子们的好日子……四处用绿叶装饰着，用尽全力地干活"（Kamakau，

1976：34)。灌溉系统是社会性劳动的产物，人们在组织好的社会事件中共同劳作。既然这些灌溉系统如此之小，技术如此简单，以至于所有农民都能自行修建，但又为何会出现这样的情况呢？

得到灌溉后的农业生产能为夏威夷酋长提供许多剩余产品。即便是相对小的灌溉田地，其极高的生产力也使其收获品中的剩余产品比例能轻易达到 50%—70% (Spriggs and Kirch，1992：161)。一旦灌溉系统被修建，农民便可凭较低的风险得到预计较高的收益 (Kirch，1994)。这对他们来说是非常理想的，但除非遭到强迫，农民也不会愿意生产出更多的剩余产品。生业经济的逻辑便是只生产足以满足家庭需要的，之后便可直接休息 (Sahlins，1972)。在政治性控制的参与下，生产剩余产品的能力便必定意味着资源调配的存在。

灌溉田地的物理性质是塑造夏威夷政治经济系统的关键。社群的科诺希基监管本地灌溉系统的建造与维持，并同时将其扩展至其他社群活动之中。作为其管理的一部分，科诺希基将土地分配给每个个体家户，包括他们的宅基地（帕哈勒 [*pahale*]）、谷地灌溉系统里属于个体的水田（洛依），以及与之相伴的旱地（库拉 [*kula*]）。每个男人都会为其家庭生计耕种他的水田和旱地，而作为回报，他又负有耕种科勒（*ko'ele*）田的义务，后者是酋长基本财政的主要来源（图 2.2）。

这一土地租佃体系并未以法律的形式被规定，且是高度灵活的，主要由酋长来操控以生成其政治活动所需的剩余产品。最终的"所有权"归于最高酋长，这由其政治地位所决定。这一地位原则上是由父系长子、长孙（亦即社会等级最高的个体）来继承的，但事实上却常由继嗣或征服战争来决定。由此确立地位的最高酋长随

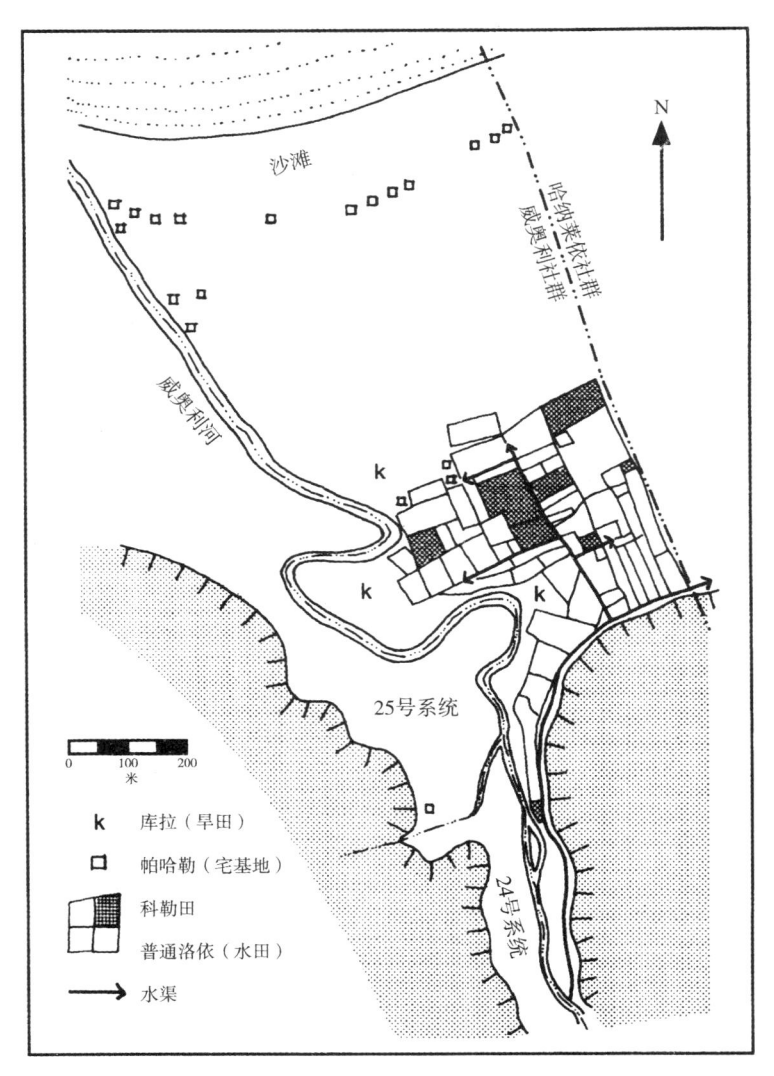

图中还展示了房屋宅基地（帕哈勒）、平民水田（普通洛依）以及酋长所属的科勒田。

图 2.2 威奥利（Waioli）阿胡普阿中历史聚落及农业区域的布局（Earle，1978）

后可将单个社群授予其亲密的支持者。社群酋长的头衔是对其支持的政治补偿,且能根据最高酋长的意愿而被取消。社群酋长随后会任命一位科诺希基,通常也会是对更低一级酋长的补偿,因其曾作为战士支持最高酋长。科诺希基将土地分给平民,作为租金的基本生业产品则随之成为酋邦中的货币。

在土地大分配法令颁布期间,夏威夷的土地租佃系统被逐渐转化为欧洲式的土地私有制,传统的行为细节则以法律文书的形式在此过程中被记录了下来(Earle,1978;Linnekin,1987;Sahlins,1992)。每个人都会前来描述自己对于土地的宣称以及其所基于的等级化分配传统,以继承使用权并继续耕作。克伊尼霍(Koniho)的宣称较为典型(Land Commission Award[LCA]2927),他居住在瓦胡岛的阿纳胡卢(Anahulu)河谷。他对七块土地提出了宣称,其中最重要的是他的灌溉水田:"致土地委员会:我,克伊尼霍,一位卡玛艾纳(*kamaaina*,意为'土地之子'),从过去的卡米哈米哈(时)起便拥有一份宣称。首先是(位于)拉惠莫霍(Lahuimoho)(的土地),包括四个莫欧艾阿(*mo'o'aina*)(部分),共23块洛依(即芋头水田)。它被劳瓦希(Nauwahi)的土地、溪流和山崖、纳普纳威(Napunawai)的土地,以及我在拉惠莫霍北部的构树丛所环绕"(Sahlins,1992:11;括号内为引文原文)。为了将宣称存档,农民会叙述原初的分配情况,典型的便是由一位科诺希基将之分配给其本人或祖先。平民的土地使用权也是父系传承的。在大分配之前,土地几乎完全是父系传承的,从父亲到儿子,或从爷爷到孙子,女性仅仅是"土地上的占位者",她们在19世纪40年代由外来传染病造成的人口下降背景下首次获得了土地(Linnekin,1987)。

在我看来，这一土地使用权的父系继承传统反映了土地在基本财政体系中的位置（Earle，1978；相反的观点参见 Linnekin，1987）。正是由于男性在酋长的科勒田中耕作或承担科诺希基要求的其他劳动义务，他们才被授予土地。当女性获得土地后便会很快地转交给男性。从考爱岛大分配记录中我们能够发现一种常见的模式，即继承其亡夫土地的女性会很快将之转移给其新的丈夫。为了保有土地的使用权，寡妇必须再婚，这样才能由她的新丈夫来向酋长提供劳力。平民的土地使用权正是基于劳力的强制获取的。

大分配记录还提供了一些相互竞争宣称的案例，因为他们的使用权曾经被科诺希基所取消（Earle，1978：187）。取消的原因通常很简单，即个体无法向科诺希基提供劳力。案例中造成这种现象的具体原因包括迁移、死亡且无男性继承者以及疾病："科诺希基拿走了第三号和第四号（土地），由于宣称者变老并丧失了对科诺希基的劳力价值"（LCA 10，313）。"土地由科诺希基于凯克奥瓦（Kaikeoewa，于 1825—1839 年统治考爱岛）之时分配，并一直被保有至 1849 年，此时宣称者被选为学校的负责人而不再为科诺希基工作。科诺希基因此拿走了他的土地并授予其他人。科维洛（Kowelo）于是开始缺少食物"（LCA 11，063）。很显然，个体只有在为科诺希基工作时才拥有他与他家庭生计所依赖的农田。

这一土地租佃体系控制了平民的劳力，并成为基本财政体系的基础。社群酋长从其科勒田中获得基本财政收入，并随后将之用作政治经济体系中的货币。补偿劳作人员的宴飨活动，以及科诺希基、战士和手工业者等酋长依附者都由这些收入所支持。社群内的劳力同时也被用来养猪、维护鱼塘、从山林中采集特殊产品，以及其他一些义务。土地利用的基本单元，即个体的灌溉田地同时也是社会生产的实体。酋长通过占有其生产资料来控制平民劳力，并利用得来的资源资助夏威夷复杂政治经济体系中的其他权力来源（参见第五章）。而正是灌溉系统为控制平民生计和获得劳力提供了机会。

我将在第四章详细论述这一观点，即灌溉技术同时也是酋长统治意识形态中的关键。酋长作为负责灌溉系统社会劳力的组织者，同时也是其占有者。靠水田收获而生存的平民持续而稳定地提供着劳力，并从中同时创造了酋长统治组织的经济基础与上层建筑。

对于灌溉系统及其在政治经济体系中的占有与使用是夏威夷酋邦进化基础的观点，基希（Kirch，1994）曾有过不同的看法。在整个太平洋地区，政治的进化在很大程度上依赖于农业的集约化，但其中的路径与过程是高度复杂的，我们无法将其简单地公式化。因此，他强调史前生业实践中旱作—水田的二元结构，认为旱作农业在维持政治发展中也发挥着重要作用。如在发展出夏威夷群岛最大酋邦的大岛①中，灌溉系统便是高度区域化的，重要性也相对较低（参见 Earle，1980：图 1）。对于太平洋地区的一般情况，基希也认为是旱作农业系统更能导向政治扩张，因为其在农业内卷（即通过大量资本投入的内部集约化）的发展上潜力有限。酋邦间的征服行为可能正是在夏威夷群岛的旱作区域被催生的。基希提供了一个新的重要维度，以理解长时段进化的动态发展过程，在这一动态发展过程中必然会出现基于不同形式集约化的多样化路径。在这里有两种不同的权力基础被指出，即建基于改进农业设施和政治性剩余产品增长的经济权力来源，以及一种扩张主义的，以夺取与转移

---

① 大岛，即夏威夷岛，是夏威夷群岛中的最大岛。——译者注

剩余产品为目的的军事权力来源。

我们可以从传统历史记载中发现相关案例。乌米最初随父亲利罗阿（Liloa）居住在威庇欧（Waipi'o）河谷，"这是古代统治酋长曾居住过的土地"（Kamakau，1961：2）。威庇欧河谷位于夏威夷岛北部海岸，降水充沛，同时拥有大岛上规模最大的史前灌溉系统。而当乌米被迫离开威庇欧后，他又在边缘的旱地区域建立起了相当集约的农业体系，以支持他的野心（Kirch，1994：261）。他最终得以征服威庇欧河谷，并统一了整个夏威夷岛。基希（Kirch，1994）强调，夏威夷岛最高权威的建立正是基于旱作农业，因为后者内在地需要发展出依赖军事扩张的政治策略。

但在我看来，夏威夷或太平洋地区其他区域中，旱作农业集约化建设了农业设施，实际上有着与灌溉系统相似的一些特征。灌溉系统确实更具生产力，一旦建立起来便会以高产吸引更多的劳力。旱作田地似乎不那么可靠，它们对本地农民的吸引力不高。但实际上，它们同样会对农民设置一些相似的限制。此处的关键是，不论是灌溉系统还是旱地的复杂农业设施，都会成功地改造景观。

斯通纳（Stone，1993，1994）曾介绍非洲的旱作农业集约化设施是如何规避了扩张主义策略的产生的。他的分析基于对科菲亚尔人（Kofyar）和提弗人（Tiv）的对比，前者会主动投资农业设施，后者则维持着粗放的农业，构成了一处具有扩张主义的分节社会。通过对旱地农业设施进行投资，科菲亚尔人创造了一处带有实地标识的被改进的、区隔的景观，展现了土地的私有性。史前的夏威夷或许有着与此相似的投资、改进（土地）行为，因其都创造出了各自的人工文化景观。不论是在水田还是旱田中，农业设施都是"地力资本集约化"（landesque capital intensification）（Blaikie and

Brookfield，1987；Kirch，1994：19）的一部分，并由此形成整个夏威夷群岛权力的经济基础（参见第四章）。

位于北科哈拉（Kohala）海岸西侧的拉帕卡依（Lapakahi）的田地（Rosendahl，1972；Kirch，1984，1985b）便为我们展现了夏威夷旱地区域的农业集约化是如何创造出私有性的文化景观的。由于外部的侵蚀，从科哈拉山到海岸一直分布着和缓的阶地。此处的阿胡普阿常以狭窄条带状分布，从海岸延伸到山侧，宽度通常小于2千米。社群的边界以山间小道或石质标识的形式被划分出来，社群内部在海拔250—600米之间水热条件较好的区域则修建有大量的田地。常规的田地依地形等高线分布着低矮的石墙，以减轻水土流失。田地通常还会被沿着坡地上上下下的田间小道划分成块，并在道旁设有边界石。在田地里面还分布着小型的居住棚屋。如基希所述，"田地界标和小路打破了连成一片的农业景观，并将之分成了不规则的单独地块"（Kirch，1984：182）（见图2.3）。按照斯通纳（Stone，1994）的定义，这些"周界设施"的建立是为了强化旱作田地的生产，并明确不同地块的所有权和使用权。

孟席斯直接使用了他之前描述灌溉田地的用语来介绍科纳（Kona）的旱作田地系统："随着我们逐步发展面包果树的种植，这个国家变得越来越丰饶，培育能力也达到了较高水平。在我们上面几英里……通过大量劳作，（每块地上）松动的石块被清理了并被种上了可食用的根茎作物……在清理土地的过程中，石块又被堆在不同田地块间的田埂上"（Menzies，1920：75）。这些旱作田地上的设施如梯田、边界、界墙、小道等，如灌溉设施一样，都是对土地景观生产潜力的技术性改进。它们对于土地侵蚀的控制对于缩短休耕期是十分必要的。与此同时，尽管这可能并不是建造者的本意，但新的物理景观会被不同的生产单元所分割，以便使用权能被更好地分配与监管。

基希（Kirch，1994）有力地论证了旱地较灌溉田地生产力更低的观点，进而得到酋邦发展中两种十分不同的模式：夏威夷群岛西部的各岛以灌溉农业为主，而东侧各岛则以旱作农业为主。他的论证强调了我论文中的一个关键部分：酋邦经济基础的具体特征会极大地影响它们控制经济资源的方式。但即便是对于集约化的旱作农业区域，人造景观的物理本质也会催生一套土地租佃体系，而这与灌溉系统中所发生的没有什么不同。无论是直接由酋长来监管建造，还是在建造后被酋长占有，集约化的技术都会创造出改进与未改进土地之间的显著分化（进一步的讨论参见 Gilman，1976，1981）。墙和其他分隔设施本身便会成为地块所有权的标识物，而本地的农民又不会想要舍弃这些改造设施。（基希［Kirch，1996］曾提问道：为什么夏威夷岛的农民会在 1804 年主动离开田地参与到对瓦胡岛的军事征服之中？这可能是因为卡米哈米哈征服的西部岛屿上拥有更多适宜灌溉的河谷。他在征服后的首要事务之一便是建立新的灌溉系统，并将土地作为补偿赠予他的支持者们，后者大多来自生产力较低的旱地区域。）

在与欧洲接触时期，夏威夷酋长的权力直接来自他们对平民劳力的控制，而这则是通过土地租佃体系达成的。如上所述，这一系统转移、调配劳力的能力从集约化的农业设施中得到体现。从历时的发展中，我们也能看到岛域酋邦的兴起是如何与改造景观的生业经济集约化发展紧密联系在一起的。在早期较长的殖民与聚落扩张时期，一些灌溉芋头田便已被建造。因为芋头水田农业在整个太平洋区域得到了广泛的传播，夏威夷的殖民者可能一开始便拥有相关的知识。但这些灌溉技术也可能是在太平洋各处相似的环境背景下独立发展出来的（Kirch，1984：171；Kirch and Lepofsky，1993）。在形成期（公元1200—1400年），群岛中的人口快速增长，口传历史将这段时期描述为初步分层的社会（Hommon，1976）。根据碳十四测年样本的分布，此时灌溉设施的数量有所增长，但仍不多（Allen，1992）。

在此之后，灌溉系统的建造速度显著加快，成为新兴酋邦使其财政结构制度化的重要手段。在稳固期和统一期（公元1400—1650年），灌溉系统的建造与使用激增，并在约公元1500年达到顶峰（Allen，1992：图3）。口传历史将此时描述为区域性酋邦间竞争最为激烈的时期，成功统一某个岛屿的酋邦会周期性地出现。灌溉系统的发展明显与基本财政体系的发展相关（Allen，1991）。这一时期同时也建造了许多旱地农业设施。拉帕卡依的材料显示，旱地农业设施的建造始于约公元1450年，并在之后不断集约化。灌溉系统和旱地设施的同时扩张似乎是为了满足夏威夷酋邦的扩张及其政治经济体系的需要。作为统治意识形态的重要元素，著名的乌米便被描述成农民的形象。通过他的亲身劳动，"他建造了威庇欧的一些大型芋头水田，并曾在其所有的土地上耕种过，其中大多数时候是在科纳"（Kamakau，1961：19）。主要农业设施的建造似乎是增加剩余产品生产这一政治策略的一部分，而并不是对于人口增长的回应。

在吞并期（公元1650—1821年），岛屿酋邦被高度组织化，最高酋长试图通过征服战争将多个群岛置于其统治之下。考爱岛的最高酋长将其统治延展至较小的尼豪岛（Ni'ihau），茂宜岛和夏威夷岛的酋邦则陷入相互的攻伐之中。欧洲人的到来带来了大型船只与枪支，并打破了僵局，使夏威夷岛年轻的最高酋长卡米哈米哈获得了征服西部茂宜岛、瓦胡岛、莫洛凯岛和拉奈岛（Lanai）的机会。只有考爱酋邦较成功地抵御住了入侵，并保留了一定的政治自主性，直到在统治者考穆阿利伊（Kaumuali'i）去世之前仍保留了一定的政治自主性（参见第三章）。

尽管并未留下很好的碳十四记录，但这一时期新建灌溉系统所带来的生产力进步，显然为快速的政治扩张提供了许多经济上的支持。在征服瓦胡岛后，卡米哈米哈如之前的乌米一样，在该岛发展了农业。在统治意识形态的要求下，他亲自参与进了建造活动之中："（卡米哈米哈）亲手劳动，在鱼塘中工作……都是为了瓦胡。他在威基基（Waikiki）建造了最好的芋头田……并清理了威基基、火奴鲁鲁（Honolulu）、卡拉马纳马纳（Kalamanamana）的土地……还有其他一些地方。当这些土地都得到耕种后，他又去努乌阿努（Nu'uanu）耕种茂卡（*mauka*）田（山间的内陆地带）。"（Kamakau，1961：192；I'i，1959：68）瓦胡岛阿纳胡卢河谷的文献与考古材料综合显示，这一区域，或至少是河谷上游部分，直到卡米哈米哈入侵时期才得到了开发。灌溉芋头田的修建是为了支撑他的军队，多达 7000 人，以及资助他对考爱岛的征服计划（Kirch，1990，1992）。

考爱岛北部肥沃海岸地带的灌溉系统直到很晚的历史时期才得到大规模的发展（Athens，1983：29）。土地记录中有许多战士被授予哈纳莱伊（Hanalei）地区卡诺阿（Kanoa）鱼塘周边土地的例子，此处的农业设施也显示是为他们新建的（Earle，1978：154）。

夏威夷岛的旱地农业设施可能在历史早期便被广泛扩展。基希（Kirch，1984：182—192）描述了政治经济体系的需求如何引起旱

94 酋长如何掌权：史前政治经济学

地农业系统的快速扩展和调整。拉帕卡依的土地被不断地细分，反映着对土地和水源控制设施投资的增加（图 2.3）。劳米洛-威美亚（Lalmilo-Waimea）农业设施建立于 1790 年至 1794 年之间，包括旱田和基于季节性水源的灌溉设施，此时卡米哈米哈正在巩固其区域性的权力基础（Reeve，1983）。19 世纪初农业设施的大规模建造是发展以农业生产为基础的基本财政体系的重要手段，而通过征服获得的灌溉设施则又使新兴夏威夷国家后续的财政基础扩展成为可能。

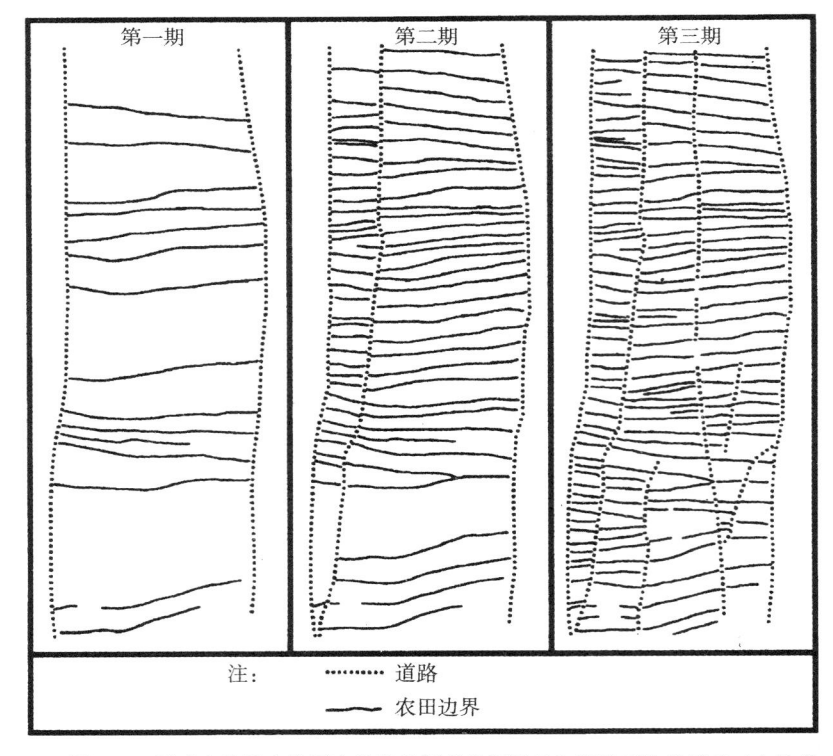

图 2.3 夏威夷拉帕卡依周边狭窄的阿胡普阿旱田和道路系统发展的三个阶段（改绘自 Kirch，1984；由剑桥大学出版社授权重印）

即便基本财政体系已较为完善，在夏威夷被并入世界经济的过程中，它却又遭到了破坏。对外贸易的机会便会破坏对生业系统的控制。第一次主要的经济转型发生在檀香木时期（Sandalwood Period，公元 1812—1830 年），此时岛屿上的檀香木被砍伐并由外来商人出口至中国（Sahlins，1992：57—97）。社群的酋长们通过他们的科诺希基动员劳力砍树。一方面，对自然资源的贪婪掠取，迅速耗尽了可获得的供给；另一方面，用以建造与维护社群灌溉系统的劳力也被转移了。为了逃离科诺希基不断增长的对劳力需求，并从新兴的商业海港城市火奴鲁鲁和西方船只那里寻求更多的新机会，农民开始离开他们的农业社群。通过控制基本生业生产而构建的劳力封建纽带自此被切断，随之而来的则是繁荣的商业经济（Sahlins，1992）。

在群岛被并入世界商业经济之前，夏威夷酋邦的权力坚实地建立在集约化灌溉经济的基础上。农业设施和其物化的土地租佃体系构建了持久而强有力的经济控制，其他的权力来源也能在此基础上被整合。剩余产品通过农业系统得到转移，并被用来支持战士精英（第三章），以及酋邦统治意识形态的物质化（第四章）。

秘鲁　上曼塔罗谷地（公元 500—1534 年）

对于安第斯复杂社会进化的主要经济解释同样也是魏特夫的水利假说。他正确认识到，大规模灌溉系统在干燥的沿海谷地中有着极大的利用潜力，它使沙漠景观得到一定程度的繁荣。灌溉设施对生产力的提高能够促进中央化政治系统的发展，既通过其管理者（Wittfogel，1957），也通过其所有者（如夏威夷案例所展示的那样；Earle，1978）。

尽管水利理论对于秘鲁沿海地区有着一定的解释潜力，但它已被证明不足以解释安第斯高地酋邦的发展和帝国的征服。不同于海岸谷地，高地的灌溉系统规模都不大，只有很少的社群会依赖灌溉系统，现存的这些系统也能很容易地被传统社群组织管理。尽管经济控制，在夏威夷的案例中相当重要，但在此处看来却仍是较为初级的，酋邦主要的权力来源实际上是战争（参见第三章）。除了被瓦里帝国和后续的印加帝国征服期间，本地的酋邦都相对较小，组织化水平也较低。

在秘鲁上曼塔罗谷地，人口的增长也与生产的集约化相同步。森林被砍伐而一些长期的农业设施被建造。从表面上看，这似乎与夏威夷的案例很相似，但曼塔罗的高海拔环境使得其与前者有着根本性的差异。由于难以改变的温度条件限制，农业始终都是边缘的。"地力资本集约化"因此是低效的，达成经济控制的机会也很少。

在曼塔罗地区，农业及其相关设施的历史是许多研究的重点（Hastorf，1993；Hastorf and Earle，1985；Parsons，1978），这些设施的建造也被认为与谷地酋邦的政治演进相关联。在瓦克拉普基奥期（公元200—800年），亚纳马卡谷地中持续的人口增长发生在轮作农业占主导的干旱地区，由此对应的则是小规模酋邦的发展（参见第一章）。本地社群也在此时建造了约200公顷的排水田（drained fields）[①]（图2.4；Hastorf and Earle，1985：572—77）。这

[①] 与夏威夷的灌溉水田不同，安第斯高地的水利设施中有很大一部分的主要作用是排水。受温度条件限制，其种植农业主要分布于山谷底部，由于地下水位较高，土地常出现排水不畅的现象。加之主要农作物的种植不需要过多的水，在整个中南美的高地区域因此广泛修建有以排水为目的的水利设施。——译者注

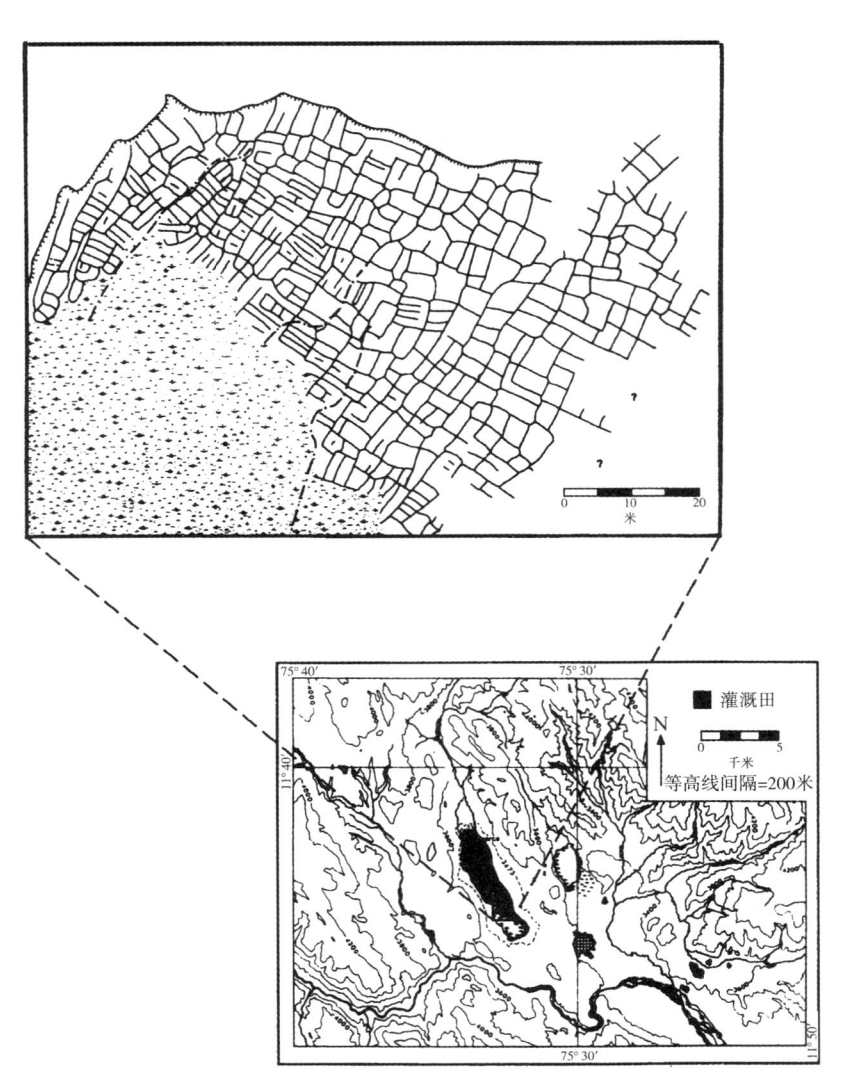

图 2.4 秘鲁亚纳马卡谷地的排水田（改绘自 Earle 等，1980；Hastorf and Earle，1985；由 UCLA 考古研究中心授权重印）

些田地面积很小，在种植平面周边围绕交错着排水渠网络，使水流最终从种植区流向特拉加德罗（Tragadero）湖。

安第斯的其他区域存在着规模更大的排水田。在玻利维亚低地的亚诺斯德莫霍斯（Llanos de Mojos）地区，洪水季节性泛滥，据德内文（Denevan，1966）估计，此地共有约 80000 块排水田，总面积超过 6000 公顷，占区域内总陆地面积的 0.1%。田地的种类有很多，但它们的种植平面都始终被隆起，从而高于泛滥面。大规模的人工聚落土丘和交错的堤道与农业设施紧密联系在一起，并创造出了一片热带稀树草原酋邦的人工景观（Denevan，1966：133）。

的的喀喀（Titicaca）湖周边高地也分布着大量人工隆起的田地（Erickson，1987；Kolata，1991；Smith，Denevan and Hamilton，1968）。根据实验考古结果，科拉塔（Kolata，1991）认为这些田地曾被用于种植高产的奎奴亚藜和土豆，以供给蒂瓦纳科（Tiwanaku）帝国（公元 400—1000 年）的城镇中心。该帝国核心的三处高地谷地共有 19000 公顷的隆起田地，"蒂瓦纳科的农业工程师们设计出了大量的水利工程，以调节从自然水源处引出的用来灌溉田地的水"（Kolata，1991：101）。科拉塔（Kolata，1991）认为，蒂瓦纳科国家的生业基础依赖于这些由国家管理者设计和监管的复杂精细、规模巨大的农田系统。与曼塔罗谷地中的相比，这些系统显然被纳入了国家整体发展的计划之中，并作为国家的基本财政基础。同时，集约化的高产农田景观又会将农业人口捆绑于其中，并最终将之与国家间接联系起来。

由于农业系统经历了长时段的发展与使用，对其定年存在困难，但与农业设施相关的聚落分布则为我们了解其历时状况提供了一定的线索（Stanish，1994）。在胡利-波马塔（Juli-Pomata）地区的的喀喀湖沿岸分布着大量的排水田。尽管中形成期聚落的分布表明这些田地的使用年代上限上至公元前 800 至公元前 200 年，但这些设施的主要建设与使用时段则正好与蒂瓦纳科国家的兴起相同步。斯坦尼什（Stanish，1994）指出，该国家有意识地对农田景观展开了资本密集型的再改造，以创造更多的剩余产品来资助他们的活动，包括在附近的蒂瓦纳科城镇中心里建造大量仪式设施。

在曼塔罗谷地，特定的环境条件使发展集约化农业变得更难。这里的排水田系统在以旱作农业为主的区域内创造出了多处小型的高产农田"岛"。尽管排水田的修建并不难，农民可以根据他们的需要自行发展，但这种设施一旦被建立起来，它便为社会控制提供了机会。至少在表面上，曼塔罗的排水田与新几内亚头人社会的很像，后者有效支持了一处小规模的政治经济体系（Heider，1970）。但由于曼塔罗地区特定的水土条件，像南方蒂瓦纳科国家兴起所依赖的大规模农业集约化则很难在此出现。

在万卡一期、二期（公元 800—1460 年），曼塔罗谷地的人口得到了快速的增长。与之相应，大量战争与冲突爆发，迫使人口迁移至位于高海拔山头与山脊之上的大型防卫聚落之中。或许正是由于万卡时期人口的增长与集中化，可能是酋长的主动行为，此时一些重要的农业设施得到了修建。其中的一处高海拔灌溉系统（Parsons，1978；Hastorf and Earle，1985；图 8）将一处高山泉水通过 24 千米长的小渠，输送到了约 60 公顷的田地中。区域内某处地点还显示，史前的农田中会包含一条精心设计的隆起脊线，以向两侧排放因过于潮湿而产生的多余流水，并拦截冷空气，防止霜冻（Hastorf，1983）。曼塔罗北侧的胡宁高山地区同样建造了许多此类带脊线的田地，它们与晚中间期的高山酋邦聚落直接相关

(Matos，1975)

高海拔水利系统中的水道沿着万卡二期中心聚落图南马卡所在的山脊底部送水，还穿越了图南马卡酋邦统辖下的其他几个小型聚落的领地。通过与今天安第斯山脉灌溉系统的类比可知（Mitchell，1793，1991），很可能是由领导者组织社群劳力修建并维护这些灌溉渠。这些获得灌溉的土地将会是社群内最具生产力的，而酋长所属的田地可能正位于其中，并由社群内其他成员替其耕种。

在一定程度上，每个家庭参与农耕活动是它获得土地分配的必要条件，凭借对劳动力与分配的管理，本地的领导者在土地分配上拥有一定优势，尽管并不多。"（万卡人）既不交纳税金，也不为领主提供服务，实际上他们之中并不存在严格意义上的领主，而只有受到尊敬的辛切科纳"（Toledo，1940［1570］：23，译自 LeVine，1979：82）；"他们不会给这些领导者提供任何服务，除了尊重他们并耕种他们的田地"（Vega，1965［1582］：169，译自 LeVine，1979：82）。万卡的战争领袖并未建立强有力的制度，尽管他们确实拥有一定的权利可以迫使社群劳力为其耕种田地。关键点在于这些田地更像是社群整体为解决其生业问题而建设的，酋长对于这些资源的控制最终要建立在军事力量的基础上（参见第三章）。

曼塔罗谷地的政治经济体系只有在印加征服期间才得到完整建立，如帝国核心的其他地区，此时有大量农业设施被修建（D'Altroy,1992；D'Altroy and Earle，1985）。如夏威夷，帝国的政治经济体系依赖于基本财政。在行政中心哈通豪哈之上的许多山头都修建有大型的仓库，储存着基本的商品如玉米和其他食物以及粗制衣物。"在印加帝国征服（万卡）后，命令他们为其提供尽可能多的食物和衣物"（Vega，1965［1582］：169，译自 LeVine，

1979：50)。这些生业产品供养了印加军队以及为国家工作的当地人员。

此时控制生业经济的权力同时来源于直接的军事威胁及土地租佃体系。在征服行动之后，所有土地名义上都归帝国所有，并由帝国行政系统和宗教机构管理与征收税务。在从被击败的本地社群手中夺去土地后，帝国又将其归还给他们，以强迫他们在帝国耕地和其他帝国行动中提供强制劳役（米塔 [*mit'a*]）。这一土地租佃系统本身就是帝国意识形态的一部分，并因此正当化了这种经济权力。但帝国对于米塔劳力的依赖实际上是相对困难的，任何对转运与劳役的轻度抵抗都可能轻易地蔓延开来。

农业用地被分为未改良和改良的土地。大部分高地地区都未被改良，缺乏灌溉水道、梯田、排水渠等农业设施。围绕谷底平原分布着广阔的高地，其上以休耕轮作的方式种植着土豆和奎奴亚藜（Hastorf，1993）。双系继嗣的内婚亲属群阿依鲁（*ayllu*）是高地社群的基础并占据着大量土地，这可能在印加征服之前便已如此。阿依鲁中的任何家户都拥有相应的生业地块，并由社群领袖每年进行分派。

但印加帝国改变了这一经济基础，以精心设计的水道和梯田将大规模的农业区连成一片，发展出完全不同的生产方式。安第斯本地社群的简单梯田与印加帝国修建的规范化、秩序化梯田之间的差异表明了中央规划与管理的出现。在靠近首都库斯科（Cuzco）的谷地里，复杂设计的灌溉系统与梯田完全改变了当地景观（Rowe，1946），同时其中许多被明确为印加统治阶级所拥有的地产，以为其个人提供经济支持。或许其中最为著名的便是皮萨克（Pisac）印加堡垒之下精巧的大型拱状梯田（Donkin，1979：108−11）。在科恰班巴（Cochabamba）等地同样分布着供养印加军队的国属农田，印加帝国在此修建了包括一条大型水道的复杂农业设施系统，以改善谷地平原曾经的排水问题。生产出的农产品被储存在周边山顶的大型仓库中。通过水运，这些农产品被用以支持印加的军事行动（Wachtel，1982；LaLone and LaLone，1987）。显然印加帝国是在有意识地控制本地的经济。

印加帝国的基本财政系统的重点随之从社群的强迫劳力转移到直接对国家负责的农业管理人身上（Murra，1980［1956］）。印加帝国开始大量选取内部殖民者（*mitmakuna*）来担任这些管理人，他们离开本地的社群而在"不熟悉的土地"上定居并负责国家事务。在科恰班巴，国家所属人员监管着14000名米塔农夫，他们耕作新建设的国家农田。其上农业设施的发展重塑了本土景观，使农业的单元更容易被识别和管理，以助力对于基本产品生产的中央化管理。

在曼塔罗谷地，我们怀疑印加国家曾建立并维持着类似的农业设施（D'Altroy，1992：172）。谷地中的典型建筑模式是本地村庄与小型储藏设施的组合，后者通常包括成排或两个圆形的粮仓。村庄可能负责其相关单元内的农业生产。在曼塔罗谷地高处还修建了约200公顷的简单石围梯田（Hastorf and Earle，1985：580）。通过综合分析本地的聚落遗迹，我们认为这些梯田应修建于晚地平线期，可能代表了本地社群为满足印加国家对于剩余产品的需要而做出的农业集约化尝试。在坡度15度及以上的区域，零散分布着保留至今的围墙，它们将土地划分成了一个个约250平方米的小型地块。每个地块都存在集中资本投入的痕迹，显示可能持续地使用着动物肥料。此时农业石锄的大量出现同样暗示着晚地平线期聚落的农业集约化（Russell，1988）。

在曼塔罗谷地土地较为肥沃的东侧河岸则出现了一套完全不同的模式。五个大型储藏设施聚集在一起，其中包括有大型的方形粮仓。这些设施附近未发现本土定居点，我们认为他们可能与山谷下的国家农田相关。曼塔罗谷地内的国家农业设施并未被保存下来，但在附近的塔尔玛（Tarma）却发现有精心设计的水道和梯田，证明了印加的基础设施建设在其地方行政中心周边仍得到开展（Donkin，1979：98—99；LeVine，1985）。

总结而言，安第斯高地的边缘条件限制了曼塔罗谷地大型农业设施的发展。作为农业集约化象征的小规模设施为酋长权力提供了一些基础，但这一权力来源的作用却被周边大量低强度生产的土地所稀释。同时，农业设施所增加的生产力并不比周边其他土地高出许多，因此农民也不会被有效地束缚在这些设施上。曼塔罗谷地酋邦的进化循环持续了超过1000年，其最终被打破并不是因为内部的发展进程，而是通过印加帝国的征服与外部改造。帝国建造了非常大规模的农业设施，由此重塑了基本财政的系统。这种发展大大增强了对支持国家财政的基本产品的控制，并有效地打破了高地环境的限制与本地领主试图建立统治所做出的反抗。在复杂政治经济体系的支持下，印加帝国的军队与意识形态创造出了一个全新的制度化体系。

丹麦　曲半岛（公元前2300—前1300年）

关于丹麦酋邦进化的经济理论存在着许多争议。乔根·詹森

（Jørgen Jensen，1973）从20世纪六七十年代新考古学中流行的适应主义范式出发，认为此处向更复杂社会与政治形式的进化是对于人口增长的适应性回应。但这一生态学的理论并不能支持近来更为细致的研究（Kristiansen，1984）。该地区人口密度低且农业设施的发展也十分缓慢。在新石器和青铜时代早期根本不存在大规模集约化农业的证据。在克里斯蒂安森（Kristiansen，1982）对丹麦史前史的总结基础上，迈克尔·曼指出："此处的发展并不是从平等社会到等级社会，再到阶层社会，也不是从平等到政治权威，再到强制性的国家权力"。（Mann，1986：67）在迈克尔·曼看来，北欧地区存在着一种简单的进化模型，强调权力扩展但在中央化上存在缺陷。人口并不是线性增长的，酋长也并不拥有稳定的区域性权力，甚至在铁器时代也只进化出了一些脆弱的国家。这一模式更像是静止的，或者更准确地说，是发展与分裂的不断循环。

中世纪时期的口传历史描述了一个充满活力但又处在动荡之中的日耳曼世界。基于农耕和畜牧的经济相对落后，财富的主要来源则是对于罗马帝国及其后续者的掠夺。抢占到的金属财富被重新熔化，以制造展示物品，如项链或指环，后者被用来赐予战士以换取军事支持。财富是个人英武及社会关系的计量单位。这无法被用来投资并巩固经济权力。国家最终出现于维京时期，并建基于大规模贸易的发展，与随之出现的新兴商业货币及城镇之上（Hedeager，1994）。但即使在那时，对曲半岛这类区域的有效控制都仍是困难的，因为来自城市外部的贸易商总是拒绝接受监管。

造成北欧政治系统循环的这些具体条件同时使此处的经济控制变得分散而脆弱。强风呼啸的寒冷气候限制了农业设施的长时段发展，并阻止了在其他地区流行的以农业设施为代表的"社会牢笼"

的建造。森林被砍伐，农田与牧场占据了本地景观。但其中不存在灌溉系统、排水田或其他精心制造并分割生产单元的设施。丹麦的景观是开阔而难以被直接控制的。丹麦因此可能成为上文所述理论的例外。或许正是占有基本生业方式以建立制度化控制过于困难，才使得丹麦的酋长们的权力受限，更复杂社会形式的进化也被约束。

对于丹麦史前史千年尺度的考察涵盖了酋邦的进化（及退化），我们还应试图理解此过程中权力的部分固化是如何得以发生的。这些酋邦部分依赖于其他权力来源，如战士的力量或意识形态的合法性（参见第三章和第四章）。但是，尽管受到限制，新兴的政治经济体系同样成为丹麦酋长权力的基础之一。

在新石器早期，漏斗杯陶社会创造出了一个适合东日德兰和西兰地区厚重黏土的农业经济体系，此时森林仍能在农业活动之后再生。考古发掘出土了种植谷物的证据，以及用以砍伐森林的磨制石斧。在此之外，孢粉证据也显示出一个存在开垦的变化中的森林环境。等到新石器中期，曲半岛的开垦活动转变为灌木农业（Andersen，1993：91）。除了砍伐森林外，没有发现任何其他农业景观改造的痕迹。但社群领地内也出现了一些不一样的景观，包括巨石墓堆和附属墓道以及用巨石和土堆纪念碑创造的具有文化意义的地点（参见第四章）。这些为社群祖先精心建造的空间真正地将群体的历史布设在了景观之中，并因此可以让祖先的魂魄持续居住。

在公元前2600年之后的整个新石器中期，独墓文化人群通过砍伐森林、持续放牧在丹麦创造并占据了一片新的生态位。从生计的角度来看，这一向畜牧的转向似乎没有什么道理，除非这些畜群已成为此时欧洲各处发生的"二级产品革命"意义上的移动财富来源（Sherratt，1981）。在公元前三千纪，本地人群普遍开始进行家畜驯养，以参与进新兴的兽皮、奶制品、犁耕动物交换网络。这一交换可能是威望物品交换的早期阶段，后者涉及用于地位竞争的财富物品的生产（Shennan，1986）。

在新石器晚期，人口的增加可能也促使农业生产得到强化。从新石器时代与青铜时代土堆墓下普遍存在的犁耕痕迹（Thrane，1989）和我们发掘所得的大量谷物（Bech et al. n. d.）来看，农田的面积得到了大幅度的扩大。但并未发现长期使用的农业设施，此时期的长期聚落大多位于高地之上。为什么要将这些聚落建造在狂风肆虐的开阔高地呢？这可能是因为其高地的可见性，因此利于标识对于社群周边可视土地的所有权。

直到新石器时代末期，曲半岛的领导者们似乎也仍未固化他们对于人群的控制。此时并不存在与"地力资本集约化"相随的强化农业，而只有以社群为单位的领土意识。如第四章将讨论的那样，财富在威望物品经济中得到生产与交换，但领导者对财富流动的有效控制则非常少见。威望物品交换及其所物化标识的地位竞争并未创造出一个能被轻易控制的财政体系。这是因为牲畜、琥珀及石斧等财富物品的生产难以被中央控制，许多人都能从不同渠道中有效获取。

青铜时代早期发生了什么，使得经济能够足以支持酋邦组织的兴起？不同于夏威夷的例子，丹麦对于地力进行资本投入的机会相当少，其环境对于大部分集约化农业来说都是不适宜的。此时明显的变化是，人口减少而定居程度也在下降。

另一个变化是出口经济得到显著强化，通过生产供交换的商品来获取外来金属财富。此时的政治经济体系似乎进一步扩大了牲畜的饲养，而本地条件也能有效地支持这一措施。青铜时代早期土堆墓之下的孢粉材料记录了向用于放牧的草场的景观转变。放牧的增加反映了政治经济体系中对用于交换的牲畜的明显强调。古斯堪的纳维亚语中用来描述财富（fé）的单词本义便是牲畜。等到中世纪时期，牲畜已成为曲半岛财富的主要来源。它们被放养于本地草场，并在成年之后被沿路向南输送到德国及低地国家出售以换取现金，这便是曲半岛领主积累财富的主要方式。

与新石器晚期经济中更为广泛的生业基础相比，牲畜的主要优势是，它们更易在政治经济体系中作为货币被管理与占有。动物是便利的财产与生产单位。在放牧的酋邦中，多数动物被本地酋长所拥有，他会将其借给个体家户以换取支持。放牧经济因此在某种意义上更易被控制。尽管生产力并不那么高，但每只动物就如一块独立的田地，自然而然地能被标定并作为生业生产与占有的基本单元。

为了使其成为财富的有效来源，牲畜可能会被跨区域交易，以换取可储存的财富，即威望物品。然而，这种交换在很早的时期便已存在，却并未催生中央化的经济与政治等级。如第四章讨论的那样，在整个新石器时期，北欧财富的来源都是本地的，因此几乎不可能被控制。而燧石匕首、琥珀甚至是牲畜，总是存在许多不同的获取途径。

举例而言，除非占有草场，牲畜本身很难被控制。开阔的草场天然地不受控制，因此也很难规定它的所有权和使用权。我曾论证在巨石阵时期的威塞克斯，高度可见的纪念碑可能具有规定草场所有权的作用，因其能在开阔的景观成为视觉上的中心（Earle,

1991a；Renfrew，1973）。曲半岛青铜时代酋长的墓葬纪念碑可能有着类似意义，标识着酋长世系对于经济景观的所有权。作为一种建筑元素，这些土堆墓可能不像界墙一样有效，但其同样可能从视觉上定义所有权。酋长的祖先居住在这些土堆之中，向四周监管着他们的遗产，以及土地上生存着的后世领主。

考虑到牧场的广阔性，使用墓葬纪念碑来标志所有权可能有些不够精确，但这有可能已经是限定空间与酋长分配权的最好手段。青铜时代酋长的土堆墓大多直接建立在新石器晚期的聚落之上，并可能在功能上代替了它们。如第四章所讨论的那样，土地租佃体系会被制度化，并形成一种更为普遍的意识形态，其中酋长会被置于社会与经济的中心位置。在最大限度地提升牲畜这一社会最基本财富形式的产量的基础上，丹麦酋长对于牧场的所有权可能强化一个新兴的政治经济体系。

如我在第三章和第四章所讨论的那样，丹麦可移动财富的生产与长距离的威望物品交换直接相关，而这则是联结欧洲同等政治体系（peer-polity）下诸酋邦的关键（Friedman and Rowlands，1977；Renfrew，1982）。牲畜可以在极长的距离内移动，他们的二级产品（奶制品和皮毛）也极具价值（Sherratt，1981）。对于牲畜和放牧草场的控制为新兴的政治经济体系提供了一个相对脆弱而分散的结构。而提供出口产品以换取金属剑及其他威望物品则成为畜牧经济集约化的必要动力。

青铜时代曲半岛酋邦兴起的关键在于对金属财富生产分配控制（尽管不稳定）的扩大化，而这同时是破坏（军事权力）和沟通（意识形态权力）的手段。金属可以为酋长带来关键优势。通过资助工匠，在他们特殊而有限的知识的帮助下，酋长便能获得对于财富的控制。北欧威望物品中金属的引入使得对于专家，尤其是与剑的制造相关人员的控制得以实现。通过这一方式，对基本生产的微弱控制能因对牲畜出口生产的强调得以强化，对于进口金属财富生产与分配的控制则也随之而来。

小　结

通过控制人群的生计，领导者可以对劳力及生活进行强有力的控制。夏威夷的案例最明显地体现了农业设施建造的重要性，通过创造文化景观便能计量、划分出重要的经济与社会单元。领导者对于提高生产力的设施，如灌溉系统、排水渠、梯田等的控制可能来自对其建设的投入，也可能来自战争中的占取。围墙与沟渠使平民生业性的农业活动得以扩展和稳定，但也同时成为他们的"社会牢笼"。一个平民农夫会变得越来越依赖改进的农业设施，他们的自由则被酋长的科诺希基所约束，后者会组织劳力来修建设施，以支持酋长及其阶级。

这种经济权力在不同的环境、经济、政治条件下是高度多变的。当生业经济中的选择较少时，生产力较高的改进设施便当仁不让地成为最佳选择，并因此为经济权力提供了基础（Carneiro，1970；Webster，1985）。局限的程度同时反映了环境的特质及其后续发展。首先，气候、水源、土壤、地形的差异使对于农业生产的资本投入具有不同的潜力。夏威夷群岛明显比曼塔罗高地和曲半岛北部更适合资本密集型的农业。其次，随着本地人口对景观进行改造以满足他们的日常需要，环境潜力也会发生变化。森林被清除，农业得到强化，但这也并不一定是长期永恒的。

统治精英对于建造设施来强化本地生产有着天然的兴趣，这有利于资助制度化建设和创造用于控制的基础设施。在考爱岛，以及不那么明显的曼塔罗谷地，土地领主及其附属的人群组织了农业设施的修建，以增加本地生产，并将生产者约束在这些农业基础设施之上。在曲半岛，向放牧的转变使长时段的基本生业产品的生产不再稳定，但却增加了精英对于长距离交换的控制。精英设计了一套政治经济体系以促使酋长制度化。尽管他们的长期目标可能都是强化并扩展政治权力，但最后中央化权力的成果却各有不同。环境中的既有条件及其发展决定了政治发展的速度、稳定性及特征。

简单来说，环境和长期的资本优化能够为控制创造机会，并直接影响政治经济体系的发展节奏与模式。在夏威夷群岛，复杂酋邦的兴起相对快速，并在与欧洲接触之前便触及了迈向国家社会的大门。在曼塔罗谷地，高地酋邦试图整合更多的人口，但最终却陷入停滞与崩溃，国家的建立最后则是通过外部帝国的征服实现的。在曲半岛，酋邦高度分裂，规模相对较小，甚至其出现也是短暂的。

尽管各个案例的条件各不相同，但新兴领袖的创造性在这些不同的发展路径中得到了显著体现。在三个案例中，基本经济都是政治经济体系发展的基础。但随着其他权力来源的发展，社会控制的机会又变得不充分或者有限，这成了一个新的挑战。这些其他权力来源——即战争与意识形态——的本质及其与物质条件的关系将在后文展开讨论。

第三章

军事权力：赤裸裸的力量

军队是由士兵或其他类型战斗人员组成的部门、组织或机构。他们征服、保卫、监督、恐吓。在多样而又重叠的社会角色中，军队可能是建立和维持大规模政治机构，如复杂酋邦及后来的国家，最为关键的因素。军队在创造区域性酋邦时直接发挥作用，通过击败敌对统治者将他们的民众纳入新的政治体内。政治组织之间本身就是相互竞争的，酋邦会不断抵抗来自邻近统治者的威胁，他们始终觊觎着更多的土地和人口。在社会内部，军队则被用来维持酋邦的组织体系，确保政令被服从、税务被收缴。作为一种最后手段，武力恐吓能有效地确保服从：反抗权威的个体会被统治机构的权力直接锤灭。另一种恐吓方式则是利用人们对遭受攻击的恐惧，使之接受领导者的保护。吉尔曼（Gilman，1991）曾将分层集权社会的进化描述为一种"保护勒索"。领导者提供保护，使平民免受社会"猎食者"（包括领导者自己）的攻击，以换取称臣纳贡。

这其中的道理看起来是如此简单、直接，似乎在校园里便能学会。所有的复杂社会都会在一定程度上依靠军队，以建立统治、保持民众顺服。文明的标志可能是复杂艺术、宗教纪念碑或文字，但也可能是常胜军队、武装警卫、城墙、鞭笞柱、监狱或绞刑架。军事权力通过征服与无情地消灭敌对者创造了庞大的政治体。卡内罗（Carneiro，1981）认为酋邦本质上是好战的，领导权是通过战争领袖直接建立的。酋邦时刻处在战争之中，而战争同样也是酋长权力策略中的关键要素。强制性的力量是如此普遍、基础，以至于有人会对高等文明不仅仅依赖它建立政治控制而感到惊讶。但事实就是如此。

关于战争的人类学研究有很多（Ferguson，1988）。我将在本章讨论军事力量的本质及其在酋邦进化中的位置。我认为，战争不仅可以被用作整合势力的政治工具，它也能被用来抵抗整合。战争本身作为一种中央控制力量的效用是有限的。尽管军事力量可以创造一个高度整合的政治体，但它同时也可能会因阴谋、政变、叛乱而分裂。武力的力量随时可能撕裂社会结构及社会体制。要想将其高效地转化为中央化的力量，首先必须控制武力本身，而这则是一项需要借助经济力量和意识形态力量的艰巨任务。

军事力量与社会进化的相关理论

马基雅维里（1963 [1532]）的《君主论》（*The Prince*）认为在政治行动中应务实地使用武力。为了有效地治理国家，君主必须遵守一些基本准则：始终表现出绝对的强大，只依赖自己的力量而不依赖他人；轻易不用武力，用则穷尽其能；当施加痛苦时，要突然、一次性地施加，而不应在对方仍能组织抵抗时慢慢施加；必须培养被统治者对遭受攻击的恐惧，使之确信自身必然失败。权力源自恐惧："如果一个人对两者必须有所取舍，那么，被人畏惧比受人爱戴安全得多……因为爱戴是靠恩义这条纽带维系的；然而由于人性是恶劣的，在任何时候，只要对自己有利，人们便把这条纽带一刀斩断了。可是畏惧，则由于害怕受到绝不会放弃的惩罚而保持着。"（Machiavelli，1963 [1532]：72—73）① 恐惧使得服从成为唯一可想象的选项，使得统治者得以有效地抵御那些妄图颠覆他/她的力量。

在 18 世纪晚期与 19 世纪，竞争与冲突被认为是人类社会进化的主要动力。不断扩大范围的政治整合源于"导向共同中心运动的力量"（Spencer，1967 [1882]：249）。征服塑造国家，战争造就领袖，后者顺理成章地成为国家权威所在。此类理论的流行（及它们最终名声的败坏）反映了他们在 19 世纪正当化西方帝国主义扩张的功能。

20 世纪最伟大的进化论主义者之一，柴尔德（Childe，1936：234）认为是战争将帝国塑造成了"征税机器"（tribute-collecting machines）。政治组织的权力取决于其所能分配的总盈余，而战争在扩大国家创收基础方面扮演着重要的角色（Adams，1966）。战争能获取新的收入来源，继而可将之用以资助对其他政治手段的控制（Spencer，1967 [1882]：206）。战争带来了奴隶，一个政治经济体系能由此得到重建、强化，并被严格掌控。战争促成了这样的一种"重大发现"，即"人像动物一样可以被驯服。不是将战败者杀死，而是将他们作为奴隶。作为不杀的回报，可以让他干活……

---

① 中译参考 [意] 尼科洛·马基雅维里，潘汉典译：《君主论》，商务印书馆，1986 年，第 80 页。——译者注

早期历史阶段的奴役是古代行业分工的基础和资本积累的有效手段"(Childe, 1936:134)①。一种新的"互惠"由此产生。战争成为将人民强行纳入中央控制政治体系的一种手段。

在20世纪六七十年代存在这样一种争论,即人类社会中的战争诱因是社会诱因重要,还是生态诱因更为重要。美国文化理论和英国结构主义下的学者(Heider, 1970; Koch, 1974)都认为,文化价值与社会结构完美地解释了战争。与之相反,文化生态学家(Brookfield and Brown, 1963; Meggitt, 1965, 1977; Rappaport, 1967)则强调人口增长的潜在作用,认为这一因素加剧了族群间对于稀缺资源的竞争并催生出对领袖和跨族群联盟的需要,以保卫其生业资源。

卡内罗在他的著名文章《国家起源的理论》(Theory of the Origin of the State)(Carneiro, 1970)中综合了政治的与生态的取向来解释复杂社会的进化。他论述到,人口增长会在一定的环境局限中创造对有限资源的竞争。而由此而来的跨群体战争则必然会促使强大领袖的出现,以对抗敌对邻人,保卫群体资源。拥有强大军事领袖的社会随后便能将新的土地与人口置于其控制之下。战争因此导致国家组织的兴起,而其条件则是使用武力控制有限的生业资源。

韦伯斯特(Webster, 1985:467)曾提出战争促成政治中央化的四大基本条件:(1)环境"生产力与人口潜力水平不同的区域"的共处;(2)足以生产出剩余产品的环境与技术生产力水平;(3)

---

① 中译参考[英]戈登·柴尔德著,安家瑗、余敬东译:《人类创造了自身》,上海三联书店,2012年,第102页。——译者注

足以支撑经济等级化的"多元化本土资源";(4)能够促使殖民活动出现的人口快速增长。在这些条件之中,生态与人口条件通过**资源生产力的巨大差异**创造了外部局限。那些在更宜居地区生活的群体会被束缚在土地之上,并不断抵抗外来者。随着复杂社会的出现,精英会利用战争来掌控或保卫那些最具生产力的农业用地或设施。领袖继而便能控制这些最具生产力的区域,并将之作为他们政治权力的基础。

为了将他的论点延伸至无国家社会,卡内罗(Carneiro,1981)论述到,酋邦是战士社会,其中的村庄共同体都会被区域性权威所征服。在他看来,只有通过对土地的激烈竞争,酋邦才能产生。学界新的共识(Feinman and Neitzel,1984)也认为战争确实是大多数酋邦的重要特征。举例而言,在易洛魁(Iroquois)部落中,激烈的战争行为包括复仇、劫掠、争夺战利品、折磨战俘,甚至是食人(Snow,1994)。许多人都赞同卡内罗的一般构想,尤其是他对"局限"重要性的强调(Kirch,1988)。将酋邦视作强力、热衷战争的观点,对此前的理论模型做出了调整。过去一代的研究者多认为酋邦是基于亲属关系的社会,是自发、和平且宗教化的(Fried,1967;Webb,1975)。但实际上,仍有一个问题未被回答,即**对于酋长建立稳定区域组织而言,酋邦间战争的爆发究竟是政治上的失败,还是构建这种组织的有效工具。**

在没有制度化的上层建筑的社会中,战争可能会涉及混乱、持续的冲突,这实际上是解决区域内冲突的政治失败(Feil,1987;Johnson and Earle,1987)。在没有政治上层建筑来协调的情况下,暴力的威胁为本地的领导者创造了通过提供保护来获取强大权威的机会。在现代意大利国家控制的夹缝中,西西里黑手党正通过提供

"保护"来换取经济回报。在新几内亚的东部高地地区，最近的生业集约化发展使先进的基础设施得以建立，如果园、田篱、水渠、梯田等，但战争与冲突却始终很频繁。"地方领袖都是战士，男性则会因其战斗实力及保卫部落的行为得到尊重"（Feil，1987）。这一模式与新几内亚的西部高地社会截然相反，那里已建立起可以调节战争频率及规模的交换关系。本地部落及简单酋邦似乎能在一定情况下通过权力平衡展开区域性的协商以调解战争。

战争的本质随着复杂酋邦的进化发生改变。它不再是无序冲突的结果，而变成了征服的一种手段。精英会组织进攻来击败、合并其他村庄，并继而将优质土地收为酋长及其统治阶级所有，与被征服的人群建立起贡赋的关系（Earle，1987）。举例而言，夏威夷酋邦之间的战争便是扩展每个酋邦财政基础的一种手段，同时也是抵挡竞争对手袭取的一种手段（Earle，1978）。针对外部生业资源的征服战争要建立在稳定财政体系逐步形成的基础上。

另一种观点认为，酋邦之间的战争策略性地操控着威望物品的交换。大卫·戴伊（David Dye，1993）曾指出史前与原史时期密西西比酋邦社会如何通过战争中的结盟与和平谈判使威望物品流通。它们会成为战斗中的战利品，并在与战争相关的跨群体仪式上被交换。在北美东南部历史上的纳奇兹（Natchez）社会中，战争的终结建立在达成赔偿阵亡者亲属协议的基础上。当输赢分明时，和平协定也必然包括物品形式的赔偿。因此战争的一大动力，同时也是一大影响，便是对威望物品交换体系的控制。

在菲律宾，酋邦会通过改变对木材、香料等森林产品的利用方式来获取出口商品，后者被用来交换外来的威望物品（尤其是中国的瓷器、丝绸和金属）（Junker，1990，1994）。这些外来的物品会继而被用作"权力的物质载体"以建立政治联盟，作为主流意识形态的物化表达。战争是控制对外海上贸易及其权力来源的关键。有些酋长会发起袭击或恶性冲突以破坏、阻止竞争对手的贸易（参见威尔斯［Wells，1980］对欧洲铁器时代的讨论）。战争被明确地指向财富物品的流通，它的首要作用便是控制这些具有象征意义的物品。控制威望物品的行为与控制意识形态作为权力来源、政治象征、财富经济的策略直接相关，第四章将进一步讨论这个问题。

酋邦间的战争是一种试图通过武力控制政治经济基础及其上层建筑与财富的行为。因此，它与社会的经济、意识形态等其他权力来源紧密相连。但作为一种权力来源，战争是有问题的。虽然战争或许能使胜利者与失败者之间建立区域性的贡赋关系，但战争并不会必然导致政治或经济的等级化。伍尔夫（Wolf，1982）阐明了那些依赖贡赋的精英们所面临的问题：如果贡赋未被支付，那么就必须对违约者施加代价高昂且后果难明的惩罚行动。同时，战士本身也始终是一种威胁，他们的诉求很轻易地就转变为背叛与颠覆。

秘鲁　上曼塔罗谷地（公元 500—1534 年）

秘鲁是研究战争在复杂社会进化中所扮演角色的极好对象，其海岸社会的史前史正贴合卡内罗对战争与国家形成之间关系的描述。但在高地地区，战争却仅导向了山堡酋邦之间的政治平衡。丰富的文献材料与保存良好的防卫聚落遗址都证明，作为政治策略的战争在酋邦扩张中的意义是有限的。

在安第斯海岸，战争能够解释国家的进化。卡内罗（Carneiro，

1970：735—36）指出，在秘鲁干旱的海岸沙漠中，可耕种土地仅分布在有限的绿洲，这天然地构成了一处有局限的区域。河流从安第斯山脉的深谷中流向沙漠，并最终汇入大洋，河岸边穗状分布的灌溉渠则为农田提供主要的水源。在这一灌溉系统之外，一片荒芜。沙漠、太平洋、山脉成为这一经济景观严密的疆界。随着人口的增长，更多灌溉系统被修建，对有限耕地的竞争也越来越多。卡内罗将之看作导向战争与复杂社会进化的原型条件。

哈斯（Haas，1982；Haas，Pozorski and Pozorski，1987）延展了卡内罗的观点，进一步强调了战争在秘鲁海岸国家社会兴起中的角色。他论述道，酋邦最初的兴起是基于经济权力与意识形态权力的结合，但国家社会的兴聚则需要另外的军事权力。他的观点在讨论人类社会进化中不同权力来源之间的相互依赖性上尤具说服力（参见第五章）。

尽管战争对于秘鲁海岸地区国家社会的形成十分关键，但它在该地早期酋邦社会中的重要性仍不明确。早地平线期塞钦山（Cerro Sechin）祭祀遗址出土的图像描绘了斩首与开膛的景象，他们显然是军事暴力的受害者（图 3.1）。但希利亚·波佐斯基（Shelia Pozorski，1987）却认为这些图像记载的是外来早期国家政治体征服该地区过程中的一场胜利战役。这一纪念碑记载的究竟是酋邦间的战争还是国家体系下的征服战争？这一问题上的分歧可能与相关定义的差异有关。但当早地平线期国家（或复杂酋邦）崩溃时，区域性战争确实在整个海岸谷地广泛发生。在此时地处边缘的山脊、山顶上出现了许多带有防卫设施的聚落，留下了关于当时战争的记录（Daggett，1987；Earle，1972；Topic and Topic，1987；Willey，1953；Wilson，1987）。这些战争的规模似乎不大，可能只

出土于秘鲁塞钦山遗址。

图 3.1　早地平线期石板上表现斩首与开膛景象的刻画图案（Michael Gabriel）

涉及当地人群之间或酋邦间的冲突。其中的关键点在于，这些相对简单的社会间快速发展的战争是在区域化中心政治体崩溃之后发生的，且并未因此出现政治上的区域整合。

在安第斯高地，其各类条件明显相比海岸地区所受的局限要小，战争自然可能在此扮演着不同的角色。此区域的人口相对较少，依靠降水的可耕种土地也较为广阔。但与卡内罗的假设恰恰相反，尽管环境局限在高地的重要性要弱于海岸，大部分时期高地上都频繁地发生着区域性的战争。事实上，这就是高地酋邦政治生活的主旋律。聚落通常都位于坚险的山脊之上，并常被防御性围墙所包围（Browman，1970；Hastorf，1990，1993；Hyslop，1977；Krzanowski，1977；LeBlanc，1981；Parsons and Hastings，1988）。

在曼塔罗谷地，诸万卡酋邦之间持续发生着战争，但此处及其他发生在安第斯高地的战争在催生大规模政治体上的效用都是有限的。只有蒂瓦纳科、瓦里和印加真正使战争变成了成功的政治策略。具体而言，卡内罗将人口压力强调为酋邦战争潜在原因及发展需要的观点应当被我们最近的新发现重新检验。

曼塔罗谷地战争的文献证据

在上曼塔罗谷地，历史文献①生动地记载了印加征服之前的战争。在这一时期，万卡人居住在拥挤的山堡之中，如图南马卡和哈通马卡（参见第一章）。若只参考历史文献，很容易得出这些聚落是激烈群体间战争的结果的结论。

在印加平定这一区域之前，曼塔罗的社群都十分"野蛮"，会频繁地互相斗争（Cieza de León，1984［1551］）。在与四位万卡年长领袖的访谈中，托莱多具体询问了印加征服之前战争与和平的状态。这些本地领袖无不指出激烈冲突的存在："每个社群都总是与其他社群战斗，为了他们的土地、动物、女人……他们总是试图控制别人的土地"（Toledo，1940［1570］：19）。"当一个本地社群繁衍出许多人口时，他们总是会与其他社群战斗，以控制对方的土地、食物、女人"（同上：28）。维加将万卡人之间的战争状态描述如下："在印加帝国来临之前，每个（社群）都会与另一个战斗，以获取更多的土地。他们不会走出山谷，但会跨越河流攻击对岸"（Vega，1965［1582］：169）。被西班牙人访问的万卡领袖们或许可

---

① 最好的早期西班牙文献包括切萨·德莱昂（Cieza de León，1862［1550］）的简要记述和两篇更晚一些的游记（Toledo，1940［1570］；Vega，1965［1582］）。这些资料最早被特里·莱文（Terry LeVine，1979）翻译并分析，我在其基础上做出了英文翻译。之后上曼塔罗考古研究项目的成员都使用了这一文本来复原前印加万卡社会和其中战士领导权的重要地位（D'Altroy，1992：52－55；Hastorf，1993：87－100；LeBlanc，1981）。我此处简要的论述大体上基于他们的分析，有兴趣的读者可以从中获取更多关于细节的阐释。

以亲自为卡内罗的论文撰写其中一部分。他们提及人口的增长会导致资源压力，从其他万卡人手中占领或保卫土地、动物、女人的军事行动因而变得必要。

如同卡内罗进一步的分析，这些万卡受访者首先将他们之前的领袖描述为战士（辛切科纳）。克丘亚语"辛切"在西班牙语中被译为"el valiente"，意即"英勇强健的"个体。另外补充说明一下，现代秘鲁语里的辛切则代表了无情的反恐怖分子军事武装（也就是政府麾下的"恐怖分子"）。

托莱多的受访者对辛切科纳做出如下描述："这一位（我们的领袖）是个勇敢的人，他能对抗敌人、保卫我们。让我们来服从他"（1940［1570］：18）。"他们所拥有的唯一领袖便是那些辛切科纳，他们选择了他，尊敬他，因为他作为长官能带领他们反抗敌人"（同上：34）。一位领袖之所以获得领导权便是因为他拥有军事力量与能力来保卫他的本地社群。

社群领袖的地位可以按父系血缘继承，但所有的辛切科纳都需要展示其战斗实力。

> 当辛切科纳中有人死去时，他们会选择死者的儿子成为辛切，如果他够勇敢的话。但若他被证明不够勇敢，那他们便会选择他人。据说，如果一位辛切活着的时候拥有儿子，那他便会将其送到战场上去，同人民一同作战。如果他们（辛切的儿子们）证明了自己的勇敢，那人民便会说，他们会在父亲死后成为优秀辛切科纳中的一员。（同上：31）

万卡中的领袖都是勇敢强壮的战士，并应在战场上证明自己。

这些战时的领袖，辛切科纳，是否如卡内罗理论指出的那样，在和平时仍是领袖呢？他们的合法性似乎很大程度上建立在战争、防卫者角色和获取战利品之上。因此受访者们提到，辛切科纳需要战争，以使其社群服从战士的领导权。"我还听长者们说过，这些辛切科纳总是想要发动战争，因为在此之后便会有祭典活动，他们也将获得更多的尊重。当他们征服一些村庄之后，女人便会带上装满奇恰酒（chicha）的罐子和其他东西去到他们那里去"（同上：31）。"（万卡人）不会（向他们的辛切科纳）纳税或缴纳其他什么东西。只有当他们征服敌人时才会获得新的土地"（同上：23）。但如下文所述，这些关于万卡领导权的单一军事本质似乎有些过于夸大。

其中的一个重要问题是，一个独立政治体的组织规模究竟有多大。最基本的政治单元是本地社群。"每个村子都保持着自治而不用理会其他村子的风尚（权威）"（同上：34）。"每个村子和每间房屋都是独立的，他们共同组成一个社群"（同上：18）。这似乎表明，政治组织是高度分裂的，但我们从考古材料中又会看到，聚落可以变得十分庞大且拥挤。如图南马卡，估计拥有 8000—13300 名居民，又如哈通马卡，估计拥有 6600—11100 名居民（D'Altroy，1992：57）。我们将万卡二期有着城镇般大小的聚落阐释为因防卫需要而产生的人口集聚（LeBlanc，1981；DeMarrais，1989）。

在这些分散的本地社群之上，大量万卡二期聚落在政治上相互联系。根据游记记载，这种区域性组织的存在得到了一些本地居民的证实。"挨得很近的村子会结为联盟，以对抗那些离得较远的村子来获取土地"（Toledo，1940 [1570]：35）。"当一些村子不想与其他村子保持和平时，辛切科纳及其跟随者便会制造战争，杀死他们并抢占他们的土地。有时则会征服他们并变成他们的领袖。对于那些主动屈服者,他们将被允许继续持有土地,因为他们已宣称愿意成为臣属"(同上:24)。因此卡内罗的基本论述似乎在这里解释得通:战争会为防卫(或进攻)制造社会层面上受限的群体,且战争还会被用作征服其他人群并建立政治统治的工具。

这些历史文献材料总体上描述了战争与万卡晚期酋邦进化之间的紧密联系。以下关键事实应该很清晰:史前晚期的曼塔罗谷地中,战争是地方性的。战争的目标是经济的,为了控制土地、动物、女人。领袖是战士,他们的权威通过战场上的胜利得到合法化。酋邦在空间上显得相对较小,通常以单一聚落为限,但其中的人口可能超过一万。这种较大的规模和区域性社群的整合建立在防卫需要的基础上。

万卡晚期酋邦显然在很大程度上依赖于军事权力,对共同防卫的需要以及在谈判投降后对邻居的征服。人们因害怕和恐惧加入更大的万卡联盟。万卡酋长的政治权力几乎完全来自其军事力量。如万卡受访者所表达的那样,村子和个人在经济上应当是自足的,在政治上是独立的。注意这一明显的谎言,"每个村子和每间房屋都是独立的"。但这则谎言同时又是意识形态与经济上的事实。万卡的政治上层建筑建立在军事威胁与承诺的基础上,但其酋邦社会的制度规划仍高度落后且不稳定(参见第四章)。

曼塔罗谷地战争的考古证据

为了更好地理解战争与酋邦进化的关系,我继而转向曼塔罗谷地的考古证据,其时间尺度长达一千年以上。为研究战争的激烈程度,我将在考古材料的基础上分析人口变化及人类社会的进化路径

（在第一章有简单的总结）。具体而言，我试图在史前曼塔罗谷地的情境中评估卡内罗的理论，即一定局限下经济区域内的人口增长会导致战争的频繁化及酋邦社会的完备化。

在曼塔罗地区，指示战争最有效的考古证据是带有防卫体系的聚落，其中包括了外围的城墙、狭窄的城门入口，以及紧密分布的房屋。聚落密集地分布在海拔较高的山顶或山脊上，这些区域的地形利于防守。武器的出现在这一问题上的意义同样不容忽视。

曼塔罗谷地形成期（公元前 1000—300 年）的人口密度很低。在最初的皮里普基奥期，战争的重要性明显不高，大多数聚落都分布在较低海拔、不利防守的地区。但等到科查琼戈斯期，人民显然开始考虑起防卫的问题，大多数聚落（62%）都位于海拔 3500 米以上的山脊和小山包上。尽管此时的人口水平仍很低，但在酋邦开始进化之前，本地居民便已开始关注战争。

瓦克拉普基奥期（公元 200—800 年）的人口在趋向稳定之前迎来了快速的增长。简单酋邦变为谷地内主要的社会组织。伴随着人口压力的增长，瓦克拉普基奥一期时战争非常流行。一些遗址，如 J216，被证明已修建了防卫设施。这一中心聚落的面积约为 14 公顷，大概拥有 700 左右的人口，坐落在一处山头之上，俯瞰着阿克拉（Acolla）山谷。四周陡峭的坡面使其利于防守。尽管该聚落遗址因晚期的农耕活动遭到了较严重的破坏，但从三座相连的山头上仍能发现三处居住空间遗留下的石质建筑遗迹。如 J216 一样，大多数的瓦克拉普基奥聚落（59%）都分布在易守难攻的区域，海拔超过 3500 米。

尽管瓦克拉普基奥二期（公元 500—800 年）的人口仍较多，但战争的紧迫威胁显然消失了。那些海拔较高的山堡聚落被废弃，人们回到低海拔地区定居。只有 25% 的聚落从上一时期得到延续。与瓦克拉普基奥一期相比，更少的聚落分布在利于防守的山脊或山头上（40%）或在海拔 3500 米之上的区域（44%）。J221 是面积最大的聚落之一，大概拥有 500 左右的人口。这一中心聚落的面积约 10 公顷，位处较难防御的低矮山包之上。许多瓦克拉普基奥二期新发现的聚落，如潘坎（Pancán）（J1）和特拉加德罗（Tragadero）（J4），便直接坐落于谷间平地或较低的坡地上。

整个瓦克拉普基奥期的武器可能包括磨制圆环状石器"甜甜圈"（可能是权杖头），以及少量的箭镞（Hastorf et al.，1989：99—102）。从特征上来看，这些"甜甜圈"石器应直接由自然磨光的平滑、细密玄武岩卵石制成，先将其边缘磨光以将其塑造成圆盘状，再通过两面锥钻在中心开孔。这些石器边缘没有磨损痕迹，显示它们在击碎土块等方面上的实用性并不强。但中心的孔洞却有明显的磨制痕迹，应为装柄所致。少量的十余件箭镞形态各异，以三角形和卵圆型为主。尽管箭镞可能被用以狩猎，但相关的动物遗存在该时期遗存中极少被发现，表明狩猎的重要性应不高。在潘坎的瓦克拉普基奥期遗存中，可能的战争工具（权杖和箭镞）的数量随时间递减（Hastorf et al.，1989：table 5）。

总结而言，从形成期到瓦克拉普基奥一期，战争在一定程度上决定了聚落的选址。在该谷地小型酋邦组织出现之前，战争显然已存在，并一直延续下去。在此之后，尽管瓦克拉普基奥二期的人口数一直较高，但其防卫设施及其相关的战争逐渐变少。为什么和平在此时到来？零散分布在中心高地的瓦里陶片被一些人认为代表着帝国对此地的征服（Isbell and Schreiber，1978；Browman，1976），而和平正是从这一时期开始的。尽管没有足够明确的证据证明瓦里征服了北曼塔罗地区（Borges, 1988），但该帝国应该促成了区域性的和平，如同 700 年之后印加征服后所做的那样。另一种观点则认为，本地酋邦可能通过联盟与协商达成了区域性和平，如同新几内亚西部头人社会历史上曾达成的那样（Johnson and Earle, 1987; Feil, 1987）。

万卡期刚开始时（公元 800 年）的人口一直保持着稳定（参见第一章）。尽管人口停滞发展，资源压力也保持稳定，但战争却又回到了曼塔罗地区。这一时期有 54％的聚落分布在利于防守的山脊或山头上，但其海拔仍不高（只有 44％超过 3500 米）。这些聚落应该具备防卫设施，但由于其位于现代农业用地之内，保存状况较差。战争频率的增长显然不是因为人口的增加及随之而来的资源局限与社群间竞争。这应是某个调解战争的区域性组织崩溃的结果。

随后的万卡二期（公元 1300—1460 年）里，人口增长的模式发生了改变，此时的发展又几乎回到了卡内罗的模型之内。与快速的人口增长相对应，社群间战争的威胁也大大增加了。如文献所载，区域内的战争是为了掠夺。聚落的位置与布局表明了其防卫的特征。大多数聚落位于山头与山脊（57％）和/或海拔在 3500 米以上（60％）的地区。与聚落分布不成比例，约 72％的人口居住在这些高地上，而非更具生产力的谷间地内。大型城镇拥有坚固的防卫设施。图南马卡（图 1.13）外有两重防卫围墙，拉马什隆外则有五重。这些居民们使用不规则的石灰岩块建造出超过两米高的围墙。除了四个或五个狭窄的城门入口和一些十分险峻的地方，城墙连续地将城镇包围起来。这些防卫设施是难对付的障碍物，使利于防御的自然优势得到人为强化。建造这些城墙的工作量是巨大的，人们显然非常害怕遭到攻击。

有趣的是，在万卡时期遗址的发掘中很少发现武器。在潘坎遗址中，"甜甜圈"石器与箭镞的数量随时间发展大幅度下降，这在瓦克拉普基奥时期和万卡时期的对比之中表现得尤为明显（Hastorf et al., 1989；表5）。在地表踏查中，于万卡一期和二期的一些遗址中发现了少量武器。但在万卡二期聚落的大规模发掘中却只发现极少的"甜甜圈"石器或箭镞，它们甚至可能只是当时人们收藏的古物。

万卡时期武器的匮乏表明，战争的性质自瓦克拉普基奥期之后发生了很大的变化。个人的进攻型武器被防御性设施及天然（也可能经过轻度加工）石块所替代，后者可用来向进攻者投掷。万卡二期与丹麦案例的对比极具启发性，后者的武器十分常见但却几乎不存在防卫设施。尽管万卡时期战争的频率显然增加了，但人们更倾向于投资防卫设施而不是进攻武器。这可能对后续的政治发展造成了巨大的影响。军事围墙是高度可见的，并能用来强化群体的正当性。由此可能造成了本地山堡酋邦之间的政治平衡。

按照卡内罗的理论，万卡时期战争的增加会导致政治体人口规模迅速增长，并催生由战争酋长（辛切科纳）领导的万人以上规模的大型酋邦。但战争的防卫本质使得获取实质性的进攻优势变得困难，并限制了政治体空间上的扩张。酋邦被限制在小区域之内，如卡内罗期盼的那种征服扩张被阻断。万卡的案例显示为一种特定类型的酋邦，我称之为**山堡酋邦**（hill-fort chiefdom）。这种酋邦政治扩张及制度化的发展潜力被明显地限制。这种限制是那些主要依靠防卫性军事力量构建权力的酋邦的特征。

山堡酋邦的特征包括：

酋邦的一般特征（参见 Carneiro，1981；Earle，1987）：

1. 人口在一千（简单酋邦）至数万（复杂酋邦）范围之内的政治体；
2. 拥有区域性的聚落等级体系，包括中心及二级聚落；
3. 政治中心化且社会结构分层；
4. 开始形成组织化财政及相关的政治经济体系。

山堡酋邦的独特特征：

5. 高度防卫化的聚落；
6. 最大聚落在人口上占据优势（参见 Drennan，1987）；
7. 强调军事权力；
8. 战争的主要目的是保卫领土而不是征服新的税务来源；
9. 稳定的（而不是富裕的）财政体系（参见第二章）。

万卡酋邦政治上的分裂与战争的持续只有在帝国征服之时才会发生变化（D'Altroy，1992；Hastorf，1993）。在这片相互竞争的酋邦世界之外，印加帝国不断扩张，征服了高地上一个又一个的酋邦，最终战胜了安第斯大型的海岸地区国家并取而代之。此处的关键在于，同样由弗里德指出（Fried，1967；Haas，1982），将征服战争作为扩展自身并建立政治体的策略只对国家社会有效。事实上，印加帝国在开始对外征服之前便已形成并巩固好了其在库斯科的地区性社会组织（Bauer，1990）。

但为什么印加的军队，亦即国家组织的军事体系那么成功，而酋邦的战士在征服同等区域时却遭遇失败呢？二者之间并不存在根本上的技术革新，没有特殊武器如铁刺、枪支、马匹被发明。这些变化要等到西班牙人统治安第斯世界时才开始出现。"西班牙人报导的印加军队战术非常原始，基本只是大规模部队进攻的简单变化，其中包括远程攻击的投石兵和弓箭手，以及参与面对面近战的突击队……战役基本上只是空地上的混战或对山堡的进攻"（D'Altroy，1992：75）。但印加的征服并不只因为它拥有庞大的军队。印加快速扩张的关键在于它发展出了联结军事权力、经济权力与意识形态权力的综合体系。在拥有国家财政体系的支持和国家意识形态的组织之后，战争便会十分高效。秘鲁地区军事权力的破坏性力量只有在被控制之后才能发挥有效的政治中心化作用，而这则需将其与其他权力来源紧密相连（参见第五章）。

丹麦 曲半岛（公元前 2300—前 1300 年）

在丹麦的案例中我们可以进一步明晰军事如何成为酋邦权力的来源。在青铜时代早期，曲半岛在随葬青铜剑的战士精英的组织下发展出了酋邦社会。史前丹麦社会中战争的本质与影响显示出与上文描述的安第斯社会不一样的路径。人口对于战争及其相关领导权的出现影响很小。然后，最终的结果却是相似的。将战争作为主要权力来源会限制政治扩张及发展大型政治体的潜力。在丹麦，战士酋长无法在广阔的区域或大量的人口基础上建立起统治。

尽管丹麦青铜时代的社会没有文献记载，但我们可以从贝奥武甫和一些此后的冰岛萨迦传说描述的那种战士社会中得到一些线索。战争通常是地方性的且在政治上有着重要地位。丹麦之王罗瑟伽从成功的掠夺行为与对财富的积累中获取了权力。

> 末了，胜利和光荣归了罗瑟伽，
> 他得到扈从们衷心的爱戴，
> 越来越多的年轻战士，从四面八方
> 投奔到他的帐下。(Huppé, 1987: 35)①

支持要用大量的礼物换取，但或许其中最重要的便是真正的战剑。

> 作为报答，罗瑟伽赠给贝奥武甫
> 一面金线绣成的战旗，
> 一副头盔，一领胸甲，
> 一把缀满宝石的长剑——
> 让众人依次赏识了，送到英雄面前。(Huppé, 1987: 62)②

一位领袖首先需要积攒财富与武器，并以此收聚战士，以开展掠夺、保卫作为权力中心的长厅（meadhall）。他向战士分发武器，但后者在历史上却总是背信弃义地将其取而代之。

在《尼亚尔萨迦》中，冰岛的酋长们显然只有极少的中央权力。每位酋长都始终生活在担忧与恐惧之中，这种脆弱的权力有赖于他的家人、支持者，及其作为强大战士与可信赖之友的个人名

---

① 中译参考冯象译：《贝奥武甫》，生活·读书·新知三联书店，1992年，第4页。——译者注

② 同上注，第53页。——译者注

望。这篇萨迦中满是对战斗的描述,仿佛一个人生来便要防卫外来的攻击。以下是著名的英雄人物贡纳尔(Gunnar)为保卫其家庭而死的故事:

> 贡纳尔双手抓起大戟旋风般地朝向托尔布朗德挥舞过来,把他从墙上戳穿倒栽下亡命。他的弟弟阿斯布朗德(Asbrand)又跳了上来,贡纳尔把戟刺来,阿斯布朗德用盾牌抵挡,那盾牌一裂两半,大戟刺穿盾牌后又从他的两臂之间刺了进去。贡纳尔使出神力将大戟一拧,阿斯布朗德的两条胳膊被生生卸了下来,他就从墙上摔下呜呼丧生。
>
> 到了这个时候贡纳尔已经伤了八人,杀了二人,他自己身上也带了两处伤。可是人人都说他早已将生死置之度外,所以伤势虽然不轻,他依然顽强拼搏毫不退缩。(Magnusson and Pálsson, 1960: 170)①

就此,作为冰岛酋长中最为强大的那位,贡纳尔战死了。

转到丹麦的考古材料,战争在整个时期中都被明确地认作是政治权力与酋邦认同的主要来源。战争的主要证据是个人武器的流行,包括战斧、匕首及宝剑。它们通常作为随葬品出现。在超过一千年的时间(公元前 2600—公元前 1300 年)里,男性的地位与其个人武器直接相关。

在公元前 2600 年时,曲半岛战争的证据很有限。尽管此时的

---

① 中译参考石琴娥、斯文译:《萨迦》,译林出版社,2003 年,第 734 - 735 页。——译者注

箭镞很可能在射鹿以外也被用来射人，但专门的武器尚未被发现。曲半岛的聚落通常保存得较差，多是小型且无防卫的村子。只有在高地存在一些堤道环壕，包括起筑的堤和下挖的渠。在新石器早期，欧洲的堤道环壕都仅仅是以纪念性建筑为核心的象征性景观的一部分（Thomas，1991；参见第四章）。但它们同时也可能作为避难所或是聚落的外围防御设施。新石器早期欧洲的战争证据包括在利于防卫区域设置的环壕体系及其周围密集分布的箭镞（Burgess，Topping，Mordant and Maddison，1988；Keeley，1996）。

在新石器中期（约公元前2500年），当漏斗杯陶文化被独墓文化取代时（参见第一章），独特的文化变迁之一便是用武器定义男性地位这一现象的引入。（有趣的是，战斧在漏斗杯陶文化末期的巨石纪念碑遗址中便有发现，表明其与独墓文化在时间上可能存在着一定的重叠，此时的典型遗物是由战斧形串珠制成的精美琥珀项链。）此时的个体或单人或双人地葬于土堆墓之中。男性通常会随葬有磨制的石质战斧。由此传递的新信息很清楚，即人的地位趋向个体化，且对于男性而言则与战争开始出现联系。

曲半岛中武器的重要性体现在作为包括地位的象征和战斗的工具，一直到新石器晚期都是如此。此时被称为匕首时期，北日德兰地区开始以精美燧石器的制造与交换闻名（图3.2）。典型的匕首由半透明的燧石打制，通常长25厘米或以上，具有刃部和柄部，后者可能包裹着皮革。这些匕首被细致地打制、磨光，并接着照欧洲其他地区流行的金属匕首的形制压制。广泛分布的钟型杯文化便包含此类匕首以及精美的箭镞和护腕，它们共同构成一位战士的个人装备。新石器晚期物质文化的其他要素包括长仅六厘米的微型匕首。这类匕首显示出与打火石相似的独特磨损模式，说明它们可能

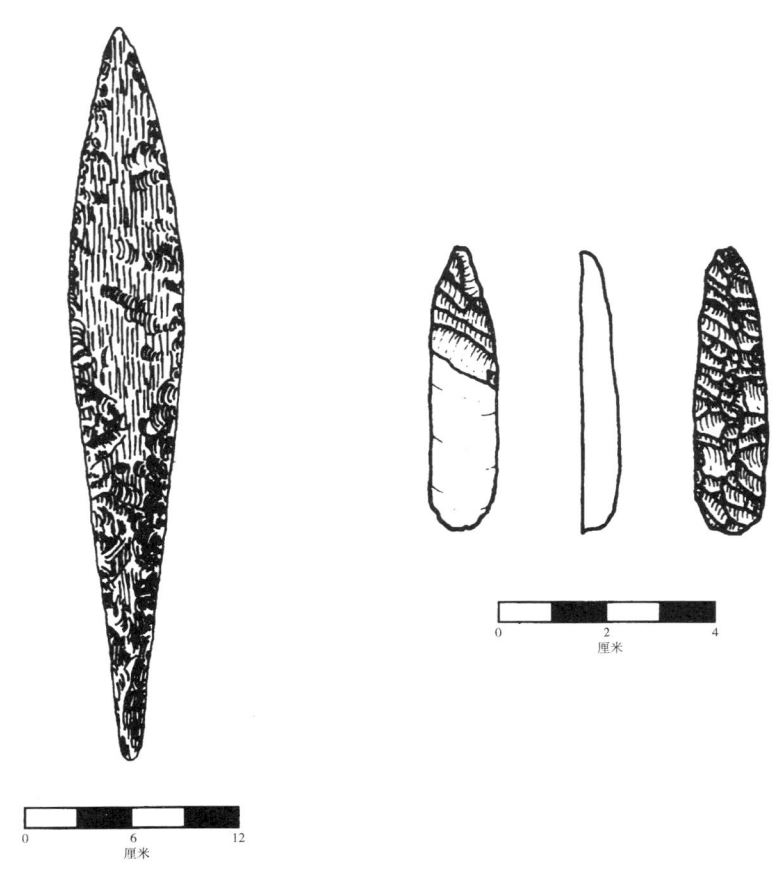

图 3.2 曲 2758 遗址一号房屋出土的丹麦新石器晚期燧石匕首及微型燧石匕首 (Michael Gabriel)

是被用来生火的。匕首和箭镞的一般分布表明它们是实用武器,但同时也应被用来表现男性的战士身份。在曲半岛,新石器晚期的匕首和箭镞时常出土于墓葬中,但在田野踏查和遗址发掘中更为常见。在森讷哈市,农民通过每年的耕作收藏了许多此类匕首。这些匕首的分布及其相关的石器堆积能够帮助我们识别钟型杯时期的聚落。这些聚落坐落于景观中高起的位置，或许是为了增加视野或防卫能力。所有钟型杯时期聚落中都发现有匕首、箭镞和打火石，我们发掘的曲 2758 号遗址中的三座房屋遗迹里也发现有这些遗物（表 3.1）。曲 2758 一号房屋中出土武器最多，包括九件残匕首，一件精美的微型打火石匕首（图 3.2），以及两件箭镞。二号房屋中则出土了半成品箭镞，显示这些武器的制作是在聚落内完成的。因此我们认为，燧石匕首和箭镞在日常生活中十分常见，会自然地在地面和废弃房屋中保存下来。这些武器广泛而明显的分布表明，战争是连续发生的，保卫家庭与个人的需要始终存在。精细制作的匕首和打火石可能代表了某种地位，但这些武器的获取应该是不受限制的。

表 3.1　　　　曲半岛考古计划发掘所得燧石匕首的分布

遗址	遗迹	匕首数量
曲 2757	一号房屋	1
	其他	3
曲 2758	一号房屋	9
	二号房屋	1
	三号房屋	1
	其他	2
曲 2922	其他	2

在青铜时代早期，武器仍是曲半岛物质文化中的重要部分，但聚落开始向更低海拔的地区转移，如比耶遗址。防卫的需求应当有所降低。此时期及此前新石器时代的聚落都没有防卫设施。与秘鲁这一证据明显的案例相比，丹麦案例战争的主要证据是武器，而非聚落上的防卫设施。这表明丹麦案例战争的目标与秘鲁案例有所不

同，可能是掠夺财富及保护贸易路线，而不是通过阵地战来与其他社群争夺土地。

此时丹麦的武器包括只出土于墓葬的青铜剑、矛和匕首。图3.3显示了一件曲半岛出土的蒙特留斯二期酋长佩剑，其精美的柄部是通过失蜡法铸造的。曲半岛的埃格什维尔（Egshvile）青铜时代土堆墓是典型的战士墓葬，其中出土了一把柄部带凸缘的剑、剑鞘、小刀以及其他青铜装饰物（Haack Olsen，1990：143-145）。这把青铜剑可能最初是被挂在墓主的腰上，它同时也是青铜时代三期典型的战斗用剑。为了便于近战，其原始长度约为60厘米，其中刃长约55厘米，柄宽约4厘米。刃部没有经过装饰，柄部边缘则铆接一件简单的角状把。这种剑是轻薄且平衡的武器，尤其适合突刺。在他对丹麦青铜时期剑的分析中，克里斯蒂安森（Kristiansen，1982）描述了两种主要的功能类型。大部分的是用于近战的战士用剑，柄部简单，刃部留有充足的使用与打磨痕迹。与之相对，较少的酋长佩剑拥有精美的柄部、个性化的装饰及精细的金属加工，其刃部的使用痕迹则较少。后者主要是战士权威及崇高地位的象征。

19世纪对曲半岛大型墓葬的发掘出土了超过100件青铜剑，现存于哥本哈根的国家博物馆。这些剑应来自精英男性的墓葬。只有很小一部分人能够被葬于此类中心墓葬之中，他们可能便是战士精英。在比耶遗址中还发现了一条剑带上的工字型铜扣（曲2999）。与曲半岛考古项目发掘的土堆墓同时期的遗址中并未出土青铜剑或其他武器。

为了理解曲半岛和丹麦其他地区战争的本质，我将评估此地区史前人口在制造冲突上的潜在角色。与卡内罗的理论相反，丹麦案

图 3.3 曲半岛青铜时代早期（蒙特留斯二期）的酋长佩剑（DeMarrais, Castillo and Earle，1996；由芝加哥大学出版社授权重印）

例中的战争与人口的变化几乎没有联系。独墓文化战争的兴起伴随着的是人口数的下跌。事实上，独墓文化的聚落遗存堆积十分有限，表明此时期的人口应当非常少。因此，此时的资源显然不会受到局限。新石器晚期人口的增长确实与武器的增长共同出现，且潜在的战争威胁也可能在变多，但此时实际的人口密度却仍非常低。青铜时代早期青铜武器的引入及相关酋邦社会的诞生也与人口增长并不同步（参见第一章）。

曲半岛新石器及青铜时代并不存在防卫聚落，表明战争并不主要涉及本地群体对土地控制权的争夺。从个人武器来看，战争更像是为在个体酋长间掠夺财富而发动的。最重要的财富可能是牲畜，一直到中世纪它都是曲半岛重要的财富来源。根据民族志的类比，我们可以合理推测对牲畜的劫掠是战斗的目标所在。战争因此可能是集聚财富的一种政治策略，受牲畜的分布和控制它们的政治努力相关，而与人口密度和群体间竞争的关系不大。如第二章和第四章讨论过的那样，动物产品是远距离威望物品交换的主要出口商品。

在青铜时代早期，竞争地位时所关注的威望物品始终是武器。紧接着是新石器中期的文化变迁，武器开始被用来定义男性的地位，并决定个人所拥有的权力。在整个新石器时代，武器都由本地可获取的石材制作，因此许多拥有石器制作能力的人都可能参与武器的制作。因此这些石质武器能够广泛地被获取。战争武器能逐渐在所有家户中被发现，获取武器的来源显然便不再受控制，因此直接导致社会中的平等化发展。因为武器能够被广泛地获取，所有的家户都可以自我武装以防卫外来的掠夺。

金属武器的引入打破了权力的平衡，并促进了等级化组织的发展。金属武器显然更为高效，金属剑的长度和耐用性都远胜此前的匕首。同样重要的是，金属剑作为价值物品的实际文化意义是清楚无疑的。控制青铜剑和匕首的供给渠道也显然要比此前的石质武器更为容易。金属本身是从南方进口的，而与此相关的长距离交换关系应当是会在某种程度上被新兴的领袖所控制的。更重要的是，我认为这些青铜剑的实际制造同样会被控制，通过相关的生产专业化。

因为青铜剑存在着区域性的风格差异，我们知道丹麦青铜时代早期出土的剑是本地生产的。由于尚未发现生产过程相关的考古遗存，我认为该时期青铜生产的地点应该非常少。冶金技术具有相当的复杂性，得到充分训练的工匠本身便是稀缺的。通过将工匠纳入自己的控制之内，酋长能够得以组织武器的生产与供给。我的猜想是，武器的生产应与酋长的居所紧密相连，当然这也需要今后新出的考古材料的证明。

武器向更高效金属剑的转变可能促成了对手工业生产的控制，并进而控制战争（Goody，1971；Kristiansen，1987）。这其中涉及对武装着青铜武器的战士的控制、对掠夺得来牲畜的垄断，以及对牲畜出口交换的控制。这或许可以类比历史时期与中国人贸易的菲律宾酋邦（Junker，1994），其战争的主要目的便是确保牲畜的出口和消灭敌对酋邦的贸易人员。曲半岛的酋长们可能试图通过战争寻求建立对长距离贸易和异域商品供给的控制。

总结而言，曲半岛战争的主要证据是个人的战争武器。尽管聚落在新石器晚期坐落于关键的地点，但其面积很小，且未修建防卫设施。在我们研究的时段内，除新石器晚期之外，武器仅发现于墓葬之中，它们应该在其中发挥着象征地位的作用。我们可以据此想象出一个为了获取地位而充满激烈军事斗争的世界。曲半岛的酋长们是军事化的，但军事力量作为政治权力来源的方式与影响却密切关联于战争的性质、技术水平及与其更广阔的经济体系的关系。战争本身是不稳定的权力来源，除非战争的主要技术能够被控制，且其收获能够被有效地投资至政治经济体系的扩展上。夏威夷群岛的案例则将具体展现这一目标是如何达成的。

夏威夷　考爱岛（公元 800—1824 年）

在史前夏威夷社会中，战争是中央化政治权力的关键手段。最高酋长试图通过征服来扩张其政治体规模，在主要岛屿上消灭可能的竞争者，吞并周边附属的小型卫星岛，最终与其他主要岛屿上的酋邦展开直接、面对面的竞争。通过占领周边领土，最高酋长可以扩展其酋邦的财政基础。这一扩张的主要目的并不是土地，而是各类经改进后的生产资料（农田和鱼塘）以及平民劳力，正是后者创造了支持酋邦政治经济的剩余产品。夏威夷群岛的征服战争催生了大型酋邦，而在与欧洲接触之后不久，著名的最高酋长卡米哈米哈一世便击败了其他最高酋长并由此建立了夏威夷国家。夏威夷酋长利用战争征服他人的方式，展示了战争如何能在复杂政治体形成过程中扮演重要角色。

在与欧洲接触之前，波利尼西亚酋邦之间存在着极大的多样性（Sahlins，1958；Goldman，1970；Earle，1978；Kirch，1984），但它们所具有的共性便是地方性的战争。没有一个酋邦是处于完全和平之中的，所有的酋长统治都建立在竞争胜利的基础上。严格地说，战争并不是任何生态条件所导致的结果，而是酋邦文化中所固有的一部分。托阿（Toa），即战士，是原始波利尼西亚语中的重要词根，其出现可以追溯至公元前 500 年，当时早期的波利尼西亚刚开始从其拉皮塔（Lapita）先祖中分化出来（Kirch，1984：49）。

但是，波利尼西亚战争的本质、范围和烈度却会因具体的经济、人口和政治条件而有所不同。或许最为显著的差异便存在于新西兰分裂的毛利（Maori）酋邦和夏威夷群岛中央组织化的复杂酋邦之间（Kirch，1984，1988）。基希（Kirch，1988）对这两个案例展开了系统的分析，用以评估卡内罗战争与人口局限的理论。他从这样一条逻辑推理开始，即在任何合理的人口增长比率下，如波利尼西亚地区岛屿这般被物理隔绝的地区中，殖民群体的人口会几何式地增长至生产力所能支持的极限人口水平。群体间的冲突与战争因此便会为争夺有限资源而爆发。

毛利酋邦似乎再现了这一景象。最初的殖民活动开始于公元 1000 年，此后人口在一段时间中逐步扩散至新西兰群岛的南北两端。在约公元 1600 年时，带有防卫设施的聚落和难民突然在北岛的许多区域开始出现（Irwin，1985；Allen，1994：图 4.2）。似乎一开始的扩张和人口的发展触及了生业资源的局限并因此爆发了激烈的酋邦间战争。基于对历史文献的分析，瓦伊达（Vayda，1960，1976）论述到，战争经历了这样的过程，首先是人口在区域内的增长并由此加剧群体间的冲突，并最终出现以占领土地、取代邻近人群为目的的武装冲突。酋长负责组织战争，或保卫其所属社群。

毛利酋邦和其他一些太平洋社会，如拉帕（Rapa）岛酋邦（Kirch，1984：211－13）和斐济（Fiji）岛酋邦（Frost，1974；Rechtman，1992），都属于山堡酋邦。在新西兰，人们高度依赖被称作帕（*pa*）的围壕体系以及高度设防的聚落和储蓄设施。在几百年间有数千座帕被建立起来。艾伦（Allen，1994）记载了统治范围有限的区域性政治体是如何基于这些帕的集群形成的。举例而言，霍克湾（Hawke's Bay）地区的两处帕集群中心之间的距离约为 20 千米，有时则更短。一处帕通常包括一座山堡及其周围的多重围堤。这些防卫设施使得其中的空间变得安全，在热武器被引入之前，这样的结构很难被攻破。在围堤之内则是聚落和成排的农业产品（番薯）储藏坑，以防止被劫掠。如安第斯案例所展示的那样，这些酋邦明显是激烈群体间战争和防卫需要的结果。尽管在北岛的某些特定区域确实曾出现过一些更大的酋邦，但由于战争的技术特点及本地防卫的有效性，其征服扩张的能力同样是有限的。

在夏威夷群岛，战争的性质明显与之不同。在聚落形态和遗物中并不存在体现战争的明确考古证据。村庄由其土地上分散的房屋组成，它们并未集中于一处并被保卫起来。唯一可靠的战争考古证据是集中分布的少量投石和石锤头，以及供受战争威胁的人群前往的避难所。这些避难所包括被封闭的熔岩洞，与壕沟相连的陡坡，以及某些安全的仪式性地点（Kirch，1984；Schoenfelder，1992）。与毛利的例子相比，此处战争的考古证据极少。但我们从历史文献中能知道，战争在夏威夷政治中是相当重要的一部分。

基希（Kirch，1988）指出，夏威夷长时段的人口增长使人口高密度地聚集在农业资源所在之处。他估计，在与欧洲接触之时，夏威夷农业用地的人口密度达每平方千米 120 人。他利用了由卡内罗提出，又经韦伯斯特（Webster，1985）优化的观点，认为资源的集中制造了局限。人口的增长加剧了对有限良田的争夺，战争因此变得无可避免。

早期历史文献和传说记下了当地战争的高频率和严重性。在公元 1400 年至 1450 年间，科迪（Cordy，1981：180）描述了夏威夷科哈拉海岸一处无人居住的缓冲地带，认为激烈的战争限制了聚落的分布。传说则充满了对酋长间战斗的生动记述，多强调个体战士的战斗技能和斩获。这些记录描述了各个岛屿不同区域之间的战斗，以及群岛最终归于一统的过程。有关乌米的故事描述了他对夏威夷岛上各独立区域的征服，以及随后整合岛内各酋邦的过程（Kamakau，1961：1—21）。

继嗣问题也会导致在潜在的继承人之间引发激烈战争。而在欧洲人到来之时，争夺东茂宜岛控制权的征服战争正在打响（Kamakau，1961：78—91）。这些战争的残酷常被提及。

> 佩勒尤霍拉尼（Pele-io-holani）（考爱岛和瓦胡岛的最高酋长）因女儿之死而对莫洛凯岛的酋长们抱有敌意……在卡普乌诺努伊（Kapu'unonui）之战中，他屠杀了这些酋长并将他们扔进了夏威夷岛的一个窑炉中烤……卡赫基利（Ka-hekili）（茂宜岛和莫洛凯岛的最高酋长）试图向瓦胡酋长们复仇，因为他们屠杀了茂宜岛（和莫洛凯岛）的酋长和平民。他们此前将卡惠阿卡玛（Ka-hui-aKama）作为战俘押去了瓦胡岛并把他放在了窑炉里烤，还将他的头颅骨当碗使。（Kamakau，1961：232）

在战场上被击败的战士会被屠杀并留下耻辱，因为他们会成为胜利者的食物和餐具。

夏威夷战争的传统武器主要用于大规模攻击及近战（Bcuk，1957：417—64）。两军相接之时，可以在一定距离之外使用长而一体的刺矛，其上带有扁平的刻花刃，或使用较短的投矛，其上带有

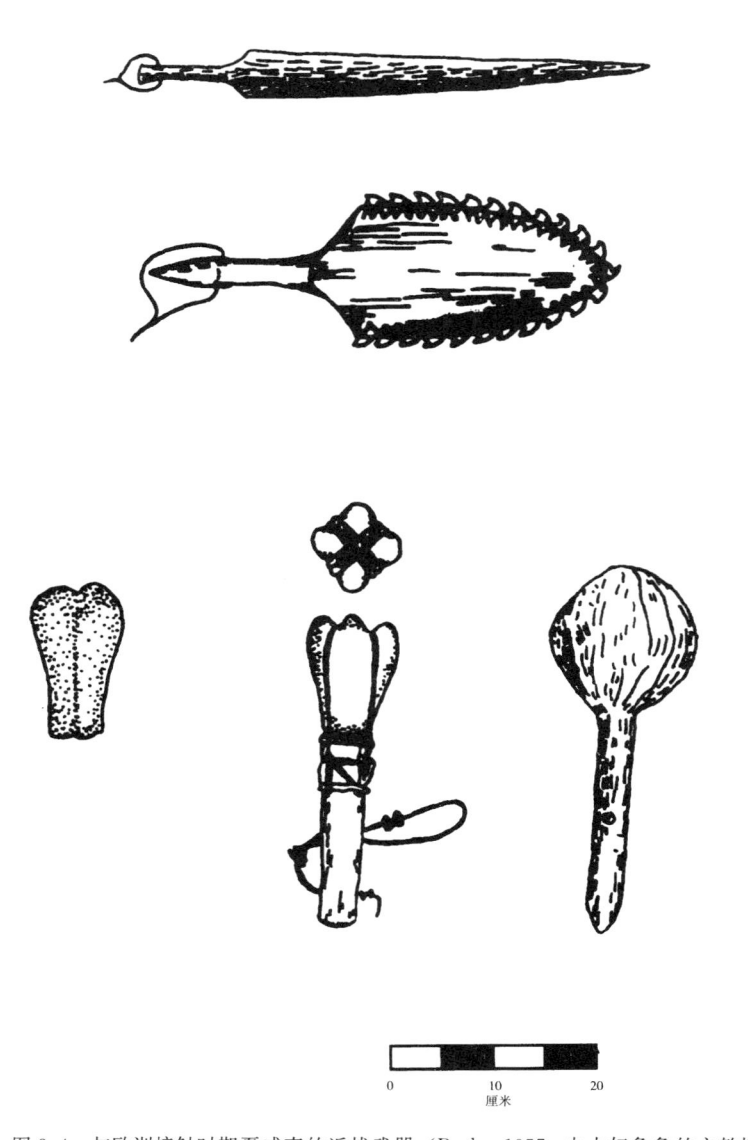

第三章　军事权力：赤裸裸的力量　　143

图 3.4　与欧洲接触时期夏威夷的近战武器（Buck，1957；由火奴鲁鲁的主教博物馆授权重印）

倒刺。投石索被用来投掷小型椭圆石块。"他们的武器是枪和矛，有些一端带刺，另一端则被压出尖刃。还有一种短武器，有点像匕首，约 1.5 英尺长，一端或两端削尖，用带子固定在手上，是用于近身搏斗的利器"（Cook，1967：282）。近战武器包括这些木质匕首和许多棍棒，通常都很短（少于 50 厘米）。在柄部常穿有一悬索，另一端则是较大的头，既有光滑的，也有粗糙的（由自然的树根或大树枝制成）。还有一些的头部是带凹槽的石头，或镶有一排鲨鱼牙（图 3.4）。酋长在战斗中会穿上著名的羽毛斗篷和头盔（参见第四章），这同时也可提供一定的防护。但同时这也会使酋长在战场上变得易于分辨，并因此成为被攻击的目标。

从这些武器来看，战斗的策略应该比较简单。大规模的战士首先投掷短矛和投石，随后则是长矛相接及使用短棒和匕首的面对面近战。武器本身是均一化的。尽管需要特殊的硬木（寇阿［koa］）来制造武器，但木材本身的供给很难被控制，可能所有人都能轻易地制作武器。因此，这一技术是不可控的。只有个人实力和有效的近战训练（或许还有羽毛护甲）能为酋长本人在战场上建立优势。这种武器技术与新石器晚期和青铜时期早期丹麦的情形比较相似，但战争在权力策略中的位置却并不相同。

可能其中更重要的一大因素是木舟的使用。夏威夷人会利用两支大的寇阿树干组成平台，制作出大型双壳体木舟（Buck，1957：268）。这些大型木舟最初被用来在广阔的太平洋上展开殖民，但在与欧洲接触之时，他们主要被用作战船或进攻的运兵船。图 3.5 展示了 1779 年几艘载着装备了羽毛斗篷的战士酋长们的双壳体木舟，他们正在前往凯阿拉凯夸湾（Kealakekua Bay）迎接库克船长。这张图片显示，大型木舟需要 20 位桨手，大概能运载 40 名战士。据

图 3.5　夏威夷最高酋长卡拉尼奥普（Kalani'opu'u）乘双壳体木舟前往凯阿拉凯夸湾会见库克船长（Cook，1784）

说考爱岛和瓦胡岛的最高酋长佩勒尤霍拉尼曾拥有一条能装载 160 名战士的巨型木舟（Kamakau，1961：240）。

　　历史文献表明，战争是一种大型的政治对抗事件，潜在的统治者为争夺控制权而角力，并通过这样做戏剧性地展示了他们的统治地位。随着欧洲人的到来，夏威夷人立即采用了西方的战争技术，试图获得西方的帆船和火炮，并引诱欧洲的船工和炮手加入他们的部队。大规模征服的目标始终未变，而新的技术则为卡米哈米哈的征服和其后续夏威夷国家的建立提供了手段。

　　在考爱岛，欧洲接触时期战争的历史被详细地记录了下来（Earle，1978：175—80）（图 3.6）。如上引文所述，考爱岛的最高酋长佩勒尤霍拉尼是一位著名的征战酋长，以其凶蛮和高效而闻名。当他去世后，统治权被传至其孙卡尼奥尼奥（Kaneoneo）手中，后者是他儿子与女儿近亲结合的产物。当库克船长 1778 年首

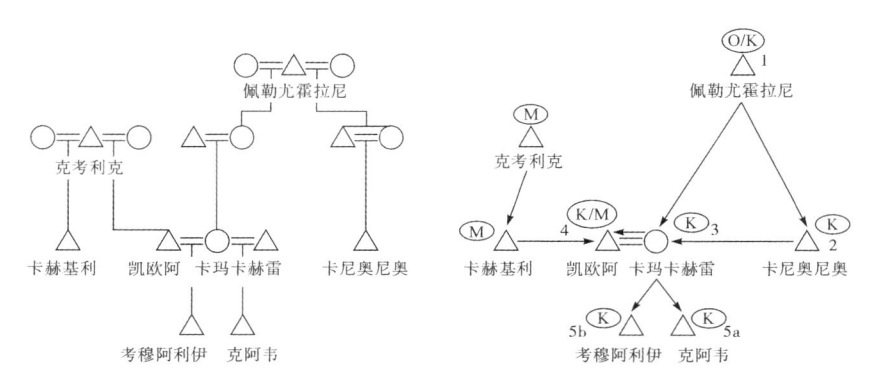

左侧图展示了最高酋长间的亲缘关系，○表示女性，△表示男性，=表示婚姻关系。右侧图中的箭头表示考爱岛（K）和茂宜岛（M）最高酋长的继嗣顺序。佩勒尤霍拉尼同时是考爱岛和瓦胡岛（O）的最高酋长。

图 3.6　文中涉及的考爱岛最高酋长的谱系图（Michael Gabriel）

次到达此地时，卡尼奥尼奥据说仍是考爱岛的最高酋长（Cook, 1967）。但到了第二年，库克船队中的其中一艘海船返回此地之时，政治情形就已发生转变。卡玛卡赫雷（Kamakahelei），佩勒尤霍拉尼的另一位孙辈，成为了"岛屿皇后"（考爱岛和尼豪岛），而她的新丈夫凯欧阿（Ka'eo），一位茂宜酋长，成了"她的总司令（generalissimo）"，她此前婚姻生下的儿子克阿韦（Keawe）成了"王"。卡尼奥尼奥则被称为"篡位者"。他在岛屿的另一侧"积蓄力量"，并在不久之后直接与欧洲人展开商谈。一场继嗣战争显然即将爆发。

尽管不知道具体的过程，但卡尼奥尼奥最终在夺回考爱岛统治权的战争中失败了，他随后曾出现在瓦胡对抗茂宜入侵的一场战斗之中。他最终被茂宜军队处死，可能也被投入窑炉烤了，这正是茂宜酋长对于他父辈残暴行为的报复。

凯欧阿这时却成了考爱岛的最高酋长,可能是因为卡玛卡赫雷和他生出了新的子嗣考穆阿利伊(Kaumuali'i)。后者应当会在之后继承最高酋长的位置。凯欧阿直到 1791 年为止都是考爱酋邦的领袖,此时的他离开本岛加入了茂宜军队(由他的同父兄弟卡赫基利率领)对抗夏威夷岛军队(由年轻而好战的卡米哈米哈率领)的战斗之中。凯欧阿离开考爱岛时带领着他的"酋长们、战士们、桨手们,他们都装备着毛瑟枪及各式其他武器,还带着两条吃人的大狗"(Kamakau,1961:159)。他成功发动了一场对于夏威夷岛威庇欧河谷的劫掠,破坏了乌米的父亲利罗阿的海奥,并与卡米哈米哈的军队展开了一场决定性的海战。在卡赫基利 1794 年因年长而亡后,凯欧阿继承了茂宜岛最高酋长的位置。或许是因为思念考爱岛(也可能是由于其统治变得不稳),他决定返航,但这段归乡计划却遭到破产,因为"他发现麾下的(其中一些)酋长正在酝酿在旅途中将其抛入海中的阴谋"(Kamakau,1961:168)。他于是改为前往瓦胡岛,他以为那里的统治仍较稳固,但等到真正到达之后,他面临的却是与当地酋长的进一步战斗。尽管最后取得了胜利,但凯欧阿却被瓦胡军队包围并丧生,后者得到两艘英国舰船支持(以 400 头猪的代价作为交换)。

在凯欧阿死后,考爱岛的统治权被他和卡玛卡赫雷的儿子考穆阿利伊继承。随之到来的则是考穆阿利伊和他的同母兄克阿韦之间爆发的又一次继嗣战争。1796 年,克阿韦发动对考穆阿利伊的叛乱并取得了成功,尽管后者被"剥夺了权力",但仍得以与其哥哥一同居住(Broughton,1804)。六年之后,由于克阿韦在一次岛内巡游中被两个凯欧阿的旧部刺死(Lahainaluna student composition,1885),考穆阿利伊重新掌权(Turnbull 1813:213)。考穆阿利伊紧接着抵挡住了卡米哈米哈对考爱岛展开的一次攻势,后者的木舟在一场灾难性的风暴中被毁。为了预防今后可能遭到的攻击,考穆阿利伊向卡米哈米哈称臣,直到死前他都实际控制着考爱岛。

这一复杂的故事告诉了我们简单的道理,即少有最高酋长能在床上善终。年长的战争酋长是非常少见的。波特洛克这样描述其中一位"最优秀的战士",同时也是考爱岛最高酋长的一位近亲:"他的身上布满伤疤,而且还几乎成了个瘸子。让他的处境更为悲惨的是,他完全地失去了一只眼睛"(Portlock, 1789: 177)。只有强大的人能活下来,但他们最后的境遇也多不理想。

战争是影响夏威夷群岛实际政治关系的一种策略。继嗣权最终会落到战场上胜者的头上,而相互敌对的岛屿最高酋长也会持续地互相展开征服斗争。直到西方武器的引入,这些征服行为的效用才足以打破主要岛屿及其相关小岛之间的自然疆界。通过征服行动统一所有主要岛屿在历史上实际并未成功,夏威夷国家只有在得到新的高效武器后才得以建立。即便此时各岛上层已通过联姻与密谋联系到了一起,但彼此之间仍是各自独立的酋邦,分别统治着夏威夷岛、茂宜岛、瓦胡岛和考爱岛。

真正的问题不是战争如何促使酋邦整合,即便这确实是由征服行为达成的,而是战士如何被有效控制。即便强大如凯欧阿也会持续担忧被其"忠诚的"臣属所推翻。战争可以被看作一种分解的力量,持续撕扯着夏威夷酋邦的组织基础。但夏威夷战争却最终成功地催生了国家。为什么这些酋邦不像毛利和万卡那样分裂为许多山堡酋邦呢?夏威夷酋长何以能够将他们对岛屿上众多社群的统治制度化?这些问题将在后文探讨。

小　结

当我们对比以上讨论的酋邦时，我们可以得出两个明显的结论。第一，战争在三个案例中都很重要。军事行为是政治权力的重要来源，酋长自身都是战士。万卡的辛切因其战士的地位而建立统治。他会保卫自己的社群及领地免于攻击。青铜时代曲半岛的酋长同样对战斗有着认同，甚至死后也要带着他的宝剑。他的军事权力是为了获取牲畜，控制长距离贸易带来的财富。夏威夷酋长同样也被看作是优秀的战士。他会组织领导继嗣战争以决定谁能取得统治权，同时也热衷于扩展酋邦统治范围的征服战争。

第二，战争的性质与效用在不同案例之间有着很大差异。在万卡酋邦中，酋长的统治被限制在很小的范围之内，大约只有数千千米远。政治上分裂为小型的山堡酋邦，战争的重点在于在地的防卫，这在军事技术上得到了清晰的体现。与之相对，青铜时代曲半岛的酋长并不依赖在地的防卫设施，他们更多的是在开阔战场上直面厮杀，其中最重要的是个人武力和武器装备。但这些酋长显然在有效组织权力上存在问题。只有夏威夷的最高酋长成功地利用军事力量和征服行为塑造出了大型岛屿酋邦，其最终发展为国家社会。

尽管这三个案例中都持续发生着战争，但却让我想起了马基雅维里对于强大君主和弱小君主的评价：

> 我认为，如果凭借人口众多或财力充裕能够募集足够的军队，同任何入寇者决战于疆场，他们就是能够依靠自己的力量

屹立不移的（强大的）人。另一方面，我认为，如果不能够同敌人决战于疆场，而只是被迫躲在城墙后面进行防御，他们就是常常需要他人援助的（弱小的）人。(1963 [1532]: 44—45)①

这段引文带出了两个重要观点。第一，城墙是政治软弱无能的标志。第二，战争与政治经济体系之间的联系才是关键。强大的酋长（或君主）能够控制人口与财源。战争与意识形态之间的联系同样重要（参见第四章）。

在这三个案例之间，战争的目标有着相当的差异，而这些独特的目标正导向了不同的权力策略。在万卡，主要的目标是保卫本地社群及其土地权力。这类战争的性质事实上是从更简单的本地部落社会中直接延续过来的。这类系统是相对停滞的。对于青铜时代曲半岛的酋长而言，冲突的目标是扩张主义的，酋长试图通过争夺牲畜、对出口经济和跨区域威望物品交换体系的控制来扩展他们的政治经济体系。通过战争建立的控制不光是以牲畜这一生业经济为目标，也与威望物品交换背后的意识形态紧密纠缠。但这种依赖财富交换的酋邦本身并不稳定，会在形成过程中轻易地分解。本地的其他酋长会站起来反对区域性的权威，并同样试图控制威望物品的来源。在夏威夷群岛的复杂酋邦中，目标变为了对社群及其生产资料和平民的征服。夏威夷的战争因此能够转化为对于生业经济的控制，以及对稳定财政体系的发展。通过这一关联，扩张主义的政治经济体系催生了政治关系的制度化，以及对于不可靠的战争力量的经济控制。

---

① 中译参考[意]尼科洛·马基雅维里著，潘汉典译：《君主论》，商务印书馆，1986年，第50页。——译者注

第四章
意识形态作为权力来源

　　意识形态是文化意义的一部分,常被用来策略性地制度化政治统治或反抗行为。意识形态由"**只有在**特定社会—文化情境中服务于建立和维持统治关系的有意义的象征现象"所组成,而"(象征现象)只有在服务于维持统治关系时才是意识形态的"(Thompson,1990:56—57)①。然而,非统治群体同样拥有利益,并会因此发展出抵抗的意识形态,以维护他们在社会秩序中的位置。意识形态的策略性特征使其区别于更广义的文化。因此,意识形态成为与特定社会群体相关联的世界观。举例而言,夏威夷统治阶级的意识形态便不能被认为是可与其外部文化相分离而存在的。社会中的不同群体可以有着不同的意识形态(而且常常如此),以服务于他们各自的利益,并相互竞争(或至少相互区别)。意识形态包括观念、信仰、价值、真相与谎言、主义与教条。意识形态不一定都是正式的、被编定的,或内部统一的,这由其创生及使用所

---

① 中译参考[英]约翰·B. 汤普森著,高铦等译:《意识形态与现代文化》,译林出版社,2005年,第62—63页。——译者注

处的制度化矩阵（matrix）所决定。然而，我将在此论证，若想策略性地使用意识形态，则必须以仪式、象征或纪念碑等形式来使其变得具体且实在。

意识形态显然是权力的来源之一。作为一种世界观，意识形态规定了什么是正确的，什么是自然的。它包括了与世界、人类社会以及各社会组成部分有关的各种理论。一般而言，意识形态还建立在关于道德与宗教秩序的各类原则之上。事物因宇宙法则而成为其本身。人类只是宇宙中超自然的、自然的及文化的力量与存在的一部分，而意识形态则是关于宇宙的本质和我们与它之间关系的法则。

不仅如此，意识形态还制定了关于知识与意义的制度模式，社会控制的模式便能通过它们被有条理地构建并得到合法化。在某种程度上，意识形态建基于社会中权力如何分配并运行的知识之上（Barnes，1988）。举例而言，一座纪念碑便包含了这样的简单信息，即文化景观建造过程中对于人身劳力的中央化控制。以竞争与协调为本质的权力本身便可因此被简化、制度化，所需的只是创造出相应的意识形态。尽管权力的其他来源仍存在，但正是关于权力的**知识**在日常生活中被显现与体验，使人们以此为真，其行动也被此所决定。权力与关于权力的知识直接相关，且这必定是能在现实中被体验的。换句话说，权力依赖于物质化的意识形态。

德玛雷、卡斯蒂略和我（DeMarrais, Castillo and Earle, 1996）曾指出，通过物质化的过程，意识形态便能从简要的理念与价值转变为实践与产品，后者能被处于统治地位的社会阶层直接操控。本文的目的便是强调统治意识形态的工作原理，及其被物质化、被策略性地利用为政治权力来源的整个过程。其中最为重要的一点是，物质化的过程如何能将意识形态具体有效地与经济力量及军事力量联系起来，并从而生成社会权力。

意识形态的本质

从 19 世纪开始，对于意识形态的研究已变得十分多元而充分（Thompson，1990），因此我显然不可能在此提供一个全面的总结。阐明意识形态这一概念是如何发展并增强我们对于社会过程的理解的，将会是一本完全独立的著作。我在这里试图指出的是一些更为关键的理论，它们构成了当下对于意识形态权力的策略性角色讨论的基础。

马克思（Marx，1904）曾强调，生产关系决定了社会的政治组织。观念与哲学本身并不能统治，它们只是合法化统治的神秘化手段。经济的客观事实决定了社会中权力的结构与本质。

社会哲学家们从第二次世界大战后便开始尝试用马克思主义解释情感与观念，并或多或少取得了一些成果。如哥德利尔（Godelier，1977）般的人类学家便自我宣称为马克思主义者，但实际上他们却在强调那些与韦伯（Weber，1930）更为相近的结构与意义的概念。韦伯主义历史学家卡尔·波兰尼（Karl Polanyi，1957）创造了"实体主义经济学"（substantivist economics）的概念，以强调经济是如何被嵌入社会之中的。结构马克思主义者也曾关注类似的概念，强调导致变化的特定动力直接源自社会所具有的结构和相关的价值观念（参见 Friedman and Rowlands，1977）。这些向更中立观点移动的趋势事实上使得马克思主义的因果论述在某种程度上被误解了。

马克思本人曾试图将其政治哲学视作是关于世界秩序科学的，而不是宗教的分析。当然，对于马克思主义和科学而言，把它们当作一种新的宗教性教条也并不是什么难事，无论是政治上还是文化上。我接受这样的观点，即在统治意识形态垄断真相之时，科学与意识形态之间的边界便会变得模糊。阿尔都塞曾在马克思的基础上论述到，在分层社会之中，统治意识形态会领导整体的社会意识，而国家作为统治阶级的统治工具，也会发展出具体的意识形态国家机器（Ideological State Apparatuses，ISA）（Althusser，1971），其中包括宗教的、教育的以及法律的各种制度，它们会与其他社会部分一同被统治阶级用来装点并维持其统治。

统治阶级的意识形态由一系列社会价值及信仰组成，这些价值和信仰能够再生产阶级分化的政治制度所依赖的物质条件。国家创造并支持促进统治阶级世界观合法化的制度，这些制度使个体社会化，并教育个人以使其自愿地参与一个会使统治阶级受益的世界体系中去。在阿尔都塞的认识里，其他的意识形态会被统治意识形态强力清扫或压制。通过意识形态获取权力的路径便潜藏在各群体竞争意识形态国家机器掌控权并有效控制知识推广的尝试之中。

但这种概念下的意识形态存在着一个明显的问题，即它假定意识形态国家机器能完全掌控观念的宣传与推广。在现代社会，知识的生成与传布从未被严密地控制或操纵过。阿伯克龙比、希尔及特纳（Abercrombie，Hill and Turner，1980）曾对统治阶级意识形态的优势地位提出强有力的批评。他们质疑道：到底谁会相信统治阶级意识形态？当然不会是奴隶或劳动阶级。如同其他社会群体一样，这些群体内部也必定包含智识水平较高的个体，能认识到阶级统治的客观事实。并不是只有天才才能认识到世界是这样运行的，那些认为比统治阶级天生低人一等的人只是被既有的社会情境给暂时束缚住了。那些在政治与经济上占有优势的个体是因为他们掌握住了真正的权力，而不是因为他们天生便拥有合法的特权。根据这一批评，只有统治精英本身才会欣然接受他们自身的意识形态表述。

迈克尔·曼部分回应了这一批评，他强调道：一个成功的意识形态会提供一种安慰剂似的世界观，来让生活中的苦痛与不平等变得稍微能够被忍受。"人民不是受摆布的傻瓜。尽管意识形态往往包含私利的合法性和物质优势，但是如果它们仅此而已，它们就未必能得到对人民的支配权。强大的意识形态在当代的条件下至少在表面上好像很有道理，而且它们是真正得到坚持的"（Mann，1986：23）[1]。在合法化统治结构的同时，意识形态也需要符合社会群体所体验到的客观现实。因此，它们必须与不同参与者所接受的多元化现实相符合，并为后者提供在广阔社会下的利益所在，以使其愿意参与其中。

在关于意识形态的讨论中常存在这一问题，即它被看作是某个文化世界观中的一部分。文化被视作为人脑中所持有的并被社会群体中的成员共同认定的各类想法。将文化像这样定义为一种精神现象是人类学的一种观点，常在导论课或入门著作中被不断重复。意识形态也相似地被视为一种精神现象，它组织了有关世界及其运行的信仰、价值、观念、理论与教条。但是，这种意识形态与文化的精神主义观点在本质上是有问题的（DeMarrais, Castillo and

---

[1] 中译参考［英］迈克尔·曼著，刘北成译：《社会权力的来源（第一卷）》，上海人民出版社，2002年，第31页。——译者注

Earle，1996）。文化到底是什么？它的本质是什么？如果我们把文化仅看作是人脑中所持有的观点与想法，那便很难去理解它是如何被广泛传播的。生活在一起的人，比如在一个家庭中，可能会有亲密而持续的交流，以分享对世界的看法。但对于大于家庭的社会群体而言，是什么样的机制使得多元的心灵共享同一套观念呢？这种文化概念在社会变得稍微大一点后便快速地丧失了其作为分析概念的价值。每个人都有各自所属的现实，这是由他/她独有的经历所形塑的。

因此，真正被共享的应当是那些能被共同体验的，在我们的心灵之外的东西。社会群体所直接共享的正是外部世界（而不是我们的内在状态）。为了理解它是如何被组织起来并发挥意义的，我们必须转向能在文化经验上被共享的那些重要元素。外部世界如何被创造并控制的过程又能为理解这一问题提供新的见解，即意识形态是如何形成并成为社会权力策略性来源的。更深入的分析则有些超出了本书的范围。

美国人类学中的文化概念最初被视为一种精神结构上的规则与流程，并会与语言保持统一。索绪尔（Saussure）对语言（作为内核的语法）和言语（作为外生的行为）做出的区分在此被转换为文化（作为规则）和行为（作为日常实践）之间的区分。作为20世纪60年代的重要学术贡献，民族学曾试图对社会群体的规则进行编码，以研究其看待世界的方式及其在文化知识基础上所做出的行动。但这种超精神主义的文化观点被证明为无法令人满意的，因为它不能把握人类社会中观点与行为上显而易见的巨大多样性。精神过程的复杂性完全难以按这种方法被有效分析，编码与转译最终也未反映出任何背后可能存在的机制。文化的本质与过程仍未得到有效的说明。

格尔兹（Geertz）曾将意识形态视为一种权力来源，并为后续的"实践"理论家们提供了一些理论资源（Ortner，1984）。他重点关注公共仪式中被显现的那些象征符号。在一个社会之中，人们会在精心安排的公共活动中讨论象征性的意义。文化因此变得不再只是一种精神状态，而可以通过象征性的公共仪式、典礼、表演，或其他类似活动被创造出来并延续下去。举例而言，在他的《尼加拉：十九世纪巴厘剧场国家》（*Negara：the theater-state in nineteenth-century Bali*）（Geertz，1980）中，格尔兹论述了政治体（尼加拉）会与工具性机构（如管理灌溉的系统）分离，并缺少一个发挥行政管理功能的正式官僚体系。某一王室家庭的行为材料反映出，"国家"的主要活动便是组织大型且戏剧化的公共仪式，而社会及其历史的本质与意义便在此进行公共展示，并被参与者所共同体验。人们会带着尊重欣赏那些符合社会秩序的表演，结构与意义则在不断重复的仪式中持续地生产着，后者表现了，不，后者**就是**巴厘国家的历史、神话和社会。但是，《尼加拉》的读者仍需思考，这样的系统是如何能被开启并维持下去的。

20世纪70年代起，一群组织松散的社会哲学家开始模糊地将其自身与马克思联系起来，并论述实践的重要性（Ortner，1984）。对于他们来说，文化现象并不是人们头脑中所持有的规则，而是人们在生活的例行程序中逐渐习惯并被教育到的那些日常行为。举例而言，布迪厄（Bourdieu，1977）提出了**惯习**（habitus）的概念，并把它比作一间房屋，每个个体都会修建这间房屋以安排出被视作正确的那些活动，不论是个人的还是家庭的，公共的还是私人的，神圣的还是世俗的。文化因此并不是一种精神秩序，而是一种无形的现实，存在于被建造出来的世界的引导围墙之内，同时具有特定的文化意义。格尔兹和布迪厄就这一点而言有着相似的看法。如吉登斯（Giddens，1979）指出的那样，社会生活是一种"结构化"（structuration）的过程，人们会按照他们所认为的在文化上及策略意义上合适的方式行动，并以此持续地规划他们的生活。从萨林斯的"结构性转折点"（Sahlins，1985：152）出发，仪式和其他活动便是社会结构的经验形式，在这一时间节点上社会行动者能够在现实世界体验旧有观念，并由自身行动改造它。文化会历史性地、动态地、持续地存在，这一实践理论者们所持有的观点是非常有吸引力的。文化会作为一个持续运动的物质世界而存在，并会被那些创造它的社会成员所体验。

目前对于意识形态的认识可以被总结如下：**意识形态是在仪式或其他场合中被公开表现的信仰与观念系统。它由社会群体所创造，并会被其策略性地操控，以建立并维持其所具有的社会权力。其中最为重要的社会群体便是那些统治精英**。对于国家而言，区别于其他文化要素的意识形态不能简单地从人与人之间的交互中生成。作为社会世界观的重要部分，意识形态是被社会精英有意识地创立或改造的，其目的则是引领对象人群的想法与行动。作为意识形态机器的一部分，国家制度会试图发展出，并不断维系确保社会制度化秩序的章程。这些策略性的章程便是国家社会中重要的一项社会权力来源。

意识形态在理解酋邦社会中的重要性很早便被认识到了。酋长常常同时被看成是祭司，一些研究者直接将酋邦描述为神权的社会。弗里德（Fried，1967）曾试图辨认等级社会（简单酋邦）和分层社会（复杂酋邦）之间的质性区别，并认为前者建立在传统的等级体系之上，后者建立在对生产资料占有的分化之上。在简单酋邦，等级被看作是自然亲属系统秩序的一部分，其中一些个体因其社会及历史位置而拥有神圣力量。这种由酋长统治阶级所维护的神权秩序与统治下的社会系统便是一种意识形态系统。酋长领袖的统治源于神圣性的章程，它会将其视作神或赐予其获取神力的特殊途径（Webb，1975）。在这样的情境下，战争似乎便不那么重要了。统治建立在传统，或传统意识形态的基础上，其中包含着固有的不平等原则。

赫尔姆斯（Helms，1979）为此理论增添了一项动态的有竞争性的元素，即酋长与远距离交换之间的联系。她描述了巴拿马的酋长是如何争夺对强大神秘知识的获取与掌控的，这些知识直接体现在从哥伦比亚贸易而来的精美的用失蜡法制成的金人像等远方物品之中。通过争夺对外交换的控制权，酋长能够控制（或操纵）一个赋予酋长神圣力量的知识体系。对于神圣知识来源的这种策略性操纵与创造催生了一套意识形态，以支持酋长的统治。相互竞争的酋长会争着占有这些物品以及其背后所蕴含的权力。

弗里德曼与罗兰（Friedman and Rowlands，1977）以类似的方式描述了一种将北欧诸酋邦全都联系起来的威望物品交换体系。威望物品会进入一个去中央化的交换网络，主要集中在仪式活动之上，届时这些物品大概率会被使用、展示或赠予。关键点在于，"威望"并不是一种关于美德的简单、抽象概念，而代表了领袖个人权力的实现，并由对于特殊物品的占有与赠予所象征。对交换活动及其仪式情境的控制与操纵体现了对一种酋邦意识形态的真正策略性操纵，在这种意识形态中，物品之所以重要，主要因为它们处在一个会被赋予神圣权力的意义世界。这种对于仪式系统的精心安排与维持为新兴酋长阶级提供了强大的意识形态支持,其中的关键正是活动和物品中经过编码的各种公共性象征。

表现酋邦中意识形态使用特性的正是观念和物品之间、神圣与世俗权力之间的紧密联系。和酋邦社会中的其他部分一样,这两组关系的制度分离程度都很低。因此,几乎不可能找到如酋邦意识形态机器这样的东西。酋长并不是祭司,他们只是一般而言的领导者,会结合使用经济的、军事的以及宗教的权力。在不同的时期,酋长会扮演管理者、战士或仪式专家等不同角色。酋邦的竞逐场上常常包含对于不同权力来源的争夺,以及整合这些来源的尝试。对于某个特定的权力媒介,如意识形态,控制往往是存在问题且是多元的,因此需要发展部分重叠的权力策略。酋邦常具有非常复杂但又十分脆弱的权力体系,即一种异质性结构(heterarchies),而不是简单的等级结构(hierarchies)。以下案例便会展示酋邦依靠意识形态建立统治时会遭遇的那些困难与挑战。

意识形态与物质化

作为客观现实的一部分的文化必定存在于参与者的集体意识之外。尽管实践理论家们提出了一种理解文化的手段,但他们的工作主要针对的是一种高度无形的文化,即惯习化的行为。我认为,最能帮助我们理解文化的其实是物质化(materialization)的过程(DeMarrais,Castillo and Earle,1996)。在格尔兹的眼中,公共的象征符号会在物品及有意建构的环境中得到显现。文化持续地在现实舞台中被表演,其中充斥着物质文化的置景与装饰。行动和交互很重要，但物质世界的物理性却给予了文化世界以持久性与秩序，并在权力动态之中为其编织出本质特征。

物质化是观念、价值、故事、神话等类似事物被转化为物理现实的过程，可以采用仪式活动、象征物品、纪念碑以及书写等不同形式。文化正是在此过程中被创造、编码、控制的。观念和物品之间是相联合而无法被分离的。若观念不与客观世界相联系，那么便无法再被交流、体验、使用或占有。观念必须被物质化以参与社会，以成为文化的事物。我们的观念对于我们自身来说是私人而强大的，但只有经过物质化的过程，它们才能参与进公共的竞争之中。

物质化带来了两个基本特性，使文化能作为意识形态被策略性地创造并操纵：它创造了相同的、可共享的体验，并使对于意识形态生产与使用的掌控成为可能。通过公共仪式，**相同的、可共享的体验**便能创造并操纵那些与"合适"价值、规范相关的观念，并继而将之变为社会历史与结构，甚至是某群体所秉承的宗教信条。这便是我认识中的公共象征符号概念的核心内容（Geertz，1980）。观念本身包含着固有的分裂与破碎性，代表着相当多的不同声音，而这又直接受到年龄、性别、职业、区域、阶级、个体性等社会与个体差异的影响（Keesing，1985）。为了将个体的信仰模式化并引领社会行动，意识形态必须被操纵为一定的物质形式，并能被目标群体共同体验。意识形态的物质化为权力的制度化提供了基础，而这又会被统治精英所占有与控制。

在将文化作为权力来源使用时，**控制意识形态**是必要的。观念无疑是强有力的。个体如何被激励，他/她又是如何看待世界，这些在根本上决定了后续的行动。这是无可争论的。我们的问题其实是，个体的行动动力与世界观如何能被控制，并如何能在可能损害自身利益的条件下让其为某一社会群体的利益所工作。如上文所述，没有什么比个体的自我观念更为私密或难以接近的了。简单来说，观念本身是廉价的。任何人都能随心所欲地思考，只要这不会导向某个会即刻招来惩罚的现实行动即可。人们可以发展他们自己对于世界本质的观念，并将自身放在有利的位置上。根据阿伯克龙比、希尔及特纳（Abercrombie，Hill and Turner，1980）的批评，人们不太可能会欣然接受那些会束缚自身的观念。若要成为一种有效的权力来源，观念必须通过制造体验来变得真实可信，通过嵌入生产过程来变得能被控制。因此，尽管政治象征对于社会等级体系中的不同参与者而言可以具有多元化的意义，但对于这些象征的控制权所属则会被清楚无误地公开阐明。

意识形态一旦被物质化，它便会通过社会劳力建造而成为现实世界中的一部分。因此，意识形态因文化分享需求而必须具备的物质属性同时也使其能被控制，就如同对于其他普通物品的控制一样。意识形态的物质化过程支持了马克思主义的这一经典分析，即对于物质过程的控制会直接延展至观念的领域之内。观念，或更准确地说，观念的物质表现形式，此二者相互缠绕着，会像其他文化事物一样被生产、转移、使用并占有。

为了理解物质化过程是如何运转的，对以下三种彰显意识形态形式的展开分析是有效的，即仪式活动、象征物品以及文化景观。①

---

① 第四种物质化的形式是书写（DeMarrais，Castillo and Earle，1996）。由于酋邦中未出现文字，本书将不会对此展开分析，但"不发表就出局"（publish or perish）这一学术界箴言便足以部分证明其重要性。

对它们的占有、使用、转移、控制都有着各自的特点，其最终作为政治权力来源的有效性也存在着差异。

公共仪式活动为特定群体提供了相同的、可共享的体验，包括典礼、宴飨、表演等。正是仪式场合中的公共表演为社会创造出象征性的联结（Geertz，1980）。仪式活动常常是循环重复的，是社会中重大神话与礼仪叙述的表演。尽管存在一些无组织仪式活动的案例，大多数仪式在形式、参与人员、顺序上都有严格规定的。仪式活动可能是物质化意识形态最为基础、简单的形式，并自从人类意识形态行为初现时便已存在。

文化会决定谁才能参与仪式，由此结构性限制不同群体开展典礼活动的能力。举例而言，即便在小规模社会中，也可能会在某些特定仪式中出现由受邀者排除未受邀者，由男性排除女性，抑或是相反的情况。第二个值得考虑的因素是主持仪式所需的开支。大规模的仪式需要一定的领导权，来从群体内调配资源以作为资助。在主持大规模宴飨时，领导者便会展现出其在组织安排食物数量上超过他人的能力。

另一种控制仪式活动的方法是增加其组织上的复杂性，即专业化程度与开展活动所需各类元素的数量。这些元素包括特定个体的参加，尤其是那些宗教专家，他们又常常与统治精英相联系。仪式中的歌谣或其他特定部分可能是某个个体（或社会角色）所拥有的"财产"，因此他/她也必须参与进仪式之中。仪式的表演还可能需要其他特定技能，如对威胁生命事物的清理与处决，这也需要由经过训练的专家才能完成。大量参与者的聚集通常则是仪式活动的另一项构成元素，而只有群体整体的威望和权力才能将之聚集起来。

然而，公共仪式活动并不是权力的理想基础。对于仪式的投资是短暂的，这里不是指如建立仪式场所或创造仪式器具这样的资本性投资。活动被开展后就过去了。它们无法被持续"占有"或继续转移至下一代，只有开展仪式的权力是能被占有的。一旦仪式结束，它便只是一场回忆，并且很快便会被遗忘。周期性地再开展则又需要新一轮的资本投入。

仪式活动在短期内会十分有效，特别是在它们包含与强制元素相结合的戏剧化表演时，如人牲的献祭。它们的效用在长时段上的发挥则需要不断的重演。但是，由于它们又具有直接性，仪式在教化如新征服群体等个体时是最有价值的策略。

其他的物质化形式也常常与表演仪式的权力相联系。特殊物品是关键公共象征的物质表现形式，会在仪式性活动中发挥装饰与展示的作用。神圣纪念碑空间则会被用作舞台。对于特殊物品和纪念碑的占有便为控制仪式提供了手段。

象征物品，如仪式用品及礼仪服装，是物质化意识形态最有效的手段之一。大多数象征物品是可移动的，因此能有效地参与不同社会群体或政治实体之间的象征性交流，以及个人地位或其与社会特定群体关联的展示，这种关联可能是由性别、年龄、功能或社会地位所决定的。被公开展示的各类标志可以同时向许多个体提供统一的信息。

可移动的象征物品还会以政治货币的形式进入政治经济体系之中，并常以税务的形式流动，由精英控制的手工艺者制造（参见第二章）。它们会通过复杂的政治权力关系网络被交换，并标志那些依存、附属或合作关系。它们也可以被分配给社会内的各群体，以创造或强化垂直及水平关系，并在因社会行动获益不均的诸个体之间建立忠诚与共识。仪式用品或地位象征可以作为仪式活动的一部分被检阅，且因其包含着经编码过的信息，它们还会发挥出某种叙事表达的机制作用。这一叙事属性在许多复杂的图像系统中也十分常见，并会在仪式活动的表演上被共享，是统治精英面向大众强化某些特定信息最为强力的工具之一。

通过控制它们的生产与分配，对于象征物品的获取可以被限制。在某些情况下，这一控制是通过生产过程对于手工业专家的依赖达成的，后者能被精英赞助人直接驯服。在其他案例中，垄断财富也可能通过对交换与掠夺的控制而达成，这又依赖于一些特定的复杂技术，如能出海远航的船只。象征物品与活动不同，它能被占有、继承、转移和夺取，这使得他们成为体现社会地位和社会关系的理想标志物。象征物品因此甚至在所有者死亡后仍能发挥出功能。

公共纪念碑与景观的建立主要是出于意识形态的目的。一些优良的建筑被建造用来作为仪式设施，另一些成为政治权力的中心，还有的则成为防御性结构。然而，对于所有的纪念碑而言，他们都有着同时被大量个体所体验的能力。托马斯戏剧性地描述了纪念碑的建造是如何从狩猎采集者的"自然世界"中改造新石器时期的不列颠的：

> 新石器的纪念碑景观与其之前、之后的空间秩序都有着本质性的不同。通过建造人工的地标，祖先的遗骸或其他一些象征媒介就此被放置于空间之中，相应地则是控制对于空间信息解读的尝试。然而，与其他任何象征系统一样，这种为空间位置赋予意义的方式本质上是任意专断的，其他的各种解释因此会不断出现。（Thomas，1991：52）

纪念碑或许正体现了萨林斯所谓的"结构性转折点"。他们表现了与群体祖先及过去的许多仪式场合相联系的历史，但这一历史又在当下通过新的仪式活动重置，可能会在一个新的社会秩序下重新解释其意义。当纪念碑定义出与过去的明确联系时，其又作为象征系统而提供了许多别种解释的余地。托马斯指出了象征世界任意专断且多变的本质，这又体现了意识形态作为一种权力来源是脆弱的。但，真的是这样吗？

托马斯和其他象征主义者实际上忽视了纪念碑的独特媒介性质，这使其有别于其他的象征表现形式，并因此在促进制度的形成与延续上更为可控。纪念碑传达了权力与财富的简单信息（Trigger，1990）。观看者的语言、年龄、性别或文化归属，都不会影响他们接受这一基础的信息。

纪念碑的建造，如金字塔或大规模的仪式土丘以及对于景观的再安排，如人工小丘或大型土堆墓的建造，需要大量的劳力及资源。粗略来算，纪念碑的建造很难作假。是的，一座纪念碑可以被置于山丘之上以使其更为壮观，但观看者也很容易识别出这种小计策，并走到其立面之下观看。纪念碑的建造需要领导权、合作以及财政支持。对于一个群体的资源而言，它们天生便是昂贵的，需要大量人群共同的长时间劳作。

在平等社会中从未发现纪念碑的建造。即便是新几内亚摩帕人（Melpa）中的"男人之屋"也是由居住在村庄中心的氏族头人所监管建造的（Strathern，1971）。波利尼西亚社会中更为精致的仪式平台则会涉及社群与区域性酋长。由于其规模，纪念碑显然是社会权力最为显眼的表现形式之一。它们是常规化强制劳力调配的结果，否则便无法被"按时完成"。只要仍有人群可以缴纳税务，纪念碑的规模与数量便会持续增长。

因其极大的规模，纪念碑不仅可以同时被大量个体所共享，它也能在远距离之外被体验。这些设施因此在教化人群、散布政治宣传上极为理想。不仅如此，纪念碑的内部或周围还可供大量个体共同开展仪式活动。

纪念碑本身能被占有、转移和继承（Earle，1991a），因此是一项长期可靠的资本投资项目。对于智利的马普切人（Mapuche）而言，文化景观中的建筑包括复杂的土丘及仪式田地，在此之中周期性地进行着仪式活动，这对于其酋邦世系系统的产生及延续是至关重要的（Dillehay，1990）。酋长和他的宗族拥有这些土丘，并引领着那些制度化、物质化其社会世界的仪式活动。

纪念碑因此充当着制度建设的坚实基础。与需要在常规基础上不断重复的仪式活动不同，纪念碑长久地维持着意识形态系统的表现形式，长久见证着统治阶级的权力。即便在国家或社会系统消失许久之后，纪念碑也常能有效地显现权力，它因此是反时间的，并能给予人一种持久而超越的印象。纪念碑同房屋、农田、道路、岩石艺术等日常生活中的设施一起，创造出了一片文化景观，社会在其中移动并工作着。这一文化景观是社会劳力的产品，其所具备的意义和所有权的分配为所有人创造出了一个客观、可体验的现实。

接下来，我们将在具体的案例中考察意识形态是如何成为酋邦中重要的权力来源的。物质化意识形态的客观现实性为经济和军事的竞争带来了一层文化意义，从而能被策略性地操纵。意识形态因此成为酋长制度化并标识统治的手段，而这又内在于组织仪式、制作象征物品、修建纪念碑所需的劳力社会过程之中。

丹麦 曲半岛（公元前 2300—前 1300 年）

意识形态在丹麦史前史中的重要性可从斯堪的纳维亚的早期日耳曼文献中得到简单体现。如第二章、第三章所讨论的那样，礼物经济与战争是丹麦重要的权力来源。这些权力在一个相当物质化的意识形态之中被显现。其中最重要的是军事力量，表现为个人的勇猛。个体的战士与他的武器紧密相连，后者标识了他的个人力量。战士常常会和他们的武器一同被描述。在《尼亚尔萨迦》中，在进攻强大的战士贡纳尔之前，一队满怀信心的 24 名杀手在丛林里休憩。"他们的盾牌挂在树枝上，马匹拴得很牢，兵刃武器就放在身边"（Magnusson and Pálsson, 1960：156）。尼亚尔的羊倌观察着他们，"看得十分仔细以致他们每个人的武器兵刃和衣着打扮都能讲得清清楚楚。这样尼亚尔便能一下子说出这些人各是谁"（同上：158）。[①]

一位领导者和他的战士会因其功绩所建立的名声，和在这些功绩中标识他们的武器而被畏惧。战士想让他的力量变得闻名，这样其他人便不敢轻易对其发动攻击。任何攻击都可能会预见暴力的防卫，而他的亲人、朋友则能在紧迫而危险的复仇中被依靠。当他准备好拼死作战时，贝奥武甫说道：

与其哀悼，毋宁复仇！

[①] 中译参考石琴娥、斯文译：《萨迦》，译林出版社，2003 年，第 717 页。——译者注

第四章　意识形态作为权力来源

匆匆人生，无非一场拼斗，

死期未卜，唯有荣誉不移，

壮士捐躯，舍此还有什么奢望？（Huppé，1987：71—72）[1]

丢失荣誉要比死亡更难以被接受，因为这意味着会丧失所有战士赖以生存的尊重与支持。

在《尼亚尔萨迦》中，在贡纳尔惨死后，"他们为贡纳尔修筑了高大的坟墓"（Magnusson and Pálsson，1960：172）。坟丘在某天被打开，月光洒落在贡纳尔的笑脸之上，他随后吟唱道：

霍格尼的父亲（即贡纳尔）乃是英雄汉，

战功赫赫可以彪炳千古。

他上阵厮杀总是从容自如，

把敌人杀得个个非死即伤。

他顶盔束甲屹立在战场上，

有如橡树无人能摇撼得动。

他宁愿浴血战死岂肯屈服，

英雄喋血饮恨亦绝不屈服！（同上：173）[2]

注意礼物交换和战场之间的联系，这便是荣誉被物质化的途径。

---

[1] 中译参考冯象译：《贝奥武甫》，生活·读书·新知三联书店，1992年，第72页。——译者注

[2] 中译参考石琴娥、斯文译：《萨迦》，译林出版社，2003年，第737、739页。——译者注

在描述一支维京长船小舰队时，重点放在了领导者身上："在这些战船的船舷两侧，盾牌密匝匝地排列成阵，在领头的艨艟战船的桅杆前面稳当当站立着一条好汉。此人宽额方脸，秀发飘逸。他身着一袭银色短袖长袍，头戴黄金头盔，手里持着一柄镂金嵌银的长矛"（同上：180）①。萨迦故事中充满了这样的描述：以衣着与武器衡量个人，个人因这些物品象征着的英勇故事而被畏惧或尊重。

这些物品可以直接通过成功的掠夺来获取，但它们常常也会是精英赞助人所赠予的礼物。每件物品因此都诉说着一段故事，不光是他们成功的英勇特质，也包括与强大领主之间的特定关系。前来援助丹麦国王的高特（Geats）战士便收到了精美的赠礼。

> 然后，勇士的护主向贝奥武甫的扈从，
> 跨过波涛滚滚的海街，坐上这席庆筵的
> 每一个高特人，颁发一口古剑；（Huppé，1987：62）

一位国王受到的崇敬和其吸引追随者的能力便是通过礼物交换得以生成。在致丹麦国王的献词中，王后说道："财宝的护主，愿你高兴！恩赐黄金的朋友"（同上：65）②。国王通过赠予其支持者财宝来获得尊重，他的追随者则通过对他的认同获得尊重。

曲半岛的编年史展现了酋长是如何发展并物质化其等级意识形态的。我们将以下三个时段来展开分析：早期农民时期（公元前

---

① 中译参考石琴娥、斯文译：《萨迦》，译林出版社，2003年，第749页。——译者注

② 中译参考冯象译：《贝奥武甫》，生活·读书·新知三联书店，1992年，第55、61页。——译者注

3500—前 2600 年)、战士社会时期（公元前 2600—前 1700 年)，以及青铜时代早期酋邦社会时期（公元前 1700—前 1300 年)。其中的两个转型期的变化十分明显。首先是从早期农民时期的农业社群社会转向战士社会，前者强调群体认同，后者关注个体的男性战士。尽管其各自的经济、文化有着很大的不同，但这两个社会都是小规模的，且没有强大的区域性酋长。然后是青铜时代早期与区域性酋长兴起相关的社会转型。这些酋长与他的特殊武器一同长眠于土丘之下，后者长久地存留在景观之中。

前两种文化有着相似形式的物质化，即无法被控制的仪式、物品及纪念碑。战士意识形态只有在公共展示的象征符号（青铜武器与个人珠宝）中物质化之后才能发挥有效的中央化政治权力的作用，这些象征符号通常由酋长控制下的专家以异域材料制作。酋长佩剑定义了政治事务，个人珠宝定义了高地位的女性。酋长墓葬纪念碑景观的建造在制度化权力关系时同样重要，它标识出世系，为权力继承赋予合法性，宣称对周边牧场的所有权。

曲半岛的**早期农民时期**人口密度很低，在区域内原初的森林之中以农耕和放牧为生。他们属于新石器早期的漏斗杯陶文化，其中的重要文化主题之一是对于祖先（集体）群体的认同，这表现在群体墓葬上的巨石纪念碑以及仪式场合之中。这一社会更像是一种头人集体主义社会（Kristiansen，1984；Johnson and Earle，1987）。

巨石土丘墓葬（图 4.1）是曲半岛最为壮观的纪念碑。建造这些纪念碑首先需要寻找巨大的岩石，有时其重量甚至超过 20 吨。然后将它们运送到营建点，并将它们竖起以作为中心墓葬单元的墙壁和屋顶，这一工作在当时的条件下宛如奇迹般地完成了。如曲半岛伦德霍格（Lundhøg）这样的带墓道的墓葬建造所需的劳力是巨

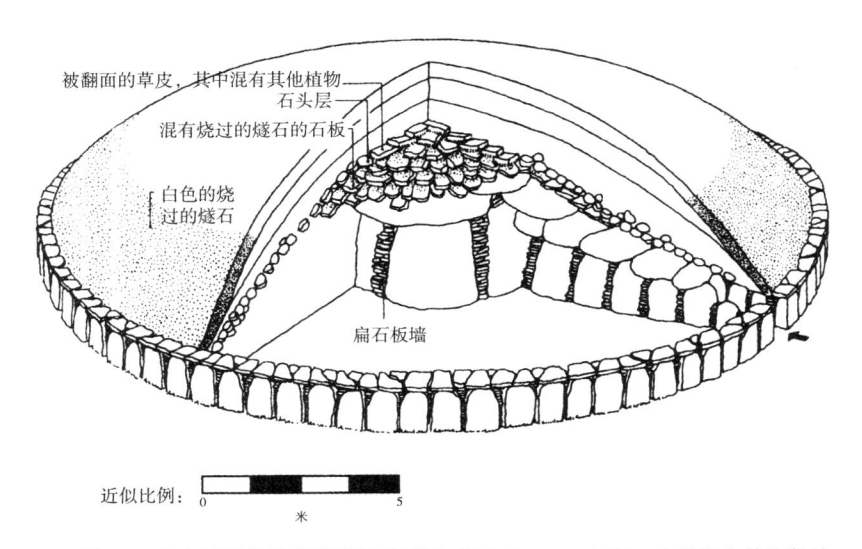

图4.1 丹麦巨石墓道墓葬剖视复原图（Kristiansen，1984；由剑桥大学出版社授权重印）

大的，按不列颠一些相似情况估计，可能需要超过 15000 个人工（单人一天工作量）（Startin，1982）。中心墓室由巨石建造，其缝隙则由板墙填充，外部还会设置有防水的黏土盖。通往墓室的墓道同样由巨石建造，墓室中埋葬着许多遗骸，在血肉消失之后，骨殖便直接混杂在一起。石墙上有时还刻画有图案，墓葬里也会随葬有燧石或琥珀物品。巨石纪念碑被建造为死者的居所，它能被多次打开，以埋葬新的死者，或开展周期性的仪式活动，以强化群体认同及生人与其祖先之间的分离（Hodder，1990；Thomas，1991）。

新石器早期的另一种纪念碑形式是堤道环壕，同样在此时的丹麦有所修建。曲半岛也曾发掘出相关遗迹。这些环壕分布在地势险要的地方，在景观中均匀地分布着。在其内部会设置有几座巨石纪念碑（Madsen，1988）。首先会连续地在地下挖取土坑，然后将泥土筑成矮堤，把神圣或政治空间围绕起来，其面积可能达到20公顷或以上。这些取土坑同时被回填，其中还出土有动物骨骼或陶片等特殊遗存，表明其时发生过仪式活动。如成排的头颅等人骨遗存则记录了在环壕内部发生的死亡公共仪式。这与当时不列颠地区的新石器纪念碑有相当的可比性（Thomas，1991）。

早期农民时期的象征物品包括精心装饰的陶器、其他经装饰的物品以及精美的磨制石斧。在墓葬纪念碑的入口立面处曾发现大型的陶盆，这可能与死亡仪式有关（Tilley，1984）。在巨石墓室之内还发现有可能是女性服装一部分的琥珀项链碎片。有趣的是，漏斗杯陶晚期被制作成战斧状的琥珀珠子似乎表明，女性装饰也与军事力量有关。尽管这些物品被用于个人装饰或展示，它们在墓葬中的混杂却又消解了这种个体性。

由本地矿采的特殊燧石制成的精美薄磨制石斧是早期农民时期最具特征的遗物。这些工作用斧被用来清除曲半岛的森林。石斧常常单独被发现，但也曾出土于神圣的湿地地点（沼泽、溪流、泉眼）的遗迹之中。它们与农业清理和水的象征性联系表明，这些石斧在日常农业活动及丰产仪式中都十分重要。

曲半岛的**战士社会**由低密度的牧民所组成，他们同时也会小规模地种植谷物。从古孢粉记录来看，曲半岛原初的森林在此时被清除，草地景观开始出现。这些战士们属于独墓文化和匕首时期的文化。此时关键的文化主题是对于个体的认同。低矮的土丘标识着个体男女的墓穴。此时的北日德兰地区和西钟型杯文化区域间已建立起长距离的交换体系（Jensen，1982；Vandkilde，1991）。

独墓文化墓葬土丘都较小，高约一米，半径约为六米。一座土丘下一般葬有一个个体（有时为两个），其棺材也十分简单。建造这类墓葬纪念碑所需的劳力并不多，只是巨石土丘所需的很小一部分。墓葬还会呈现出序列性，在某个墓葬之上可能会建有新的墓葬，也存在几座墓葬按线状排布的情形。这些模式暗示着家庭结构的存在。早期农民群体认同和战士个人家庭之间的对比表明，存在从氏族向宗族组织的转变。从独墓文化开始，曲半岛的墓葬模式便开始创造出与特定亲属关系相联系（或由其"占有"）的文化景观，而这将成为酋邦组织的重要基础。

在稍晚一点的新石器时期，曲半岛上钟型杯陶和燧石匕首的使用表明，此时的仪式活动已将本地人群与跨欧洲人群联系了起来（参见 Shennan，1986）。这些陶器的形制特殊，包括大大小小的各式容器。它们被精心装饰着复杂的几何刻划线条，并会被用丰富的颜料上色。这些器具可能是用于在仪式场合中盛放酒精饮料。钟型杯现象因此可能暗示了同等政治体交互网络中相互联系的仪式活动的发展。这类活动可能是地位竞争的舞台，以及让领导者从本地的意识形态之外建立区域性认同的途径。与钟型杯文化传统的联系展现了一个遍布西欧的动态威望物品交换网络的运行。

然而，对于这些仪式活动的控制可能并不稳定，如新几内亚摩卡（Moka）仪式所展现的那样（Strathern，1971）。活动本身可能也并不含有太多扩大关系或获取威望的机会（相反的观点参见 Friedman and Rowlands，1977）。

漏斗杯陶文化与独墓文化及钟型杯文化之间象征物品的使用是不同的。从这一时期到青铜时代，男性和女性身边的物品是不同的（Randsborg，1984）。对于男性而言，随葬品强调其个人地位及军事身份，独墓文化的男性墓葬通常都由一件石质战斧所标识（有时则仅为燧石片）。女性墓葬出土有数百个珠子串成的琥珀项链

(Bech and Haack Olsen，1985)，因此女性的地位仍由个人装饰物品所标识。在新石器时期稍晚阶段，曲半岛的钟型杯墓葬变得很少，但此时其他地区的男性墓葬通常都随葬有精美的燧石匕首。女性财富展现的重要性相比此前有所降低，意味着对男性战士地位的强调开始出现，并一直延续至青铜时代早期。此时丹麦用于个人装饰的琥珀变得很少，它现在转变为一项欧洲威望物品交换网络中的重要出口商品 (Shennan，1982)。

在曲半岛考古项目的发掘中，燧石匕首和箭镞在**所有的**房屋遗址中都有出现。匕首被用于展示，可能标志着新石器晚期男性战士的地位，它必定极易获得而难以被控制。另一项明显的事实是，男性与打火器具建立起了联系 (Randsborg，1984)。这些匕首和打火石是由曲半岛本地燧石制造的，从精加工的石片开始，经过仔细精心的打磨，最终变成精美的手工艺品。手工艺制造在精加工石片上的高水平可能会使高质量匕首的生存受到限制，可能没有足够的称职剥片者。但本地的燧石同样也被用来制作较低质量的那些产品。有趣的是，这些匕首的形制模仿自中欧的金属匕首，表明一个广泛的战士意识形态的存在，其中群体的领导权与战士力量直接相关。

但这些由本地材料制作的物品实际上并不能被垄断。战士社会由此给人呈现出的印象是其中的个人地位并未高度分化。关键在于象征物品仍能用本地材料制作，而这些物品所带有的主要象征意义变为强调男性战士地位，最初由战斧，之后由匕首承担。由于控制财富的获得方式是非常不现实的，意识形态权力仍十分分散。同时在象征意义与军事意义上，燧石匕首都是平等的武器，它们使大多数人都能被武装，中央化权威由此被限制。

曲半岛的**青铜时代早期酋邦**由低密度的牧民组成，它们居住在开阔的草场环境之中。它们属于北欧青铜时代文化。这是一片酋邦的世界。

曲半岛的青铜时代土堆墓十分有名，它们的建造显著地改造了景观。山丘顶部簇状点缀着墓葬土丘。典型而言，一个个体会被埋葬进如由冰碛岩制成的中心墓穴中。其上会建造一带有草皮的圆形土丘，边上还会环布一圈冰碛岩。中心墓葬会在被草皮土丘覆盖之前放入，其他个体也常会在此之后埋葬进同一土丘之内。我们所发掘的几座土丘纪念碑都显示出重建的痕迹，包含一个增添外部环岩、增加纪念碑高度的二次营建期。

在森讷哈市，土堆墓会聚集在高地之上，尤其是欧维湖之上（参见图 1.6）。这里分布着市内大部分的土堆墓，包括那些最大的。一些土堆墓高度超过四米，直径超过三十米，如独特的鲍内霍伊土堆墓。在较大的土丘周边分布着稍小的土丘，高度通常低于一米。这一明显的差异表明，一些墓葬纪念碑的建造显然需要更多的劳力，因此可能属于那些最高酋长。但总体而言，单个土丘所需的劳力不会超过此前的巨石纪念碑。一个小型群体便能通过合作，不太费劲地建立起它们。

然而，这些土丘改变了被标定的文化区域，它们可能被本地酋长所占有（Earle，1991a）。对于新石器纪念碑，一个较早的阐释强调了这些纪念碑的建造是如何定义领土的，而它又是通过群体间竞争获取到的（Renfrew，1976）。我对纪念碑建筑的分析重点，也将有这样的变化，从它们作为生业经济的一部分被用来保卫农业资源，转向其成为界定空间占有的标识，而这则是由政治经济体系中的新兴领导者所控制的。土堆墓物质化了社会等级体系以及宗教的神圣性，后者意味着土堆墓本身的合法化。在新石器时期，野外从

第四章 意识形态作为权力来源

开阔的草地被转化为由死去酋长的纪念碑所标识的景观。这些死者可以说是被"种"在了土壤里，他们的埋葬地点即便在今天仍是显著的。对这一社会景观的改造使其不再是一处自然的世界，它变成了被酋长占有与控制的世界，酋长获取领导权的权力直接扎根于他们以另一种形式存在的死去祖先之上。

但是，仅是纪念碑本身并不能成为集中控制意识形态的有效手段。由于它们规模适中，墓葬土丘**可以**被简单的社会群体所建造，如漏斗杯陶文化人群。事实上，从那时起纪念碑的物质形态改变并不大，变化在于从对群体的强调转为对个体的强调，而这在独墓文化兴起之初便发生了。

真正变化了的是被用来象征个体地位的物品的技术属性。在青铜时代早期，本地生产的物品不再被用来标识地位。在曲半岛考古项目中，发掘的陶器更为简洁，只有极少的装饰。燧石匕首和箭镞消失了。尽管每个遗址都发现了琥珀，但其基本未经人为加工，可能只是被收集来出口的。此时的象征物品只有由锡和铜制成的青铜，这些原料均不见于丹麦，且它们只被用来强调男性而不是女性的地位。

男性酋长常随葬有青铜武器，且其质量高度分化。被精心制作的北欧式宝剑能够展示出酋长地位（参见图 3.3），并区别于一般战士的用剑。它们的样式与整个丹麦和德国地区流行的制作与装饰模式类似。大多数的宝剑是本地制造的，而酋长佩剑通常采用了失蜡法技术，这需要精细复杂的制作。能够生产此类物品的工匠是很少的，他们的活动可以被酋长轻易地控制（Kristiansen，1987，1991）。

因此，理解丹麦青铜时代早期酋长地位的关键便在于象征物品制造技术的改变。从燧石到青铜，战士酋长的武器和象征物品需要更为精细的制作。工匠因此能作为附属专家而被控制（Brumfiel and Earle，1987）。青铜时代早期遗址中从未发现有剑的制作痕迹，这也表明它们的制作在空间上有所限制。对于畜牧的占有可以为酋长提供出口产品，以换取外来的金属，并进而将其转化为社会中标识地位的象征物品（参见第二章）。金属物品为投资剩余产品提供了一种物质手段，而这既被新兴精英所控制，又实际上成为他们的代表物。通过对于宝剑生产的直接监管，酋长便能同时固化他们对于生业生产和交换的控制。

与宝剑工业相对的则是青铜珠宝的制作。女性地位仍凭珠宝来标识，同时它会展现个人的独特性与吸引力。在青铜时代早期，尤其是蒙特留斯二期时，大多数的金属发现都是与男性地位有关的（尤其是金属剑）。用于装饰身体的物品仍被用来标识女性地位，但这些物品在青铜时代早期酋长与战士兴起之时却十分少见（Randsborg，1984）。然后，珠宝在此之后又变得常见起来（Levy，1982）。装饰的青铜胸针常出土于曲半岛的土堆墓之中。与宝剑相对，这些物品主要是由贸易所得的金属线或块退火后制造而成的。与铸造相反，退火在技术上较为简单，只需要加热及捶打金属即可。比耶聚落中发现的胸针碎片显示了本地珠宝制造存在的可能性。对于等级意识形态物质化的控制，可能主要针对的是那些在技术上更为复杂的金属剑。更为简单的青铜加工可能如同早前的燧石与琥珀制作一样，并不容易被控制。

随着等级系统变得越来越复杂而不那么制度化，女性的个人装饰也更为精致，较男性的衣着更为独特。利维（Levy，1996）将这一发展看作是"异质化"的，意即权力关系越来越重叠且分散。受多元化且相互重叠的不同权力观念发展的影响，简单的男性战士等级体系变得更为复杂，男性与女性也都形成了各自的权力认同。

蒙特留斯二期，武器的象征标识似乎在酋长与战士的兴起过程中有着十分重要的地位。正是青铜加工技术，尤其是与宝剑制作相关复杂技术的引入使得酋长可以控制经济以促进青铜时代早期政治中央化的发展。酋长应当通过精英间的交换与联盟控制了金属的长距离采买，并通过资助行为控制了这些金属后续制作为财富物品的过程。酋长可以因此维持对于武器、军事力量象征品，以及战士统治意识形态的独占。垄断的打破可能反映了一次社会变迁，之后交换路径的多元化、金属供给的减少，使营造独特地位变得更为困难。

总结而言，始自独墓文化的巨大文化变迁引入了一种新的意识形态，直接与战士酋邦社会相联系。但是，酋邦在一千年间仍未出现。个人的独特地位及宗族并不足以支持酋邦的出现。与此相反，酋邦仅在青铜时代早期兴起，此时男性酋长等级系统的象征被通过宝剑与匕首等金属战争武器所物质化。归根结底，意识形态的信息很重要，但通过特定形式的物质化来控制这种信息的可能性，才是决定青铜时代早期等级社会制度化的关键。

夏威夷　考爱岛（公元 800—1824 年）

通过一套物质化的意识形态，夏威夷的酋长创造出了为他们的最高权威服务的制度化秩序。物质化是通过一系列相互联结的物理形式达成的，包括复杂的仪式循环、供个人展示的象征物品、纪念碑式庙宇的建造，以及最重要的，一个由高强度农业和物理标识空间组成的文化景观。通过仪式活动被不断实践的宗教宇宙观，将统治酋长认定为大地上的神。他们的景观被标识入社群之中，他们对于后者还拥有最高的分配权。在这里，我将以与欧洲接触时期及此之前的物质化证据出发，记录夏威夷统治意识形态的发展。一个关键问题是，意识形态是如何通过其物质形式与其他权力来源联系起来，并被用来使社会的等级基础制度化。

每个岛屿都各自发展出了等级化的统治世系，其中的诸位酋长则统筹着一套复杂的仪式循环系统，以建立起能作用于世间存在的宇宙秩序。公共仪式的政治与象征角色在瓦莱里（Valeri，1985）的作品中得到了充分的展现。"基本上任何重要的实用活动都与相应的仪式相联系，并被其所规范"（Valeri，1985：154）。在重要经济与政治活动周围重复发生的仪式由统治酋长来统筹安排，"仪式行为的目的常常是十分世俗的"，这两种分离的社会领域在酋长的实践中被统一。瓦莱里具体论述道，一系列的献祭活动构成了酋邦的制度化属性，这些关系又被物质化地编码在等级化的宗教纪念碑场所（海奥）之上，后者同时也是献祭发生的场所："就像献祭者因其常常与神沟通而是献祭活动的必要角色一样，宗庙和其他神圣场所也对献祭的效用有所影响，因其是神长久存在之地"（Valeri，1985：172）。两种相反的仪式循环和仪式纪念碑都与酋长最重要的行动相关，包括和平时期社会生产力的维持以及政治性战争的开展。

和平时期社会生产力的维持涉及指向罗诺神的年度仪式循环，这在夏威夷岛表现得最为明显。基本财政经济的基础是酋长控制下的农业系统，而农业循环依赖于酋长的干预。"罗诺主要是生长、栽培、降水（他被看作与云相关）之神，并大致负责人类的生活。因此他便是滋养之神"（同上：177）。罗诺每年都会随着雨季的到来而返回，并与大地联合，保证供给日常与政治生活的作物的生长。他的庙宇由酋长修建，相关仪式也由酋长主持，"因此大地便可能存活"（Kamakau，1976：201）。作物的生长、雨水的降临以及人群的丰产与健康都依赖于他。

罗诺神的仪式是赐予生命力量的一部分，它支持着人类的存续。最高酋长每年都会主持玛卡希基仪式，其中涉及一系列复杂的典礼、献祭及相关活动（Valeri，1985：200—233）。最高酋长和玛卡希基主神，即罗诺神的一个化身，会大张旗鼓地沿着海岸道路巡视整个夏威夷岛。在这一过程中，最高酋长便是罗诺神在大地上的代表。在接近某个社群的边界时，禁止常规行动的禁忌（卡普[kapu]）便生效了。本地人群则会在其科诺希基组织下向最高酋长/神展示作为礼物的鱼、水果，及该社群领地之内或由该社群劳力获取到的野生产品。最重要的是那些表现财富的物品，包括精美的羽毛、猪以及树皮布。如果礼物被认为是足够的，那么仪式进程便会继续，该社群的仪式卡普也会被取消，生活重归平常。如果不够的话，该社群就可能会被惩罚性地掠夺。在同一时刻下，大地所生产物品的象征本质与政治经济体系中的制度化秩序融为一体。

如果说农业生产是夏威夷政治的首要支柱，那么战争便排在其后（参见第三章）。战争同样会结合仪式与献祭活动。在准备战争时，最高酋长会举行常规的系列仪式活动，重点关注卢阿基尼（luakini）海奥纪念碑场所。这些属于最高酋长的圣地是献给战争神库（Ku）的。祭司会决定是否修建新的海奥，或是否翻新现有的某座圣地。建造新圣地同时也是为了将库本人引入其雕塑之中。神就这样在此长久地居住着。瓦莱里（Valeri，1985：234—239）精准地描述了野性的政治竞争是如何通过这些仪式被掌控与制度化的。战争的高潮是向神献祭人牲，通常是那些被打败的酋长，以及秩序化政治世界的重新确立，这将最高酋长与神和民众联系了起来。战争结合了军事的物质力量、酋长制度化秩序以及仪式循环的合法化作用。

瓦莱里的论述扩展了格尔兹对于政治剧场的分析。政治文化与意识形态通过酋邦的公共仪式展现。仪式包括世界复杂故事的重复讲述，以强调政治生活的自然秩序。这些叙述包括人群与神之间正确关系的说明。但仪式并不是简单地表演这些叙述。它们还有着奢华的活动，牵扯到典礼专家、表演者、宴飨活动、精致的徽章以及其他仪式设施。开展这些仪式并不简单，只有优秀的领导者才能成功地将其组织好。

任何仪式都必定需要象征物品，后者属于那些将在典礼中使用它的人群。这些物品包含了表达意义的关键要素，同时也是交流沟通的一条重要手段。它们的占有与展示是区分参与者文化身份的方式。

杜兰·贝尔（Duran Bell, 1994）区分了人类社会历史中的人身权与财产权，这与我们的讨论也是相关的。在前资本主义社会，权利被置于个人及其在社会中的公开位置之下。在小规模社会，个体之间能够面对面地交流。一个人是谁，他/她拥有什么样的权利与义务，这在日常生活中会被不断协商。个体地位由群体对他的一般看法所决定。这来源于对日常群体活动及仪式的参与，所有社群成员都能在这些过程中相互审视。随着大规模酋邦和国家的进化，社会与政治等便开始涉及相互冲突的群体利益和大量的人口，政治体中的一些个体可能永远都不会被其他的一些成员所认识。这些人是谁，他们在社会系统中的权利是什么？这些问题的答案不再是明显的。它必须通过将个人放置在社会结构中才能得以显现，或者更精确地说，放在政治体的社会历史之中。

权利建立在事件的历史序列（包括血缘世系）基础上，这能追溯到数代人以前。这些历史知识的结构必须被铭记并令人信服地公开展现（Sahlins，1985）。在我们的系统中，书写文件记录了遗嘱与契约，由此规定对于财产和其他事物的权利。但在无文字社会中，历史以不同的媒介被书写，包括如夏威夷中世系历史学家般的记忆专家、供展示的象征物品以及仪式景观和日常生活。

在夏威夷群岛，物品、人、地位之间存在着极强的关联。物品和人甚至可以算成一种东西。对于酋长最为重要的便是其精美的羽毛斗篷，他会在战场与特殊的仪式场合穿上它（Earle，1990；Kaeppler，1970）。在首次到达考爱岛威美亚湾时，库克船长和他的船员便对酋长装饰中这一精美的红黄相间的物品留下了深刻印象，并关注起了其质量与价值（Cook，1967：280）。这些斗篷由数千支鸟羽制成，它们被紧密地连在一起，以创造出丰富的颜色对比，常呈现出弧状或其他形式。"最大的斗篷需要约50万片羽毛，可想而知，只有最高等级的酋长才能负担得起如此壮丽的物品"（Kaeppler，1970：92）。红色是斗篷上的常见颜色，而这也是波利尼西亚文化中代表神的颜色。斗篷背部的弧状设计则代表了一道彩虹，神正是通过它到达大地之上（Cummins，1984）。

陪同最高酋长参与战争和特殊场合的"神"是由柳条编织而成的大型塑像，其上同样被羽毛所覆盖（图4.2）。如同斗篷和头盔，神像上羽毛的样式及数量标志了该神所具有曼纳的数量（Valeri，1985：264）。船员韦伯（Webber）描绘的夏威夷最高酋长驶向凯阿拉凯夸湾的景象生动地展现了酋长和神之间的联系（参见图3.5）。领头的双壳体木舟载着卡拉尼奥普和他属下的酋长，他们都穿戴着个人的羽毛斗篷与头盔。随后的木舟则载着他们插满羽毛的柳条神。

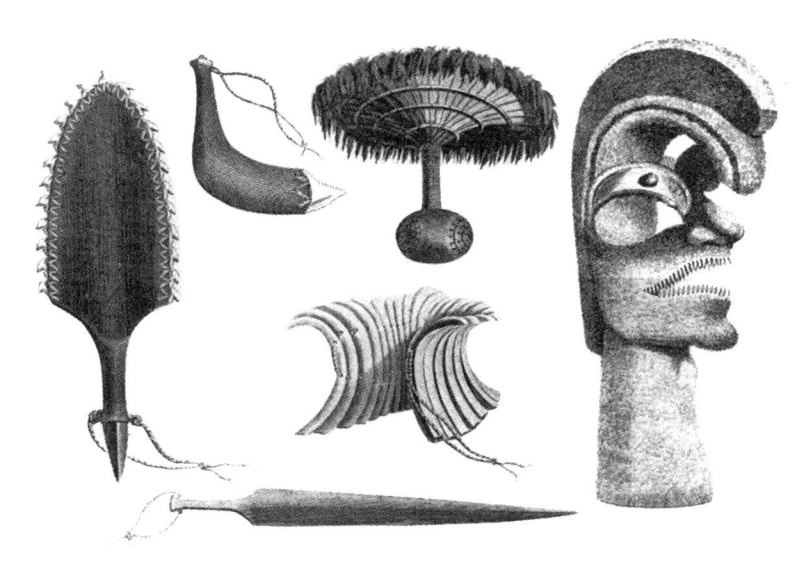

图 4.2 右为夏威夷的柳条神；中为几件威望物品，包括一件卡希里；下为个人近战武器（Cook，1784）

夏威夷酋长的仪式象征是需要与神相配的。斗篷是一种象征终极权力的装束，标识着其所有者神圣而强大的人格。

斗篷所象征的权力显然使其变得危险。它的制造、展示及使用都被精心地控制着。一件斗篷由数千只鸟的羽毛制作而成，而捕鸟者则在社群高地森林保留区内工作。收集到的羽毛随后会被交给玛卡希基圣地的神/最高酋长。高地的营地遗址记录了这一行为，这可能便是捕鸟者所留下的，其年代约为公元 1450 年至 1550 年（Athens et al.，1991）。神—酋长的羽毛装饰显然是与复杂的意识形态相联系的，这发生在岛屿酋邦及其最高酋长出现之时。早期历史文献描述了这些羽毛制品是如何被专家制造出来的，它们被最高酋长所控制（Malo，1951 [1898]），可能是由政治经济体系中的基本财政所支持的。这些斗篷可能会被最高酋长赐予其旗下的酋长们,后者则会因在战场上战败而失去它。每件斗篷都有一段使用与交换史,而这又塑造了其穿戴者在酋邦政治历史中的位置。

在西方探险者与夏威夷原住民最初的交易之中,最高酋长出于政治联盟的仪式意义,赐予了西方人许多斗篷。在凯阿拉凯夸湾,库克的尉官詹姆斯·金(James King)描述了库克船长坐在一处海奥内,从夏威夷最高酋长卡拉尼奥普那接受斗篷的景象:"国王(卡拉尼奥普)姿态优雅地站了起来,脱下自己身上穿的斗篷披在船长身上,还给他戴上插着羽毛的头盔,让他拿着一把奇怪的羽毛扇子。国王脚边还有五六件华美异常的羽毛斗篷"(Cook,1967:512)①。这些送给库克船长的斗篷让他也被视作为一位高级酋长,同时还是强大的盟友、神圣的个体。如同土地本身,斗篷在战斗中会被夺取,并被献给胜利的最高酋长,以换取政治回报。社会中的权利通过斗篷的给予、收取以及穿戴来彰显。酋邦制度正通过这些象征物品得到正式化。

统治意识形态还长久地被书写在文化景观之中,这由海奥、道路、围墙及农田的建设所构成。这些依靠社会劳力的建设项目规定了酋邦中的社会联系,或更精确地说,是建造的历史事件定义了这些关系。夏威夷群岛有着很长的石质纪念碑建造史,即海奥建造史。一座典型的海奥修建于山坡或其他显眼处的石质平台之上,从而在尽可能地节省劳力花费的情况下获得更好的展示性效果。单独的圣地可能包括多个阶地与围墙,以组成一个封闭的神圣空间。库

---

① 中译参考[英]詹姆斯·库克著,陶萍、李汐译:《库克船长三下太平洋》,重庆出版社,2018年,第398页。——译者注

图 4.3　考爱岛威美亚湾的一处海奥（库克船长所见）(Cook，1784)

克一行人见到的首个海奥是考爱岛威美亚湾的卢阿基尼海奥（图 4.3）。韦伯绘出了高塔、勒勒（lele）祭坛、杆状的塑像（Valeri，1985：图1），以及五个树皮布制成的板状庙宇塑像（Cox and Davenport，1974：64）。这儿又再现了神在大地上的物理化身。在这些神圣空间内还建有不同的木质建筑，其中放置着神圣物品，如特殊的鼓或神—最高酋长的遗骨。高塔上也覆盖有树皮布，以标识卡普禁区。雕刻的木质塑像则代表着神。海奥便是神的居所以及开展神圣仪式的场所。

　　纪念碑由社会劳力所建，并由酋长调配与监管。从社群所修建的小型哈尔穆阿（hale mua）到最高酋长组织修建的献给库的大型卢阿基尼海奥，不同海奥的规模及仪式使用存在着非常大的差异。图 4.4 为一处卢阿基尼海奥的布局复原图。它的面积非常大（约 34×18 米），由外部围墙所环绕。在其内部有着许多作为神化身居所的塑像，在这曾发生过人牲献祭活动，以保证战斗的胜利。最为壮

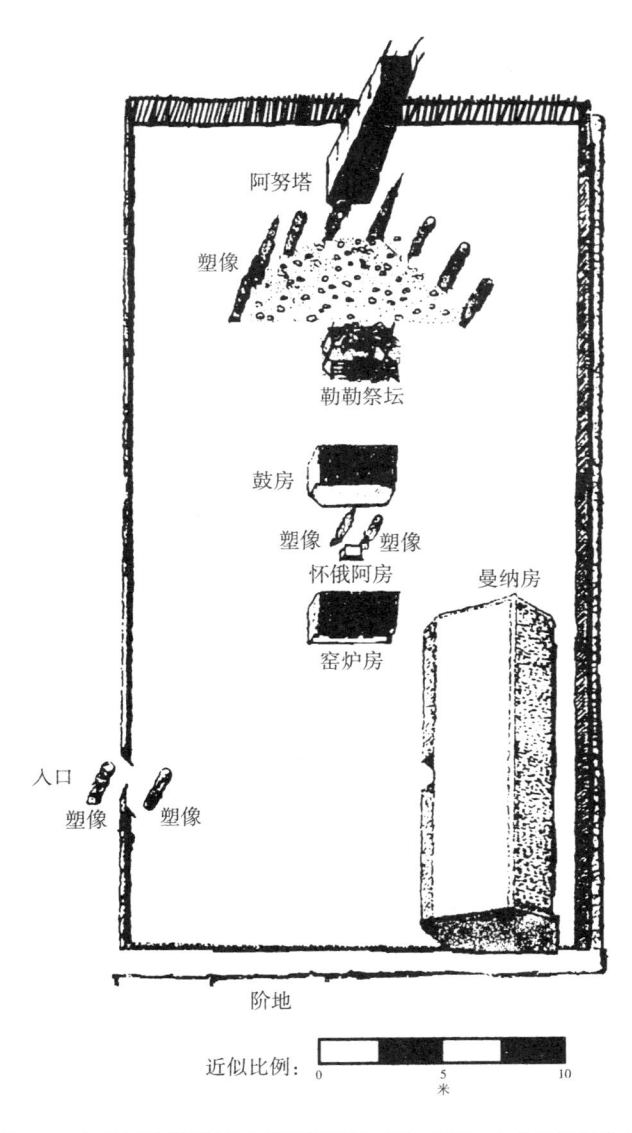

第四章 意识形态作为权力来源 187

图 4.4 大型卢阿基尼海奥的俯视复原图（I'i, 1959；由火奴鲁鲁的主教博物馆授权重印）

观的则是这一结构所处的大型石质平台，以及周围将神圣空间与平民日常世界分离开的围墙。

海奥是永久性的纪念碑。夏威夷的宗教信仰认为，神圣力量无处不在，如存在于散布在谷地中的大型石块中。但新兴酋长却为他们的神创造了文化上的居所。通过他们对社会劳动产品的所有权，酋长因此直接与神建立了联系（或者说，将神占有）。自然而开放的神圣空间被逐步改造为一处人造并被占有的景观，权力由此产生，并在统治酋长的世系内传承。

如茂宜岛中所见，海奥的建造过程是壮观的。科尔布（Kolb, 1991: 160—65）曾估计该岛上最大的皮伊哈纳哈勒（Pi'ihanahale）海奥可能耗费了 26000 个人工，分 10 个独立的时段建造完成，其面积超过了 4000 平方米。更小型的海奥要常见得多，每个阿胡普阿中都建有至少一处，更经常的是两处或更多的海奥。在他的博士论文中，温德尔·贝内特（Wendell Bennett）调查了考爱岛，并对分布在岛内阿胡普阿中的近 100 座的海奥进行了描述（Bennett, 1931）。最大的海奥位于政治上重要的社群之中，最高酋长的主要社群位于维鲁阿，其中包含六处或更多的海奥，各对应不同的仪式活动。海奥便是复杂宗教世界中活着的物质化意识形态。

在茂宜岛上，纪念碑的建造史展现了对劳力的组织是如何历时地发生系统性改变的。通过对于 8 座海奥的发掘（茂宜岛中共存有 108 座），迈克尔·科尔布（Michael Kolb, 1991）记录了它们的建造阶段。这使他能够估计不同时期纪念碑建造所需的总体社会劳力数量及所耗费的时间。

科尔布（Kolb, 1994: 图 3）记下了仪式设施建造总量在不同时段中惊人的变化（图 4.5）。很明显，茂宜岛每年在修建海奥上所耗费总劳力并未随时间逐渐增加。首先，公元 1200—1400 年所耗费的劳力相当有限（每年 17 个人工），此时茂宜岛的等级化酋邦刚刚开始出现。稳固期（公元 1400—1500 年）的建造耗费则飙升至每年 1171 个人工，此时正爆发着争夺全岛控制权的大型战争。在此之后，下一个时期里岛域酋邦变得相对稳定，在纪念碑建造上投入的劳力也随之降到每年 412 个人工，以及之后每年 142 个人工。

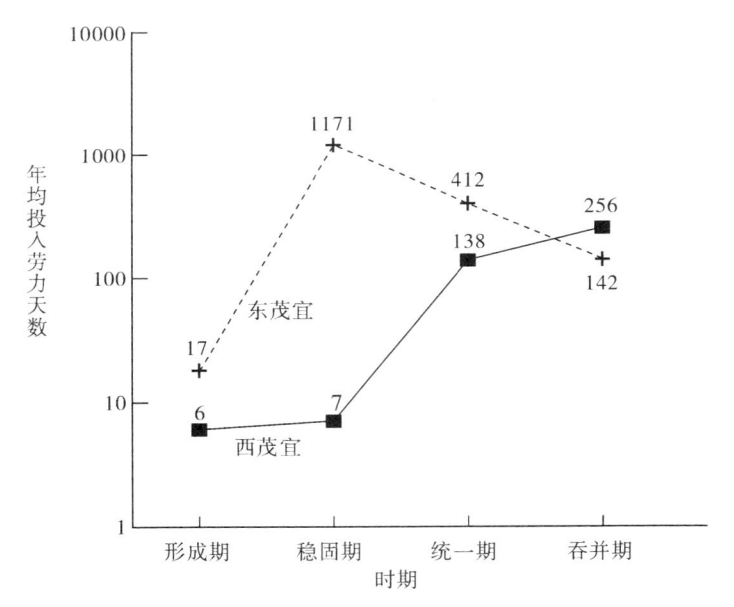

图 4.5　茂宜岛海奥建造年均总劳力投入估计（Kolb，1994；由芝加哥大学出版社授权重印）

纪念碑的建造顶峰是在大规模酋邦形成的早期阶段。但为何如此？芭芭拉·普莱斯（Barbara Price）有她的答案（1994）。尽管在此之后人口继续增加，劳力也更为充足，但夏威夷酋邦却不再热心于修建纪念碑（Kolb，1994）。我因此认为，海奥的建造对于复杂酋邦的**兴起**更具重要性，并在其过程中成为制度化权力的一种手段。而在通过纪念碑物质化了新兴的意识形态后，夏威夷酋长便无需继续开展大规模的建造了。神圣景观已然成型，并被酋长领主们所占有。社群中的男女劳力现在可以被用在其他权力来源上，如社群基础设施的建设。

如此前曾简单讨论的那样，除了房屋与农田系统之外，基础设施还包括围墙与道路，这在物理现实的层面上组织起了酋邦的社会环境。科尔布后续对于社群劳力的研究（Kolb and Snead，1994）关注起茂宜岛库拉区域一处高地社群的建设。正式的道路在物理上将各个社群连接起来，环岛道路系统则标志着不同社群间日常和仪式关系的联结与统一。酋邦中的正式路径与道路实际上导向社会与政治的世界，并标志着它们在物理世界中的物质化（Earle，1991b）。

尽管存在争议，但夏威夷群岛上意识形态物质化最为重要的因素可能便是农业设施的修建，这也是整个政治经济体系的基础。尽管常从经济资本的角度来思考其利用，但灌溉系统无疑显著地改变了景观及其相应的权利，并在其使用史中得到体现。农业设施的建造创造了一处文化景观，土地的财产权由此变为支持酋长政治奋斗的收入。

来到夏威夷岛的早期西方探险家描述了该岛上充满着农业设施的丰饶谷地环境。一个人工的高产景观包括由灌溉渠滋养的芋头水田，田边堤岸上种植着的椰子、香蕉、甘蔗以及大型的鱼塘。这些基础设施当然是一种文化产物，是在过去1400年间逐渐发展出来的。这一环境是长时段社会发展的产物（参见第一章）。

经济权力直接来自对于这些高产农业设施的控制，但若想使这一控制有效，那便必须发展出规范进入权、分配权和使用权的意识形态，而这正是在夏威夷的物理景观中得到物质化。"在夏威夷本土的概念里，土地是无法被转让的。使用权的获取直接通过土地授予/租佃关系的等级结构，从高级酋长到低级酋长，再到本地的土地管理人，最后才到实际使用的平民手中"（Linnekin，1987：15）。生业地块的土地使用权会随着男性世系传承，反映出土地在基本财政中的地位。土地被赐予男性，正是因为他们能够在酋长的土地上或科诺希基组织的其他项目中成为强制劳力。

灌溉系统并不是抽象的，正是它的物理本质使其在意识形态与经济利用中取得重要地位。沟渠、阶地、农田以及围墙标识出了分裂却不独立的一个个单元。单个洛依成为社会生产的实体。农田的边界由科诺希基组织的工作队所修建，并由此形成秩序化的生业生产组织体系，这给西方探险家们留下了深刻的印象（图 4.6）。在灌

约摄于 1920 年。图中展现了夏威夷人所拥有并耕种的人造田地景观。

图 4.6　考爱岛哈纳佩佩（Hanapepe）谷地的现代灌溉系统（由作者收集，摄影者未知）

溉田地上的权利与义务可以通过特定地块的分配、灌溉农田的水源以及生产循环中被组织起来的劳力得到清晰展现。灌溉系统表现出了更广阔的社会关系，而这又在田地中的日常劳作中不断被体验（参见 Spriggs and Kirch，1992）。

景观的物理改造对于夏威夷政治经济体系来说相当重要，这也可以扩展至对其他被用来标定使用权的设施理解上。在土地大分配期间，考爱岛平民宣称的最重要土地是他们的芋头田，96%的宣称涉及洛依，后者被堤岸和围墙明确标识（Earle，1978）。平民同时还会宣称宅基地（占宣称的79%），以及不那么多的旱地农田（占宣称的59%）。这些都被物理标志物所明确地标识。帕哈勒的本义实际上正是"带有围篱的房屋"。这类地块被周边的石墙所标识，以确立为单个家庭的私人空间。在考爱岛，库拉（旱地农田）在大多数案例（占库拉宣称的79%）中是与水田或房屋的界标直接相连的。

居住在人造景观中的平民同时也被放置在了政治经济体系之中，他们在此之中以其劳力获取对农业设施的使用。但这些平民并不是统治酋长剥削系统中的无知小卒。平民也会试图逃离酋长创造并占有的农业系统，以反抗他们科诺希基冗长的征调。他们也确实曾经成功过。大部分的灌溉系统位于低谷或海岸边，这些地点较易被科诺希基所监管。但在更高的谷地里，那些最狭窄的谷缝和小支流边，也曾发现有一些小型的灌溉系统。在他对于考爱岛的考古调查中，贝内特（Bennett，1931：sites 37 and 38）描述了深入岛内超过15千米的灌溉梯田，正位于威美亚河峡的极上游部分。所有较大河谷的较高地带，以及纳帕里海岸或其他地方的小型河谷中，都分布着一些相当小的灌溉系统，通常只有百余平方米。并未有人在大分配期间对这些灌溉系统提出宣称，它们可能是由单个家庭建设的,这些人群或许过着贫困但脱离酋长统治的独立生活。

在考爱岛的一个传统故事中,麻风病人顾劳(Ko'olau)逃入了卡拉劳(Kalalau)河谷深处,后者位于考爱岛崎岖的纳帕里海岸。在那里,他和其他麻风病人躲避着警卫及豪佬(haole)(英国)士兵的追捕。在杰克·伦敦(Jack London)的叙述中,顾劳曾抱怨西方人及其权力:

> 这些白人是什么人呢?我们知道。我们早就从我们的父辈和祖上那儿知道了。他们才来的时候,跟绵羊一样,轻言细语……如今,所有的海岛都是他们的了,所有的土地,所有的牲口——一切都成了他们的东西……他们……现在全结成一伙,变成酋长了。他们像国王似的,住在有很多房间的宅邸里,有一大群奴婢来服侍他们。他们一点事也不做,可是什么都有,如果你、我或者随便哪个坎纳加人饿了,他们总是冷言冷语地说:"唔,你为什么不干活呢?有的是种植园呀。"(London,1989[1912]:135)①

麻风病人顾劳指责了19世纪西方种植园主的经济统治,但有些讽刺的是,他的祖先也可能发出类似的抱怨,只是对象变成了群岛上的统治酋长。酋长占有了所有土地、猪、鱼塘以及灌溉系统,并利用这些平民在酋长的科勒田或者其他项目中劳作,若不服从便只有逃入深谷这一条路。

---

① 中译参考[英]杰克·伦敦著,万紫等译:《有麻风病的顾劳》,《杰克·伦敦小说选》,人民文学出版社,2003年,第258页。——译者注

夏威夷群岛的复杂酋邦建立在灌溉系统和相对集约化的旱田的基础之上（Earle，1994d；Kirch，1994；Rosendahl，1972）。这些系统的历史展现了新兴酋邦经济枷链的形成过程（参见第一章）。在公元1400年以前，快速的人口增长及向岛屿内部的人口扩张带来了对森林的清除，或许此时还建有临时的围墙，但农业设施的规模仍相当小。在公元1400—1650年间，农业的集约化与修建灌溉系统和农田设施联系起来，而在原史时期，在纪念碑的建造减少之时，灌溉系统和其他农业设施的建造却仍十分重要。由人口增长与政治经济体系引起的集约化促使满是围墙与道路的物理景观被制造出来，齐整地将生业与居住单元分隔开来。科诺希基向社群中的男女授予这些单元，并由此换来了他们的劳力。

夏威夷复杂酋邦的进化创造出了岛域，甚至是跨岛政治体，成千上万的人被置于一个主权政治体的统治之下。这样一个大型的政治体内部包含着许多历史及利益，人们因此相互划分群体，相互对抗。这些强大政治组织的进化部分涉及权利与义务的规范化。但这些权利并不能直接被整个政治体内的成员所知晓并了解。政治组织需要将其物质化，以能被轻易识别的形式将之表现出来，且这又应是难以被伪造的。

在文化景观之内，纪念碑表现了酋长的神圣权力，以及他们与丰饶和破坏之至高神之间的联系。财产权则通过人造的高产农业设施被长久地规范化，包括灌溉系统、鱼塘以及带围墙的房屋地块。一个人是谁？他如何供养其家庭？他如何支持其酋长？这些问题的答案都通过建造社群设施的方式被书写在了景观之中。象征秩序由此被确立，并在纪念碑里的日常仪式实践和酋长农田里的生业劳动之中得到显现。

秘鲁　上曼塔罗谷地（公元 500—1534 年）

大量的近现代民族志记录下了安第斯社会的传统宇宙观。如同所有的人类社会，他们发展出了复杂的信仰系统，将人、社群和领导者以一种宇宙秩序联系了起来（Bastien，1978；Isbell，1978；Mitchell，1973，1991；Zuidema，1977）。在土地和社群之间存在着紧密的纽带。人们于土壤中诞生，并在死后回到其中，在此之后他们便被归属于本地的山神（瓦玛尼［*wamani*］）。社群及其历史与未来需要建立一种地方感。泉眼与溪流是精灵的居所，因此必须被尊崇。灌溉系统统一了土地、水源以及社群的社会劳力，其中也发生着作为隐喻的仪式，并以此将社群和其所在组织置于宇宙秩序之下。领导者当然会在充满象征的灌溉仪式中组织劳力，并从这一社会角色中攫取权力。

然而，考古材料却明显地显示，万卡社会中的安第斯世界宇宙观并未得到较多的物质化。没有了夸张的象征物品或壮观的纪念碑这些物质化手段，我认为这一文化意义系统便难以被领导者所征用，像夏威夷或丹麦酋邦意识形态那样发挥出强大的作用。第三章提及的历史文献强调辛切科纳的权威主要来源于其保卫社群的军事角色。不同于其他酋邦，瓦克拉普基奥时期与万卡时期的聚落中并未出现土丘，其他公共象征物品也相当少。

仪式活动在万卡社会中应当还是有着一定的重要性。万卡二期的图南马卡中心聚落被一条大致东西走向的通道显著地对半分为两个部分（图 4.7）。两条"大道"切开了居住空间，其外设有围墙，

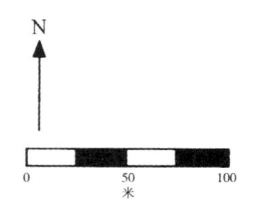

图 4.7 包含两座特殊方形建筑的图南马卡中心仪式广场（Earle et al., 1987；由 UCLA 考古研究中心授权重印）

内部建筑也被完全清理，使得其汇聚处的两个小型中心广场（面积分别为 0.17 公顷和 0.05 公顷）被凸显出来。很容易便能将这处遗迹判断为公共的仪式空间，其中还包含着可供万卡酋长筹备仪式活动的舞台。但其规模之小及主要纪念碑建筑的缺乏也是明显的，其中并不存在使其成为政治体中视觉焦点的土丘建筑，两座所谓的"公共"建筑也仅为中等大小的方形建筑（面积均为 38 平方米）。

这可能是精英群体的住所。

从我们对万卡二期精英与平民天井建筑组的分析可看出，精英的居所可能同时也被用来作为举行仪式的场所，这可能也是标定家务地位的必要条件（Costin and Earle，1989）。总的来说，精英的天井建筑组与平民的有着相似的布局，其中包含的考古遗存也十分相似。但精英的家户空间要更大，其饮食中也包含一些特殊食物，主要是玉米和骆驼科的动物，这可能暗示着宴飨活动的存在。社会地位也会通过象征物品来标识，它们可能会在仪式场合中被用来展示。

在本地象征物品中，最重要的是一种以红色巴斯（Base Roja）样式装饰的大型陶罐（Lumbreras，1957）。制作红色巴斯罐所需的黏土与烧制火候是独特的，我们通常将之称为安第斯陶器（Costin，1986）。这些陶器应当是在曼塔罗谷地南部接近我们研究区的万卡约市（Huancayo）附近制作的，并在一个广阔的区域内进行贸易（Earle，1985）。这些陶罐上有着丰富的三色装饰图案。制作它们所需的投入暗示着其在公共象征系统中有着重要的文化意义。最独特的陶罐上绘有大型的女性形象，模式化的脸（带耳）被绘制在陶罐的颈部，手臂则环绕着整个罐身，高鼓的胸部也被形象地结合陶罐的外形绘制了出来。这个人物形象是谁？尽管我们无法给出具体的答案，但这一瞩目的图像显然描绘了它们被使用的仪式场合中的女性权力。

这种大型的胸型万卡陶罐可能储存着由玉米发酵而成的奇恰酒，并会在本地领导者所主持的公共宴飨活动中被饮用。这些器具集中出现在精英居所，他们可能是通过跨区域交换而得到的。这不禁让我们想起赫尔姆斯（Helms，1979）对于巴拿马酋长的论述，认为他们通过对于长距离交换关系的竞争来获取对于特殊物品的控制，后者由其所相关的异域知识而成为权力的来源。

其他标识精英地位的物品包括被用作个人装饰物的金属财富物品。在万卡二期，精英家户拥有着较多的用于展示的金属物品，尤其是会被缝入衣物之中的轻薄银质圆盘，以及用于固定女性披肩的图普铜针。这些物品主要是用来装饰女性身体的，但男性也可能会使用。与丹麦的案例相反，金属并未被用来制作武器并成为破坏和权力的象征。在安第斯地区，金属与神有着密切的关系。金来自太阳神，银来自月亮神。金属因此是最高神在大地之上的代表，并与最基础的宇宙力量相联系，会被用来制作可穿着或公开展示的特殊物品。穿上含有金属财宝的特殊服饰，精英便拥有了宇宙力量。这种特殊行为也会由领导者所控制，但此处的物质化象征却并未与战争权力联系起来。如果硬要说的话，与其相连的可能是涉及女性的独特权力来源。

对于象征物品的控制是很难的，可能因此产生出了相对异质化的权力系统。用来制作陶器的黏土和用于生产金属的矿石都广泛地分布于这一区域，在许多地方的地表上便可直接开采。制作技术也相对简单，可能已广泛传播并可轻易复制。只需要脚力或大羊驼货车便可开展的区域性交换，可能在本地的网络关系中十分发达。因此控制是很难实现的，这些意识形态的物质化形式只能作为部分的权力来源。

万卡酋邦中最为主要的物质化形式可能便是带有纪念碑性质的社群防卫建筑。如第三章所讨论的那样，万卡社会由相互竞争的山堡酋邦组成，本地的政治体都各自控制着很小的区域，并通过坚固的防御体系自我防卫。领导权的合法化来自对于社群的保卫。由社群共同建造的城镇围墙确实会在遭受进攻时发挥防御作用，但它们也在一定程度上规定了社群的结构，即依赖于辛切科纳群体的社会实体。

这一纪念碑似的城镇围墙可能因此部分成了意识形态的宣言，定义了群体和其为生存而立下的社会章程，这与其他两个案例中的生业性设施是类似的。有趣的是，在英国的威塞克斯，对于公共建设中劳力的投资曾发生过剧烈的改变：在巨石阵的时代，每代人会花费约 32000 个人工来建造仪式纪念碑，但在山堡的时代，每代人只会花费约 21000 个人工来建造防卫围墙（Earle，1991a）。随着山堡社会的兴起，英国的仪式建筑建造便开始停止，社会劳力被分配至城墙的建设之中。这似乎意味着社会的意识形态基础发生了从财富财政向基本财政的转变，前者对于象征物品的控制是物质化的关键，后者则会发展军事权力以保卫其所控制的土地。城墙标识出了城镇，并将住在城墙之外的人群归入敌人的范畴。亚当斯（Adams，1966）曾指出，中东的城墙便同时发挥着容纳（被掌控的平民）与排斥（可能发动攻击的外来人群）的作用。曼塔罗谷地的防御设施可能也和这些地区一样，发挥着防卫外来威胁的群体认同意识形态的物质化作用。

第二章讨论过的安第斯社群灌溉系统和排水田可能也是社会秩序的重要元素之一。如同现代农民群体的描述，农业工作以及对于灌溉渠年度的清理工作在很大程度上是仪式性的（Mitchell，1991）。每年五天的灌溉系统节庆，其名字（亚尔卡·阿斯皮 [*yarqa aspiy*]）便同时含有"渠道清理"和"庆祝灌溉系统"的意思（Mitchell，1991：144）。

> 灌溉节日是奎奴亚（Quinua）最为重要的节庆活动。在下半夜，节日官员的妻子、女儿、媳妇便会从家中离开，前往主要的灌溉引水口……他们这么早离开是为了在系统中被分配到的区域里准备餐食。其他的仪式人员出发得稍晚，但其时天仍未亮，旱季的天空中布满了星星，八月的英仙座流星雨有时还会从天边划过。他们在拂晓之际汇聚在主要的引水口处，女性烹饪产生的炊烟和晨雾混杂在一起……奎奴亚人会暂时忘掉那些开始流行的（现代）音乐，而只倾听由节日组织者提供的传统鼓笛乐。（Mitchell，1991：145）

灌溉渠中的工作与仪式由本地官员所统筹，他同时也是该系统的拥有者。一处灌溉设施便成为社群的纪念碑，并规定了男女工作、政治领导权以及神圣象征的社会秩序。但对于许多如曼塔罗一般的安第斯高地本地社群而言，农业设施并未成为最为重要的权力来源。

随着印加帝国的扩张，本地的意识形态系统便在国家控制之下被整合、改造。尽管这并不是此处分析的主体，但我们可以做一些简单的介绍（参见 Costin and Earle，1989；Costin，Earle，Owen and Russell，1989；DeMarrais，Castillo and Earle，1996）。在印加统治的万卡三期，精英的地位持续由象征物品所定义，即那些特殊陶器和金属装饰物。但现在的陶器变成了印加式的，尤其是大型的球状罐，现在用它来储存奇恰酒了。典型的印加陶罐可能有一米高，并有着独特的形状和穿背带的把手以及几何式的装饰。这些陶罐在整个帝国广泛分布，包括曼塔罗地区，它们在很大程度上取代了精英家户中的红色巴斯罐。金属装饰物的制作此时更多地使用铜，并会混以锡来制成合金。基本的样式似乎得到了大幅度的保留，但也引入了一些新的样式，如在整个帝国广泛出土的带大羊驼头的针（Costi，Earle，Owen and Russell，1989）。

印加入侵带来的改变是对本地的意识形态做出了轻微的操纵（同上）。其中最重要的是象征物品的选择性替代，并开始由国家生产的物品发挥作用。曼塔罗地区的印加陶器很明显是在国家直接监管下集中生产的，从本地与帝国其他地区陶器形态与装饰上显现的标准化上便可看出（Hagstrum，1986）。对于金属而言，印加时期被称为"锡青铜时代"（Lechtman，1977）。在帝国征服的整个地区内，锡合金也变得相当标准化。莱希特曼（Lechtman，1984）论述道：向锡的转变为安第斯的物质文化引入了一种新的象征指示物。不同于纯铜，锡只分布在玻利维亚和智利的有限区域内。在金属配方中加入锡，便能使本地的冶金传统开始依赖长距离的贸易，而这又是在国家紧密监管的帝国道路之上发生的。通过改变物品，本地用来物质化精英意识形态的象征系统便被国家整合进其政治经济体系之内。

更为引人注目的则是印加帝国世界知名的复杂建筑项目（DeMarrais，Castillo and Earle，1996；Hyslop，1984，1990）。这些营建活动包括巨大的道路系统、边界上的防卫体系、储藏设施、农业改良项目、庙宇和圣地，以及纪念碑式的公共建筑和国家的行政设施。在库斯科之外，到处都建设有以乌什努（ushnu）平台及土丘为中心的大型广场。印加皇帝会在巡行时于乌什努停留，并在土丘的中心位置开展各类象征仪式。帝国仪式有着标准的形式，重点在于强调国家宗教实践与意义的统一性。道路从行政中心出发，将帝国的不同区域连接起来，并给本地人群传递了这样的信号：帝国军队能够轻易地来到此地并镇压叛乱。而在所有东西之上，如曼塔罗谷地的山丘顶部，则分布着大规模的印加储藏设施，标识出支持帝国的基本财政基础。使用了本地强制劳力的帝国建造项目创造出了一片文化景观，并将本地人群置于国家的意识形态结构之内。尤其是道路，在意识形态上和军事上都将本地社会连接到了跨区域的国家之中。在这些道路上持续行走着印加的官员、信使及军队。

意识形态及其物质化在印加帝国的新兴体制中扮演重要角色，这与曼塔罗此前的山堡酋邦形成了鲜明的对比。在万卡，统治意识形态及其物质化并不复杂。纪念碑式的建造项目主要是为了社群的防卫，并在辛切领导权的合法化上发挥着简单的作用，政治统治的宗教基础并未被有效地控制。曼塔罗社会的异质性特征强调了策略性地创造文化以制度化政治关系的困难性。

小　结

以上三个酋邦社会的案例表明，意识形态确实是重要的权力来源之一，但它却很难被操纵。意识形态的信息将酋长和社会位置相连，合法化了他们的优势地位。他们生来便注定要统治，而其他人则正相反，生来便注定要服从。丹麦酋长是战士，他们的祖先世系潜藏在曲半岛的土壤之中。夏威夷的酋长阿利伊同时也是负责生产和战争的神，土地和民众都归其所有。万卡的辛切科纳是军事领导者，他们保卫着其社群与土地，对抗可能发生的攻击。但这些信息，或者说意识形态的意义，天生便是易变的，且能被他人根据不同的利益作出不一样的解释。

在三个案例中，意识形态的使用都有着内在问题。在丹麦，物质化意识形态和中央化权力之间存在着明显的分裂。在酋邦兴起之前，早期巨石墓葬的建立都表示着对于群体，而不是个人地位的强调。当个人地位被显现时，纪念碑的规模却变小了，因为能用于建造墓葬纪念碑的劳力着实减少了。在新石器晚期，当曲半岛的社会主动地发展出一套强调威望物品的意识形态时，却并未产生中央化的领导权。控制交换的困难性明显地表明，威望物品（琥珀、战斧、匕首）是由本地材料制作而成的，且只需要简单的基础技术便能制造。对于威望物品的有效控制，只有在青铜时代早期才变得可能，此时金属物品变成了等级的主要象征。此后材料的外部来源，以及更重要的，制造威望物品所需的复杂技术，使得对于象征系统能够达成一定的控制。

在曼塔罗谷地，万卡酋长作为战争领袖获得权力，而这一地位又被保卫社群的城墙所物质化。但这一领导权却是间接的。其他权力的象征与战士领袖的角色只有微弱的联系。举例而言，领导者并未持有特殊的金属武器。事实上，前印加的独特象征，胸型陶罐和图普银针都与女性权力，而不是男性领导权有着更明显的联系。权力的来源是多面的，领导权也只得到了微弱的制度化。

只有在夏威夷群岛发展出了有效的意识形态物质化，并与其他权力基础紧密地联系在了一起。文化与经济景观被改造，以创造出一处新的物理世界，酋长在其中既作为生业设施占有者，又作为大地上神的化身而存在。意识形态的物质化将精英统治阶级的合法化信条转变为有形的文化事物，控制后者的关键便是其在本地社群中的劳动制造过程。酋长麾下的管理者们因此组织起灌溉系统、社群围墙与道路以及宗教平台的建设项目。在纪念碑所在之处开展的仪式活动进一步放大了酋长的神圣性。整个景观和其日常使用都被用来表现酋邦中结构化的等级关系。

意识形态的效用最终取决于其与其他权力来源之间的关系。当多样化的权力来源存在且又未被有效地联结起来时，不同的意识形态便可能出现，它们却又不太可能为中央化权威的兴起提供帮助，因为后者无法满足不同社会群体多样化且相互竞争的利益。如下一章将论述的那样，每种权力来源都具有非常独特的性质。一个强大的中央化政治组织不能仅依靠单一的权力来源，而更多地依赖于不同权力来源的交互关系，以及其最终在政治经济体系中的体现。

第五章
酋长的权力策略与复杂政治组织的诞生

为了建立成熟的政治组织,酋长通过经济、军事、意识形态这三种主要权力媒介形塑了其社会地位。在本书探讨的历史与考古案例中,酋长都同时使用了这三种媒介来策略性地建立起统治。对多种权力来源的综合使用在酋邦社会中是非常正常的,这甚至可以说是人类社会政治进程中的一个通则。然而,不同社会所取得的成果却是高度差异化的。当一些国家社会已发展出复杂治理组织时,另一些社会中的权力关系则仍是去中心、不稳定且原子化的。是什么决定了某些情景中权力的固化与制度化,以及另一些情况下本地势力对于中央化力量的成功反抗呢?

权力的固化与制度化依赖于系统性的权力策略。**权力策略指统治社会阶级结合各种权力来源以达成其政治目标的各类手段**(DeMarrais, Castillo and Earle, 1996; Mann, 1986)。哪种权力来源更为关键,不同权力来源如何相互结合,这两个方面决定了权力策略的基本特性。对于每种权力来源的策略性使用又依赖于一些历史机遇和直接的政治动因。对于策略的选择涉及对其效用与成本之间的权衡,以及对于策略可持续时长的考量。在我们所探讨的案例中，**主要的决定因素应当是政治经济体系发展过程中的本质特征**。换句话说，对运行某种权力策略的选择建基于其强化及控制政治经济体系，并调配剩余产品以发展中央化权力的能力。

权力策略的本质特征（如何处理财政、控制的本质特征、制度化的潜力）对于社会的长时段进化有着重要的影响（Earle，1987，1994a；Johnson and Earle，1987）。秘鲁、丹麦及夏威夷群岛各自显现了不同的权力策略。最重要的权力来源在各个案例中存在着明显的不同，而这些不同的权力来源在促进社会变迁的内在动力上也有着许多差异。更重要的是，这些主要权力来源在创造权力策略时，也与其他权力来源有着不同的联结，这些联结的动态过程进而影响社会的长时段进化。如果不同的权力策略会带来不同的成果，那么导致新兴精英选择某种策略而不是其他的具体情况，便是社会科学研究者所需要辨别的。不同的权力策略以不同的路径导向（或源于）社会复杂化，进而发展出扩展或阻碍权威中央化的各种不同手段。不同社会中的政治体规模增长率及等级化制度稳定性存在着明显差异，通过对比造成这种差异的动态体系，我们便能识别掌握这些不同的路径。

秘鲁　上曼塔罗谷地（公元 500—1534 年）

在西班牙征服之前的上千年里，曼塔罗万卡社会的权力策略在很长一段时间中呈现出政治体兴亡交替的循环。在这些酋邦社会中，军事力量是社会权力的主要来源（参见第三章），而经济权力与意识形态权力则相对有限，或者说中央化程度较低。万卡的政治系统相对停滞，政治体被限制在较小的区域内，统治范围只有约10—20千米。这一相互约束的社会模式直到印加人，和随后的西班牙帝国的大规模入侵时才得到改变。

在史前晚期的万卡社会中，保卫社群的战士酋长被尊称为辛切科纳。战争是酋长获得权力的主要场所。考古材料显示，战争几乎从未停止，其中以防卫为主要功能的社群防御体系也逐渐变成标志酋长权威与社群结构的纪念碑式建筑。

然而，将战争作为社会权力主要来源的效用并不理想。尽管征服战争似乎能为政治扩张提供有效的载具，但事实上却并非如此。军事力量实际上被证明是难以被中央化控制的。每个社群都可以发展其自身的防卫体系，这也将是很难被攻破的。权力由此被分散，诸多相互独立的小型政治体被创造出来，各自被其防御体系所保护，但同时也被其所束缚。尽管战争是一种基本的政治权力来源，但其若未与其他权力来源有效联结，那么其效用便是极为有限的。

万卡社会中排在第二位的权力来源是经济。本地人口的增长与农业设施的集约化发展同步。人口密度与战争之间显然不存在直接的关联，但人口的增长，尤其是万卡时期发生的增长，却需要农业设施的改进所带来的集约化。但与此同时，排水田地、梯田以及灌溉系统的发展也使得这一区域成为被征服的主要目标和防卫的重点。作为战争领袖的辛切科纳可以因此轻易地控制那些改良过的土地。通过战争占领的土地也是由酋长持有或分配的。社群中的成员有义务在辛切的土地上为其劳作以换取其支持。这些土地上生产的剩余产品可能便被用来作为基本财政以支持酋长的权力策略。但这些政治体最终也并未向四周扩展。

曼塔罗谷地的海拔很高，是玉米种植，甚至是土豆种植的边界区域。在进行一些抗霜冻的选种优化后，玉米和土豆的种植变得可行，但生产集约化与提供剩余产品的潜力则是相当有限的。灌溉系统与梯田在一定程度上提高了生产力，降低了农业风险，但更进一步的生产集约化则被恶劣的环境所限制。相对边缘而粗放的生业基础限制了政治经济体系的发展潜力，以及酋长通过它来控制军事权力和意识形态权力的能力。

万卡社会中的统治意识形态也较为简单。与其他许多创造出了意识形态权力景观的酋邦不同，该社会中没有大型纪念碑、庙宇土丘或显眼的墓葬建筑。精英的地位通过特殊的仪式性陶器或用金属、贝壳等制成的个人装饰物得到显现。但这些商品都非常简单朴素，它们的制造与分配也受安第斯区域经济特征的影响而难以被控制。意识形态并未以能与政治经济体系建立联系的方式被物质化。按民族志的记载，权力被置于整个社群都能在日常生活中接触到的自然世界之中，而非受酋长所控制的纪念碑或物品之中。

或许统治精英最为简单而直接的表达便是他们基于战士力量而获得的合法性。因此万卡社会中的"纪念碑"便是社群的防御体系，既保卫又束缚了其中的群体。对于防御体系的公共建设也由辛切科纳组织并监管，以隔绝外部劫掠者，容纳忠实的社群追随者。

如第三章讨论的那样，万卡社会呈现出山堡酋邦的特征。本地强大的社群酋长兴起以组织对于领土的防卫。他们统治本地政治所依靠的是对于防卫行为的控制，以及使社群成员意识到他们的生活依赖于这种防卫。但中央化整合不同区域的大规模政治体的发展则又受到经济的粗放特质的阻碍，后者在维持中央化控制上存在着相当多的问题。

区域内的这一政治僵局，在印加帝国军队击败分裂的万卡本地酋邦时得到了"解决"。印加的政治改革基于其原创且高度结构化的政治经济体系（D'Altroy and Earle，1985）。传统的经济互惠与再分配原则被改造为大型的基本财政系统，使用本地的强制劳力来建造新的农业设施，包括灌溉系统、梯田以及排水渠。印加帝国便凭借着这一大型基本财政系统十分简单有效地突破了高地环境的限制。农作物产品的中央化区域存储，使国家在面临环境与政治事件带来的风险时能有更多余裕，后者对于小型酋邦而言完全就是灾难。可移动基本财政资源的仓储又使得印加能大量投资国家农场，其规模即便是现代的秘鲁也赶不上。重新组织后的大规模经济基础进而提供了可靠的财政支持，使后续的军事扩张及年度循环的国家仪式成为可能。

丹麦 曲半岛（公元前 2300—前 1300 年）

在新石器时代与青铜时代早期的丹麦西北地区，曲半岛的诸多酋邦政治体在长达千年的时间尺度上也表现出不稳定的循环发展模式，其兴也勃，其亡也忽。在这些酋邦社会中存在着一种将精英与欧洲广阔区域相联系的统治意识形态，其依靠的便是威望物品交换体系及权力的仪式化展示（参见第四章）。出口经济与战争都与这种意识形态有关。但是，在这一基础上诞生的权力策略仍是十分脆弱的。

在新石器晚期及青铜时代早期社会之中，领导者被一套精心设计的、复杂的意识形态所标识并使之合法化，这也是他们社会权力的基础来源。这一意识形态被分布在曲半岛高地的墓葬纪念碑、圆形土堆墓所物质化,这在欧洲其他区域也很常见。统治酋长通过建立一处将世系植入大地之中的文化景观,创造了其对于周边草场的所有权与分配权。此时的主要政治人物是那些被埋葬于纪念碑之下的男性。但在此之后,社会却变得更为异质化,女性墓葬变得更为复杂,男性墓葬间的分化也不再那么明显。在曲半岛,这些纪念碑的营建与维护大多发生在很短的时间内,通常不过约一百年,正应了那句老话:富不过三代①。

最为典型的酋邦出现在蒙特留斯二期阶段,其标志便是大量土堆墓的修建,其中埋葬着男性个体,随葬有佩剑、匕首以及用于个人展示的物品。能标识出酋长个人地位的物品样式与欧洲其他地区相似,这种联系还会通过制成品与生产原料之间的交换不断得到强化。一个国际化的领导阶级正是通过外部联结及认同确立了地位。这便是伦福儒(Renfrew,1982)曾描述过的激烈的同等政治体互动(Peer-Polity Interaction)的世界。

通过威望物品交换体系获得的物品成为酋长认同与精英意识形态的物质化形式,并将本地的统治世系与更广泛的酋长阶级联系了起来。可以想象,这些物品会在公共仪式中和死亡时被穿戴,彰显酋长对于特殊权力与地位的占有。物品的交换、生产、分配和公共使用所涉及的所有事件与活动都是政治经济体系中的一部分,后者的核心便是财富的分配。酋长的权力策略直接导向对于威望物品交换的控制。这在新石器时期并不容易,其时相对简单的生产技术与

---

① 该句原文"shirtsleeves to shirtsleeves in three generations"为一英文俗谚,直译为"穿破衣服的人过了三代还是穿破衣服",意指即便是在一两代人中积累了许多财富,但后人也会很快将其耗尽。——译者注

交换限制了展开控制的潜力。在欧洲世界的边缘，新石器时代曲半岛上的所有人都能获取到表示地位的物品，并将自身与跨境的意识形态相联系。将青铜用作威望物品改变了地位的竞争模式，使得交换得来的财富能够在一定程度上被控制。青铜产自遥远的区域，经过多次的交易。只有控制了作为出口产品的牲畜，才能建立起稳固的远距离关系，以保证对于金属的获取。然而，更为重要的则是由此直接达成了对于生产过程的控制（Kristiansen，1987）。通过这些物质化的手段，酋长由此得以控制相应的意识形态，并将自身定义为掌握跨区域资源的优势阶级。

  对于威望物品的控制，以及由其所物质化的意识形态，最初都是通过本地的生业经济来支持的。从新石器晚期到青铜时代早期，对于畜牧的关注显然上升了。一直到中世纪时期，曲半岛都以其环境适宜放牧而闻名，对于牲畜的强调因此在这样的条件下是极为合理的。但单一的畜牧经济却是天然低效的，它能提供丰富的蛋白质却无法提供足够的卡路里。越依赖于畜牧的生业经济越需要更多的劳作，所能供养的人口也越少。然而，除了卡路里和蛋白质之外，牲畜还能提供有着极高需求的二次产品，包括牛奶、奶酪、毛皮以及用于耕地的牵引动物（Sherratt，1981）。向畜牧业的转变因此是与对出口商品和跨区域贸易的强调相关的。尽管大多数生业经济可能仍然被其实际生产者所控制，但向牲畜的转变很可能使新兴酋长更易展开对于此类经济单元的控制。与谷物相比，牲畜更易移动，也更能在区域内被集中。遍及整个景观中土堆墓纪念碑的建造可以被解释为一种物质化草场所有权的直接手段（Earle，1991a）。土堆墓所处的高地通常都是极好的牧场，且正是在青铜时代从农田变为长期草场。

意识形态与发展跨区域经济之间的紧密联系似乎提供了一种有增长潜力的权力策略。但其事实上却并未取得明显的成果。本地牲畜的生产只有在极为有限的区域内能被控制。草地的粗放特征与动物的流动特征必定使酋长整天处于噩梦般的担忧之中。对于牲畜生产的集约化可能还未来得及开展便遭遇了草场的退化与荒漠化。畜牧经济的集约化与稳定增长潜力是高度有限的。

不仅如此，更为广阔的跨区域历史动态也会影响出口经济，而这也不是本地酋长所能控制的。各种各样因素的改变都可能是对曲半岛经济的致命打击。贸易技术的改变可能使贸易中心趋向于丹麦东部，纺织的进步可能使毛皮这类畜牧产品变得廉价，青铜供给发生的改变可能使其物质化的价值出现意想不到的变化。无论是哪种直接原因，最终都会影响曲半岛本地领主从跨区域威望物品交换中获取权力的能力。贸易本身就是一种有着很大风险的经济权力来源，依赖于此的领导者则会发现他们的位置本质上就是不稳定的。

曲半岛的酋长同时也依赖于军事力量。作为他们权力策略的一部分，为了控制威望物品的交换，领主需要掠夺他人以获取更多的牲畜，并不断试图破坏竞争者的对外贸易。但这种用战争来扩展经济的方式已被证明是低效的，若以长期的眼光来看的话。对于青铜剑生产与分配的控制则是更为可行的，主要方式便是控制那些附属的、从事武器与财富制造的专业人员。对于专家的控制使得精英具备相对本地竞争者的优势，但在更宏观的视野上来看，生业经济高度粗放的特性又使区域性的统治难以被建立，因此各处的酋邦规模就面积而言仍相对较小。

夏威夷 考爱岛（公元 800—1824 年）

在高生产力农业的基础上，夏威夷的酋长们创造出了一种相当成功的权力策略。基本财政系统中的剩余产品大部分直接来自灌溉系统，并支持着那些与统治阶级相关的工匠、战士和祭司。对于集约化高产农业经济的控制是权力的主要来源，并为控制其他权力媒介提供了资源。夏威夷长达千年的发展最终进化出了处于国家社会边缘的稳定复杂酋邦社会。

在与欧洲接触时期，夏威夷的酋长阿利伊是主要农业设施的所有者，包括铺设于谷地各处的灌溉系统，以及火山坡地上分布着的旱地设施。社群的农民从这些经改良的高产田地中收获芋头及其他农作物，这些作物用以供养平民人口，并支持酋邦社会的上层建筑。用格尔兹（Geertz，1963）的概念来谈，本地的农业系统称得上是相当"内卷"的。人们会持续去做那些微小的工作，如不断地除草与清理灌溉渠，以生产出更多的食物。平民农夫的辛劳为酋长统治阶级提供了充足的剩余产品。

农业设施的高生产力与高投资使农民被束缚在上面。群岛最好的耕地上修建着大量农业设施，它们带来的好处是平民难以割舍的。而为了换取这些好处，社群中的劳动者便需要在其科诺希基的安排下修建更多的灌溉设施、耕种酋长的属地、为酋长的斗篷来收集羽毛、修建庙宇与道路，基本上就是要以其劳力满足酋长的各类需求。

灌溉系统及旱地设施同时也是秩序化政治经济体系最为本质的

物理表现形式。芋头水田中的地块被计量、标识,其使用权则需用劳力作为交换,以为政治经济体系生产足够的剩余产品。农业系统的起源由此成为一个具有重要理论意义的问题,它们是这一权力策略最根本的关键。夏威夷农业的大量改造设施都是在一个相对短暂的时期内修建的。这并不是一个缓慢、逐渐解决本地问题的过程,而是由酋长及其科诺希基所发起并监管的迅速的发展,其目的便是建立稳定的基本财政系统以支持夏威夷政治组织的进化。

尽管农业系统是最主要的,但其他社会权力的来源也确实发挥了一些关键作用。战争很早便有着独特的重要性。在整个波利尼西亚地区,酋长之间持续相互斗争着,试图扩展他们所属社群的资源基础以及他们所能统治的范围。夏威夷酋长及其政治体之间的战争也是当地口传历史中的主调。征服行为最初是地区性的,然后扩展至全岛。战争既是区域性政治体所需面临的考验,也是政治扩张的重要手段。

意识形态则将酋长与神相连,将酋长看作是生命(使作物丰产)与死亡(使战争胜利)的根本(Valeri, 1985)。尽管纪念碑的建造一直延续至历史时期,但却早在公元 1200—1400 年左右便达到了峰值(Kolb, 1994)。庙宇的建造创造出了一片新的文化景观,而这显然与新政治体的征服与扩张有所联系。在后续的区域性酋邦社会中,由酋长所改造的土地已被其所占有。纪念碑的建造减少,取而代之的则是发生于纪念碑区域内的复杂仪式活动。在此之时,发展文化景观的主要方式变为了修建更多的农业体系,并确立等级化的土地所有权。在夏威夷酋邦的创造过程中,意识形态制度化并维持着一种新的社会秩序,而对于意识形态的投资则是阶段性和策略性的。

夏威夷酋邦的权力策略最终建立在集约化农业设施的基础上。由新兴等级社会所生产的剩余产品及其政治经济体系能够被用在许多地方上。军事力量或许能帮助政治体扩张，但这种扩张也使其难以被控制。某位正在进行征服活动的酋长很容易会因变节与反叛而丢失其根据地。意识形态或许能合法化、制度化新的政治秩序，但它同时也能被重新解释与整合。大量对纪念碑修建的投资可以创造出一片标明归属权的景观，但充满美景的仪式活动最终也会带来通货膨胀。华丽的景观会创造出更华丽的需求，这种不断增加的开支完全可以使酋邦的权力策略最终破产。在夏威夷群岛，社会权力的经济基础被证明是相当重要的，这些投资在这些设施上的资源能够进一步促使可供酋长调配的剩余产品的增长。在我们讨论的时间尺度内，这一系统无疑是极具潜力的。

最初强调战争或意识形态的权力策略因此转向了发展农业基础设施，以建立稳定的基本财政系统。政治经济体系的潜在发展为重构的中央化控制权力策略提供了血液，这便是与欧洲接触之时夏威夷社会所展现的。维持增长的潜力意味着，夏威夷酋邦会最终自我发展为国家社会。其中只需要一些技术上的改变以使跨岛征服战争变得更为便捷有效。夏威夷的酋长知道他们需要什么，因此很快便意识到如何在战争中策略性地使用西方武器。进取的卡米哈米哈寻找到了新的风帆战船与枪械来征服茂宜岛、莫洛凯岛以及瓦胡岛，并最终建立了第一个夏威夷国家。但是，由于原料早已备齐，即便欧洲探险者并未于此时到来，夏威夷群岛也一定会发展出能够支持最终征服的本地解决方案。

权力策略的本质与结构

通过发展权力策略，个体或社会群体便能策略性地利用不同的权力来源以统治他人。如第二章、第三章、第四章所总结的那样，三种权力来源各自有着不同的内在动态，这对其有效性有着显著的影响。建立一种权力策略最为重要的内容，便是发展出将这些权力来源联结到一起的有效手段（图5.1）。

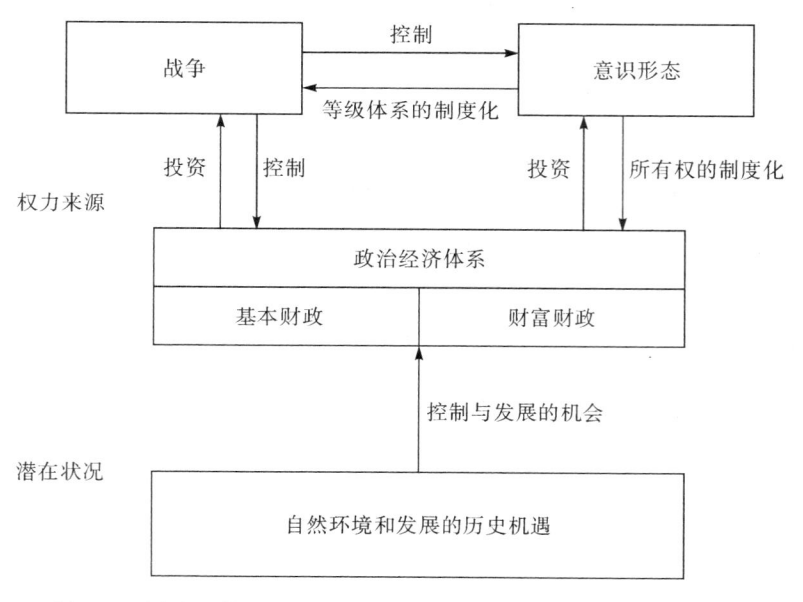

图5.1 酋长权力策略中不同权力来源之间的关系（Michael Gabriel）

造成不同权力来源主要问题的原因大致可被简化为权力的两个多变特征：持续存在的对于控制的逃脱，以及权力扩展方式的不确定性。第一个关键多变特征也可以理解为，**权力如何可能被限制在（被控制于）少许人的手中**。

经济权力是最易被控制的。经济的本质就在于其物质特征：人类劳力从"自然"资源中生产出可在不同人手中交换的商品。经济过程中的每一步都涉及物质的转移及转变，物质的物理属性则意味着它可以被集中、保卫。由于生业与社会系统会对某些特定资源、技术及物品产生需求与渴望，对于生产与交换的控制才会拥有生成社会权力的潜力。

政治经济体系天生是追求增长的。通过选择性控制而获得的剩余产品，会被再投资进技术基础的扩展上，以获得更多的剩余产品。经济的集约化与再组织创造了使控制更为可行的条件，即集中化（或受局限）的资源、大型设施（如灌溉系统）、复杂的制造过程以及依赖于船只等交通技术的交换。本地限定的生产资源、复杂的制造过程以及分配的有限途径都能使控制需求物品成为可能。尽管需求物品可能具有多元的意义，但它们毕竟仍是物。

物在经济系统中的流动就仿佛是一组灌溉系统在运作。水从自然的径流中被引入，通过修建的通道被分流，最终到达需要浇灌的田地。由于是酋长组织修建系统并控制水流，他能决定哪里繁茂，哪里凋零。酋长对于经济中物质流动关键节点的控制同样使其能够控制其他许多领域中的政治行动。

军事权力是强制力量所带来的。它在创造大规模政治体上是强有效的，但其问题是难以被控制。武器在某种程度上是一种有效的平衡器，既被用于统治，也被用于反抗。酋长利用战士来展开政治征服与巩固，但战士也能轻易地背叛旧主，剽窃酋长部分权力，甚至是将其谋杀。强制是具有极高风险的，因为总是会存在无情的反叛者，这几乎是无法被控制的。强制力量的竞争本质使其高度不稳定，它基于恐惧与怀疑，个人在其中的利益因此是极为易变的。

意识形态权力是社会法则所规定的。人们会以其认为正当或必要的方式开展行动。但又该是谁来决定什么是正确的呢？是谁控制了文化的生产？在某种意义上，文化规则本身是高度个人化且分裂的，它存在于每个个体的脑海之中，每个人都对世界和其在世界中的位置有自我的理解。只有通过物质化的过程，即意识形态能被社会群体公开参与展演与表现，文化才能被策略性地生产，并因此被中央领导者所控制与操纵。仪式的复杂性与规模可以限制谁才能借此展开表演，威望物品生产与交换的特质则可以限制谁才能获取物品象征中所蕴含的深奥知识。

权力的第二个关键多变特征则可被理解为，**权力的某种媒介如何能够被用来整合并控制其他媒介**。每种权力来源的使用都有一定的极限，否则便会出现边际效用的飞速递减。对于经济系统的持续集约化会使开支急剧增加。军队不断扩张造成的后勤压力反而会使其力量减弱。对于意识形态的大量投资也会使其变得冗余且低效。然而，使用一种权力来源来获取其他的则是可能的，三种权力来源的相互依赖关系也是十分明显的。

政治经济体系中的剩余产品会被用来投资军事力量与意识形态力量的发展与控制。如夏威夷酋邦所示，基本财政系统可被用来支持专业人员，包括土地管理人、战士、祭司以及工匠。用剩余产品供养战士便能获得军事权力，他们的持续效忠最后也换来了相应的采邑与封地。为了准备对于考爱岛的入侵，卡米哈米哈便推动了在新近征服的瓦胡岛上修建灌溉设施，以作为对其战士的赏赐。在某种程度上来说，通过限制战争武器的获取也能控制战士。在夏威夷群岛，只有酋长能负担得起大型战争木舟的建造。在丹麦，冶金技术的复杂性也使通过附属专家控制战剑的制造成为可能。一旦这些对于军事权力的控制不再可行，那么这些社会便会高度分裂为本地的小型社群，各自为战。

经济剩余产品也能被用来支持意识形态权力，即创造一种相应的政治文化。在夏威夷群岛，农田中产生的剩余产品资助了庙宇纪念碑的修建、宗教仪式的开展以及等级化祭司体系的维持。仪式的重要装饰物，如体现神的权力的服饰，同样是由酋长旗下的工匠制造而成的，并由玛卡希基仪式中所收取的社群贡赋提供原料。在丹麦的案例中，工匠也依附于酋长，并可能制造了用于仪式展示的特殊物品。这些物品标志着一个掌握跨区域资源阶级的存在，他们自身的认同凌驾于本地的区域性认同。基本财政与出口商品的生产同时资助着军事与统治意识形态的发展。

反过来看，军事权力也会被用来夺取或保卫经济及意识形态权力。这种手段被公开用于扩展政治经济生产基础、操纵威望物品流动、攻占统治意识形态组织等方面。在夏威夷群岛，征服战争的主要目的是夺取生产力资源及人口。万卡酋长则会抵御攻击，以保卫社群所属的土地与资源，他的勇猛与价值则会以其夺取土地、动物及女人的能力所标识。涉及威望物品交换的酋邦的军事目标则是夺取财富和保卫贸易路线。曲半岛的战士大多数时候都在掠夺牲畜与财富，并为通过与外部群体贸易以获取高价值财富的机会而战。战争的另一目标是夺取意识形态的组织与设备。若能占领夏威夷的庙宇、曲半岛的墓葬土丘、万卡的围墙城镇，那么便直接获得了这些设施所支持的意识形态合法性。战争的目标因此便是通过夺取不同的权力基础来增强统治的有效性。

意识形态权力也能被用以结构化、合法化社会中的其他权力关系。意识形态会构造出权威的准则，以确立结构化经济与军事秩序中所给予的权利（与义务）。土地的拥有及使用权便最终要建立在某个意识形态的结构化准则之上，而并不是由农业技术本身便能说明的。夏威夷或曲半岛的文化景观便内化了社会的历史，并因此彰显出其人群所接受的等级化关系。社会群体及其在酋邦社会中的领地被融合为一体，又通过计量与分割使各个群体及其领地之间的界限被严格规定。某个社群对于资源的权利规则并不是截然分明、清晰可见的，而是在不同社会群体为其利益所展开的交互协商过程中逐渐形成的，是一种文化事实。

意识形态也常被用来强调领导者基于其军事力量与社群防卫所具有的合法性。万卡社会的纪念碑便不是庙宇，而是社群的防卫围墙，后者也是在酋长监管下建造完成的。社群正是通过其由辛切所领导的共同活动来定义自身的。在曲半岛的酋长之中，标识男性精英地位的威望物品正是用于战争的武器。尽管关于它们是否在冲突中能真正被有效使用仍存在许多争议，且其中装饰极为繁复的那些酋长佩剑也确实少有使用痕迹，但其所反映的地位毫无疑问是基于战士力量及勇武的。夏威夷的酋长羽毛斗篷和头盔会在战场上被穿戴，以作为战士状态与位置的象征。打败一个战士的标志之一便是剥夺他的斗篷，后者随即会被胜利的最高酋长重新分配，以奖赏他麾下的战士与酋长。

权力来源都是相互纠缠、相互依赖的。或许人类政治组织进化最为重要的影响因素便是酋长策略性地综合使用不同权力来源的方式。通过控制基本财政和威望物品的生产与分配，酋长能够将剩余产品投资到对军事力量与意识形态的控制上去。由于领导者控制了支持战士和祭司的基本财政生产，以及其所使用武器和象征物品的专业化制造，军事威胁的能力以及宗教的神圣性便也因此归为统治者所有。

政治经济的物质流动提供了将不同权力来源联结在一起的绳缆。军事是攻占与保卫经济生产力资源（农田与动物）和意识形态物质化象征资源的物理手段。意识形态则反过来制度化了所有权与社会、政治等级体系中的经济秩序。

酋邦进化的多元路径

社会进化的一般政治过程有三种普世的权力来源，各自植根于人类存在的自然特质之中。它们被策略性地使用以引导（或反抗）社会群体的行动。对于社会权力的有效政治利用依赖于对其的控制，而这一控制又在很大程度上建立在政治经济体系的特质之上。是什么影响了政治经济体系的形成与发展？对于这一问题的解答因此也成为一个社会进化综合理论的重要基础。

我们首先需要明确，衡量社会进化的标准是什么？"复杂性"是一个有问题的概念，而我则想在此着重强调复杂性的一个重要内在元素，即中央性（centrality）。在复杂社会之中，中央化系统是一条条导管，围绕着中央节点展开，并在其中流动着商品、物质、信息、决策以及权力（Earle，1994a）。结构化的关系使个体或群体能够从他们中央化的位置上运用某种程度的权力。创造及控制中央系统的尝试涉及政治竞争以及制度关系持续的确立与打破。

我所试图表达的观点是，领导者会不断试图中央化并控制社系统，导致其尝试成功（或失败）的因素，能够作为建立社会进化一般化理论的研究起始点。领导者的成功表明他/她集中了权力，并拥有了一套用于社会行动的有效组织。这一成功又必然同时意味着其他个体抵抗以保持独立的失败。每个政治系统都代表着酋长策略与其他个体之间的平衡，前者寻求中央化领导者对于人群的统治（无论是为了享乐还是发展），后者则渴望发展分裂的权力策略或仅仅只想逃离中央化（对于本地群体和独立个人）的控制。判断复杂性的发展是否有利并不是本书的目的。个人而言，我在中央化的系统中看到了大量的损失，但我也认识到此类系统的进化是人类社会历史的一种现实（Sanderson，1995）。

能够从本书分析的历史案例中学习到的主要知识便是导向复杂性，即中央化政治系统的发展途径有很多。这些案例中酋长各自采取的权力策略大相径庭，这些策略的特质又极大地决定了发展的动态、机会及规模。我们或许可以用这三个案例象征性地代表三种酋邦类型，它们各自拥有独特的进化动态与路径。

山堡酋邦　如万卡酋邦，其农业集约化受到限制，社会权力主要依赖于军事力量。这便是山堡酋邦，它们都会经历长时间的政治发展停滞。个体社群拥有着自己的辛切科纳，躲在防御围墙之内，这样既从潜在的攻击中保护了他们，又限制了其社会群体的发展。人口都集中于大型聚落之中。此类酋邦的意识形态较为简单，只有少量的仪式性建筑和高级个人墓葬。

威望物品酋邦　如曲半岛酋邦，其相对贫瘠的土地支持了出口经济的发展，并将区域酋长联系至广阔的跨区域交换之中。这些社会依赖于威望物品交换，其中的财富物品物质化了统治意识形态，并成为支持领导权的一种政治货币。他们符合伦福儒（Renfrew，

1974）的个体化酋邦模型，其中墓葬的个人等级会通过物品得以标识。此类酋邦强调个体以及他们发展并试图建立控制的社会网络。物品是那些同等政治体互动下的远距离政治网络中的物理媒介。威望物品酋邦的发展是十分动态的，社会等级体系能够快速地被建立，快速地被破坏（Kristiansen，1991）。对于跨区域威望物品交换的依赖使得本地社会将受制于本地行为影响范围之外的领域，酋邦因此快速地兴起、衰亡。

基本财政酋邦　在夏威夷，酋长创造出了一套集约化的生产系统，依赖于灌溉设施、旱地梯田以及鱼塘。这些设施被酋长所占有，是基本财政经济的基础，其中的剩余产品被用于调配和策略性投资，以维持农业的发展和对其他权力来源的掌控。在这一案例之中，基本财政酋邦展现了稳定的发展趋势，以及中央化制度控制的不断强化，这最终使其无限接近于国家社会的门槛。文化景观的建造塑造出了伦福儒（Renfrew，1974）所谓的群体导向的酋邦。酋长会组织建立起用以彰显群体合作的纪念碑，对个人特质的强调则明显少于对稳定、持久权力的制度化的强调。在这类情形下，个人正是基于制度化的背景获取权力。

小　结

不同的环境、经济、社会有着根本上不同的进化途径。在一些案例中，强大的中央化权威得到发展，并得以有效控制多元的权力来源。在其他案例中，控制则是脆弱的，中央化也是不稳定或相对简单的。这代表了领导者寻求个人及群体权力所达到的不同程度的成功。反过来说，也就是他们在处理本地与个人独立反抗因素上的表现有所不同。

异质性的概念（Crumley，1987；Ehrenreich，Crumley and Levy，1995）表明，对于许多中等层次社会而言，权力是分散的，这不是因为领导者没有试图中央化政治组织，而是因为垄断并联结不同的权力来源本身便是十分困难的。不同的组织可以共存，并各自掌握着不同的权力来源，它们相互之间或有竞争。这一看法和迈克尔·曼（Mann，1986）将权力视为本质上相互独立且多中心的观点是相近的。举例而言，在现代社会，教堂、国家、公司的权力便部分地相互对抗，并能在各自独立的权威及行动领域内发挥作用。"复杂的"社会系统因此可以从许多方向开始发展，以形成多样化权力来源。在这一意义上来说，复杂性越高便是越去中央化的，只要在一定的限制内即可（参见 Brumfiel，1995）。

相互竞争的各社会组成部分都试图获取并中央化权力。在一些情况下，如夏威夷这般的基本财政酋邦或其他水利社会中，权力来源能通过对剩余产品的运用来有效地整合，以集约化的农业基础资助军警、工匠及管理人，以及祭司与仪式。但如果政治经济体系无法被中央化控制，多样的权力来源也会难以被控制，多中心的社会由此得到发展。社会进化的多样性途径不应遮蔽权力政治发展的一般准则及过程。扩展与抵抗中央权力的尝试塑造了社会进化，社会生活中资助政治对手的手段则又会极大地影响长时段的进化路径。

参考文献

Abercrombie, N., S. Hill, and B. Turner
    1980   *The dominant ideology thesis*. London: Allen and Unwin.

Adams, Robert McC.
    1966   *The evolution of urban society*. Chicago: Aldine.

Alder, Michael
    1990   Community, aggregation, and land tenure. Paper presented at the annual meeting of the Society of American Archaeology, Las Vegas, Nev.

Allen, Jane
    1991   The role of agriculture in the evolution of the pre-contact Hawaiian state. *Asian Perspectives* 30: 117—32.
    1992   Farming in Hawai'i from colonisation to contact: Radiocarbon chronology and implications for cultural change. *New Zealand Journal of Archaeology* 14: 45—66.

Allen, Mark
    1994   Warfare and economic power in simple chiefdoms: the development of fortified villages and polities in Mid-Hawke's Bay, New Zealand. Ph. D. dissertation, Anthropology, University of California, Los Angeles.

Althusser, Louis
    1971   Ideology and ideological state apparatuses. In *Lenin and Philosophy and other essays*, ed. L. Althusser, pp. 127—86. London: New Books.

Andersen, Svend Th.
    1993   Early agriculture. In *Digging into the past: 25 years of archaeology*

　　　　　 in Denmark, ed. S. Hvass and B. Storgaard, pp. 88 — 91. Copenhagen: Royal Society of Northern Antiquaries.
　　1995　History of vegetation and agriculture at Hassing Huse Mose, Thy, northwest Denmark. *Journal of Danish Archaeology* 11: 57—79.

Anderson, David
　　1994　*The Savannah River chiefdoms*. Tuscaloosa: University of Alabama Press.

Arnold, Jeanne
　　1995　Transportation innovation and social complexity among marine hunter gatherer societies. *American Anthropologist* 94: 733—47.

Athens, J. S.
　　1983　Prehistoric pondfield agriculture in Hawaii: archaeological investigations at the Hanalei National Wildlife Refuge, Kaua'i. Typescript, Department of Anthropology, Bernice P. Bishop Museum, Honolulu.

Barnes, Barry
　　1988　*The nature of power*. Cambridge: Polity.

Bastien, J. W.
　　1978　*Mountain of the condor: metaphor and ritual in an Andean ayllu*. St. Paul: West.

Bauer, Brian
　　1990　State development in the Cusco region: archaeological research on the Incas in the province of Paruro. Ph. D. dissertation, Anthropology, University of Chicago.

Bech, Jens-Henrik.
　　1985　The Iron Age village mound at Heltborg, Thy. *Journal of Danish Archaeology* 4: 129—46.
　　1991　*Et bronzealderlandskab ved Bjerre i Nord Thy: om arkeologiske udgravinger forund for en planlagt motorbane*. Viborg: Museerne i Viborg amt.
　　1993　Thy-project: et nyt geobotanisk/kulturhistorisk forskningsproject i det vestlige limfjordsomarade. *Limfjordsprojecktet Record* 6: 53—62.

Bech, Jens-Henrik, T. Earle, K. Kristiansen, M. Rowlands, I. J. Thorpe, P. Aperlo, D. Erdman, K. Kelertas, A-L. Haack Olsen, and J. Steinberg
　　n. d.　The Thy Archaeological Project: preliminary results. Manuscript in possession of the author.

Bech, Jens-Henrik, and L. Haack Olsen
　　1985　Nye gravefund fra enkelgravskulturen i Thy. Viborg: Museerne i

Viborg amt 16.
Beckwith, Mary W.
　1932　Kepelino's traditions of Hawaii. Honolulu: Bernice P. Bishop Museum Bulletin 95.
Bell, Duran
　1994　The structure of rights in the context of private property. Paper presented at the annual meeting of the Society for Economic Anthropology, South Bend, Ind.
Bennett, Wendell C.
　1931　Archaeology of Kauai. Honolulu: Bernice P. Bishop Museum Bulletin 80.
Binford, Lewis
　1968　Post-Pleistocene adaptations. In *New perspectives in archaeology*, ed. S. Binford and L. Binford, pp. 313−41. Chicago: Aldine.
Blaikie, P., and H. C. Brookfield, eds.
　1987　*Land degradation and society*. London: Methuen.
Bloch, Maurice
　1989　*Ritual, history and power*. London: Athlone.
Borges, Kimberly
　1988　Political organization in the upper Mantaro Valley during the Middle Horizon. M. A. thesis, Archaeology, University of California, Los Angeles.
Bourdieu, Pierre
　1977　*Outline of a theory of practice*. Cambridge: Cambridge University Press.
Brookfield, H. C., and P. Brown
　1963　*Struggle for land: agriculture and group territories among the Chimbu of the New Guinea highlands*. Melbourne: Oxford University Press.
Broughton, W R.
　1804　*A voyage of discovery in the North Pacific Ocean*. London: Cadell and Davies.
Browman, David L.
　1970　Early Peruvian peasants: the culture history of a central highlands valley. Ph. D. dissertation, Anthropology, Harvard University.
　1976　Demographic correlations of the Wari conquest of Junín. *American Antiquity* 41: 465−77.
Brown, Paula
　1972　*The Chimbu: a study of change in the New Guinea highlands*.

Cambridge, Eng.: Schenkman.
Brumfiel, Elizabeth
  1980 Specialization, market exchange, and the Aztec state: a view from Huexotla. *Current Anthropology* 21: 459—78.
  1992 Distinguished lecture in archeology: breaking and entering the ecosystem-gender, class, and faction steal the show. *American Anthropologist* 94: 551—67.
  1994 Introduction. In *Factional competition and political development in the new world*, ed. E. Brumfiel and J. Fox, pp. 3—13. Cambridge: Cambridge University Press.
  1995 Heterarchy and the analysis of complex societies: comments. In *Heterarchy and the analysis of complex societies*, ed. R. Ehrenreich, C. Crumley, and J. E. Levy, pp. 125—30. Washington, D. C.: Archaeological Papers of the American Anthropological Association 6.
Brumfiel, Elizabeth, and T. K. Earle
  1987 Introduction. In *Specialization, exchange, and complex societies*, ed. E. M. Brumfiel and T. K. Earle, pp. 1—21. Cambridge: Cambridge University Press.
Buck, Peter H. (Te Rangi Hiroa)
  1957 Arts and crafts of Hawaii. Honolulu: Bernice P. Bishop Museum Special Publication 45.
Burgess, C., P. Topping, C. Mordant, and M. Maddison, eds.
  1988 Enclosures and defenses in the Neolithic of Western Europe. Oxford: British Archaeological Reports, International Series 403.
Byock, Jesse L.
  1988 *Medieval Iceland: society, sagas, and power.* Berkeley: University of California Press.
Campbell, Archibald
  1967(1822) *A voyage round the world from* 1806—1812. Honolulu: University of Hawaii Press.
Carneiro, Robert
  1970 A theory of the origin of the state. *Science* 169: 733—38.
  1977 Political expansion as an expression of the principle of competitive exclusion. In *Origins of the state: the anthropology of political evolution*, ed. R. Cohen and E. Service, pp. 205—23. Philadelphia: ISNI.
  1981 The chiefdom as precursor of the state. In *The transition to statehood in the new world*, ed. G. Jones and R. Kautz, pp. 39—79.

Cambridge: Cambridge University Press.
Childe, V. Gordon
  1936 *Man makes himself*. London: Watts.
  1942 *What happened in history?* Baltimore: Penguin.
Christensen, C., and P. Kirch
  1986 Nonmarine mollusks and ecological change at Barbers Point, Oahu, Hawaii. Bernice P. Bishop Museum Occasional Papers 26: 52−80.
Cieza de León, Pedro de
  1984(1551) *La crónica del Perú: primera parte*. Lima: Ponticia Universidad Católica del Perú.
Cobo, Bernabe
  1956(1653) *Historia del nuevo mundo: obras del Padre Bernabe Cobo de la Compania de Jesus*, 12 vols. Estudio preliminar y edición de P. Francisco Mateas. Madrid: Biblioteca de autores Espanoles.
Cook, James
  1784 *Voyage to the Pacific Ocean in His Majesty's Ships 'Resolution' and 'Discovery'*, Atlas. Dublin: Camberlaine.
Cordy, Ross
  1974 Cultural adaptation and evolution in Hawaii: a suggested new sequence. *Journal of Polynesian Society* 83: 89−109.
  1981 *A study of prehistoric social change: the development of complex societies in the Hawaiian Islands*. New York: Academic Press.
Corney, P.
  1898(1818) *Voyages in the northern Pacific: narratives from several trading voyages from 1813−1818*. Honolulu: Thrum.
Costin, Cathy
  1986 From chiefdom to empire state: ceramic economy among the pre-Hispanic Wanka of highland Peru. Ph. D. dissertation, Anthropology, University of California, Los Angeles.
Costin, Cathy, and T. Earle
  1989 Status distinction and legitimation of power as reflected in changing patterns of consumption in late prehispanic Peru. *American Antiquity* 54: 691−714.
Costin, Cathy, T. Earle, B. Owen, and G. Russell
  1989 Impact of Inka conquest on local technology in the upper Mantaro Valley, Peru. In *What's new? a closer look at the process of innovation*, ed. S. van de Leeuw and R. Torrence, pp. 107−39. London: Unwin and Allen.
Cox, J. Halley, and W. Davenport

1974 *Hawaiian sculpture*. Honolulu: University of Hawaii Press.
Creamer, Winifred, and J. Haas
  1985 Tribes vs. chiefdoms in lower Central America. *American Antiquity* 50: 738—54.
Crumley, Carole
  1987 A dialectical critique of hierarchy. In *Power relations and state formation*, ed. T. Patterson and C. Gailey, pp. 155 — 59. Washington, D. C.: American Anthropological Association.
Cummins, Tom
  1984 Kinshape: the design of the Hawaiian feather cloak. *Art History* 7: 1—20.
Cunliffe, Barry
  1978 *Iron Age communities in Britain*, 2d ed. London: Routledge and Kegan Paul.
Daggett, Richard
  1987 Toward the development of the state on the north central coast of Peru. In *The origins and development of the Andean state*, ed. J. Haas, S. Pozorski, and T. Pozorski, pp. 70 — 82. Cambridge: Cambridge University Press.
D'Altroy, Terence
  1981 Empire growth and consolidation: the Xauxa region of Peru under the Incas. Ph. D. dissertation, Anthropology, University of California, Los Angeles.
  1992 *Provincial power in the Inka empire*. Washington, D. C.: Smithsonian Institution.
D'Altroy, Terence, and R. Bishop
  1990 The provincial organization of Inka ceramic production. *American Antiquity* 55: 120—38.
D'Altroy, Terence, and T. Earle
  1985 Staple finance, wealth finance, and storage in the Inca political economy. *Current Anthropogeny* 26: 187—206.
Davidsen, K.
  1978 *The final TRB culture in Denmark*. Copenhagen: Archæologiske Studier V. Akademish Forlag.
DeMarrais, Elizabeth
  1989 Architecture and prehistoric settlement organization among the Wanka of Highland Peru. M. A. thesis, Anthropology, University of California, Los Angeles.
DeMarrais, Elizabeth, L. J. Castillo, and T. Earle

1996 Ideology, materialization and power strategies. *Current Anthropology* 37: 15—31.
Denevan, William M.
1966 The aboriginal cultural geography of the llanos de Mojos of Bolivia. Berkeley, Calif.: *Ibero-Americana* 48.
Dillehay, Tom
1990 Mapuche ceremonial landscape, social recruitment and resource rights. *World Archaeology* 22: 223—41.
Dixon, G.
1789 *A voyage around the world ... in 1785 — 1788 ....* London: Goulding.
Donkin, R. A.
1979 Agricultural terracing in the aboriginal New World. New York: Viking Fund Publication in Anthropology 56.
Drennan, Robert D.
1987 Regional demography in chiefdoms. In *Chiefdoms in the Americas*, ed. R. D. Drennan and C. A. Uribe, pp. 307—24. Landham, Md.: University Press of America.
Durkheim, Emile
1933(1893) *The division of labor in society.* New York: Free Press.
Durrenberger, E. Paul
1992 *The dynamics of medieval Iceland.* Iowa City: University of Iowa Press.
Dye, David
1993 Mississippian warfare and circulation of prestige goods in the Central Mississippi Valley. Manuscript.
Dye, Tom, and E. Komori
1992 A pre-censal population history of Hawai'i. *New Zealand Journal of Archaeology* 14: 113—28.
Earle, Timothy
1972 Lurin Valley, Peru: Early Intermediate Period settlement development. *American Antiquity* 37: 464—77.
1973 Control hierarchies in the traditional irrigation economy of the Halelea district, Kauai, Hawaii. Ph. D. dissertation, Anthropology, University of Michigan, Ann Arbor.
1977 A reappraisal of redistribution: complex Hawaiian chiefdoms. In *Echange systems in prehistory*, ed. T. Earle and J. Ericson, pp. 213—32. New York: Academic Press.
1978 Economic and social organization of a complex chiefdom, the Halelea

district, Kaua'i, Hawaii. Museum of Anthropology, University of Michigan, Anthropological Papers 63.

1980 Prehistoric irrigation in the Hawaiian Islands: an evaluation of evolutionary significance. *Archaeology and Physical Anthropology in Oceania* 15: 1—28.

1982 The ecology and politics of primitive valuables. In *Culture and ecology: eclectic perspectives*, ed. J. Kennedy and R. Edgerton, pp. 65—83. Washington, D. C.: American Anthropological Association Special Publication 15.

1985 Commodity exchange and markets in the Inca state: recent archaeological evidence. In *Markets and exchange*, ed. S. Plattner, pp. 369—97. Latham, Md.: University Press of America.

1987 Chiefdoms in archaeological and ethnohistorical perspectives. *Annual Review of Anthropology* 16: 279—308.

1990 Style and iconography as legitimation in complex chiefdoms. In *The uses of style in archaeology*, ed. M. Conkey and C. Hastorf, pp. 73—81. Cambridge: Cambridge University Press.

1991a Property rights and the evolution of chiefdoms. In *Chiefdoms: power, economy and ideology*, ed. T. Earle, pp. 71—99. Cambridge: Cambridge University Press.

1991b Paths and roads in evolutionary perspective. In *Ancient road networks and settlement hierarchies in the New World*, ed. C. Trombold, pp. 10—16. Cambridge: Cambridge University Press.

1994a Political domination and social evolution. In *Companion encyclopedia of anthropology: human, culture, and social life*, ed. T. Ingold, pp. 940—61. London: Routledge.

1994b Changing residential architecture during the Neolithic and Early Bronze Age, Thy, Denmark. Paper presented at the annual meeting of the American Anthropological Society, Atlanta.

1994c Wealth finance in the Inka empire: evidence from the Calchaquí valley, Argentina. *American Antiquity* 59: 433—60.

1994d Evolution of Hawaiian property. Paper presented at the annual meeting of the Society for Economic Anthropology, South Bend, Ind.

Earle, Timothy, and T. D'Altroy
1989 The political economy of the Inka empire: the archaeology of power and finance. In *Archaeological thought in America*, ed. C. C. Lamberg-Karlovsky, pp. 183—204. Cambridge: Cambridge University Press.

Earle, Timothy, T. D'Altroy, C. Hastorf, C. Scott, C. Costin, G. Russell,

and E. Sandefur
  1987 The Impact of Inka conquest on the Wanka domestic economy. Institute of Archaeology, UCIA, Monograph 28.
Earle, Timothy, T. D'Altroy, C. LeBlanc, C. Hastorf, and T. Y. LeVine
  1980 Changing settlement patterns in the upper Mantaro Valley, Peru. *Journal of New World Archaeology* 4: 1—49.
Ebbesen, Klavs
  1985 *Fortidsminderegistretiny i Denmark*. Copenhagen: Fralbingstyrelsen.
Ehrenrich, Robert, C. Crumley, and J. E. Levy, eds.
  1995 Heterarchy and the analysis of complex societies. American Anthropological Association, Archaeological Papers 6.
Ellis, William
  1963(1827) *Journal of William Ellis*. Honolulu: Advertiser Publishing.
Erickson, Clark
  1987 The dating of raised-field agriculture in the Lake Titicaca Basin, Peru. In *Pre-Hispanic agricultural fields in the Andean region*, ed. W. Denevan, K. Mathewson, and G. Knapp, pp. 373—84. Oxford: British Archaeological Reports, International Series 359.
Espinoza Soriano, Waldemar
  1971(1558—61) Los huancas, aliados de la conquista. *Anales Cientificos de la Universidad del Centro del Peru* 1: 9—407.
Feil, D. K.
  1987 *The evolution of highland Papua New Guinean societies*. Cambridge: Cambridge University Press.
Feinman, Gary, and J. Neitzel
  1984 Too many types: an overview of sedentary prestate societies in the Americas. Ln *Archaeology method and theory*, vol. 7, ed. M. Schiffer, pp. 39—102. New York: Academic Press.
Ferguson, Brian
  1988 The anthropology of war: a bibliography. New York: Harry Frank Guggenheim Foundation, Occasional Papers 1.
Flannery, Kent
  1969 Origins and ecological effects of early domestication in Iran and the Near East. In *Domestication and exploitation of plants and animals*, ed. P. Ucko and G. Dimbleby, pp. 73—100. Chicago: Aldine.
  1972 Cultural evolution of civilization. *Annual Review of Ecology and Systematics* 3: 399—426.
Flores Espinoza, Isabel
  1959 El sitio arqueológico de Wari Willca, Huancayo. Actas y Trabajos de

II Congreso Nacional de Historia del Perú 1: 177—86.

Foucault, Michel
  1970 *The order of things*. London: Tavistock.
  1980 *Power/knowledge*. New York: Pantheon.

Fried, Morton H.
  1967 *The evolution of political society: an essay in political economy*. New York: Random House.

Friedman, Jonathon, and M. J. Rowlands
  1977 Notes towards an epigenetic model of the evolution of 'civilization'. In *The evolution of social systems*, ed. J. Friedman and M. Rowlands, pp. 201—76. London: Duckworth.

Frost, E
  1974 Archaeological excavations of fortified sites on Taveuni, Fiji. Honolulu: University of Hawaii, Asian and Pacific Archaeology Series 6.

Geertz, Clifford
  1963 *Agricultural innovation*. Chicago: University of Chicago Press.
  1972 The wet and the dry: traditional irrigation in Bali and Morocco. *Human Ecology* 1: 23—39.
  1980 *Negara: the theater-state in nineteenth-century Bali*. Princeton, N. J. Princeton University Press.

Gibson, J. L.
  1974 Poverty Point: the first North American chiefdom. *Archaeology* 27: 97—105.

Giddens, Anthony
  1979 *Central problems in social theory*. London: Macmillan.

Gilman, Antonio
  1976 Bronze Age dynamics in southeast Spain. *Dialectical Anthropology* 1: 307—19.
  1981 The development of social stratification in Bronze Age Europe. *Current Anthropology* 22: 1—24.
  1991 Trajectories towards social complexity in the later prehistory of the Mediterranean. In *Chiefdoms: power, economy, and ideology*, ed. T. Earle, pp. 146—68. Cambridge: Cambridge University Press.
  1995 Prehistoric European chiefdoms: rethinking "Germanic" societies. In *Foundations of social inequality*, ed. D. Price and G. Feinman, pp. 235—51. New York: Plenum Press.

Glob, P. V.
  1944 *Studier over den jyske enkeltgravskultur*. Copenhagen: Årbøger for

Nordisk Oldkyndighhed og Historie.
Godelier, Maurice
1977 *Perspectives in Marxist anthropology.* Cambridge: Cambridge University Press.
Goldman, Irving
1970 *Ancient Polynesian society.* Chicago: University of Chicago Press.
Goody, Jack
1971 *Technology, tradition, and the state in Africa.* Oxford: Oxford University Press.
Green, Roger
1969 Makaha Valley Historical Project: Interim report 1. Honolulu: Pacific Anthropological Records 4.
1980 Makaha before 1880 A. D. Makaha Valley Historical Project Summary Report 5. Honolulu: Department of Anthropology, Bernice P. Bishop Museum.
Guaman Poma de Ayala, Felipe
1980(1614) El primer nueva corónica y buen gobierno, ed. J. Murra and R. Adorno. Mexico: Siglo Veintiuno.
Haack Olsen, Anne-Louise
1990 Egshvile: A Bronze Age barrow with early urn graves from Thy. *Journal of Danish Archaeology* 9: 133—52.
Haas, Jonathan
1982 *The evolution of the prehistoric state.* New York: Columbia University Press.
Haas, Jonathan, S. Pozorski, and T. Pozorski, eds.
1987 *The origins and development of the Andean state.* Cambridge: Cambridge University Press.
Hagstrum, Melissa
1986 The technology of ceramic production of Wanka and Inka wares from Yanamarca Valley, Peru. *Ceramic Notes* 3: 1—29.
1989 Technological continuity and change: ceramic ethnoarchaeology in the Peruvian Andes. Ph. D. dissertation, Anthropology, University of California, Los Angeles.
Harris, Marvin
1968 *The rise of anthropological theory: a history of theories of culture.* New York: Random House.
Hastorf, Christine
1983 Prehistoric agricultural intensification and political development in the Jauja region of central Peru. Ph. D. dissertation, Anthropology,

　　　　University of California, Los Angeles.
　1990　One path to the heights: negotiating political inequality in the Sausa of Peru. In *The evolution of political systems*, ed. S. Upham, pp. 146—76. Cambridge: Cambridge University Press.
　1993　*Agriculture and the onset of political inequality before the Inka*. Cambridge: Cambridge University Press.
Hastorf, Christine, and T. Earle
　1985　Intensive agriculture and the geography of political change in the upper Mantaro region of Central Peru. In *Prehistoric intensive agriculture in the tropics*, ed. I. Farrington, pp. 569—95. Oxford: British Archaeological Reports, International Series 232.
Hastorf, Christine, T. Earle, H. Wright, L. LeCount, G. Russell, and E. Sandefur
　1989　Settlement archaeology in the Jauja region of Peru. *Andean Past* 2: 81—130.
Hatt, G
　1935　Jernalderbopladser ved Ginderup i Thy. Nationalmuseets Arbejdsmark 1935: 37—51.
Hedeager, Lotte
　1992　*Iron Age societies: from tribe to state in northern Europe—500 BC to AD 700*. Oxford: Blackwell.
　1994　Warrior economy and trading economy in Viking-age Scandinavia. *Journal of European Archaeology* 2: 130—48.
Heider, Karl
　1970　The Dugum Dani. New York: Viking Fund Publication in Anthropology 49.
Helms, Mary
　1979　*Ancient Panama: chiefs in search of power*. Austin: University of Texas Press.
Hodder, Ian
　1990　*The domestication of Europe: structure and contingency in Neolithic society*. Cambridge: Blackwell.
Hommon, Robert J.
　1976　The formation of primitive states in pre-contact Hawaii. Ph. D. dissertation, Anthropology, University of Arizona.
　1986　Social evolution in ancient Hawaii. In *Island societies: archaeological approaches to evolution and transformation*, ed. P. Kirch, pp. 55—68. Cambridge: Cambridge University Press.
Huppé, Bernard

1987 *Beowulf: a new translation.* Binghamton, N. Y.: Medieval and Renaissance Texts and Studies.
Hyslop, John
   1977 Hilltop cities in Peru. *Archaeology* 30: 218−25.
   1984 *The Inka road system.* New York: Academic Press.
   1990 *Inka settlement planning.* Austin: University of Texas Press.
I'i, John Papa
   1959 *Fragments of Hawaiian history.* Honolulu: Bernice P. Bishop Museum Press.
Irwin, G.
   1978 Pots and entrepots: a study of settlement, trade and the development of economic specialization in Papuan prehistory. *World Archaeology* 9: 299−319.
   1985 *Land, pa, and polity.* Auckland: New Zealand Archaeological Association Monograph 15.
Isbell, Billie Jean
   1978 *To defend ourselves: ecology and ritual in an Andean village.* Austin: Institute of Latin American Studies, University of Texas.
Isbell, William, and K. Schreiber
   1978 Was Huari a state? *American Antiquity* 43: 372−89.
Jensen, J. Aa.
   1973 Myrhøj, 3 hustomter med klokkebægerkeramik. *Kuml* 1972: 61−122.
Jensen, Jørgen
   1982 *The prehistory of Denmark.* London: Methuen.
Johnson, Allen, and T. Earle
   1987 *The evolution of human societies.* Stanford, Calif.: Stanford University Press.
Johnson, Gregory
   1982 Organizational structure and scalar stress. In *Theory and explanation in archaeology*, ed. C. Renfrew, M. Rowlands, and B. Seagrave, pp. 389−421. New York: Academic Press.
Junker, Laura
   1990 The organization of intra-regional and long-distance trade in prehispanic Philippine complex societies. *Asian Perspective* 29: 29−89.
   1994 Trade competition, conflict, and political transformation in sixth-to sixteenth-century Philippine chiefdoms. *Asian Perspective* 33: 229−60.
Kaeppler, Adrienne
   1970 Feather cloaks, ship captains, and lords. Bernice P. Bishop Museum, Occasional Papers 24(6): 92−114.

Kamakau, Samuel M.
1961 *Ruling chiefs of Hawaii*. Honolulu: Kamehameha Schools Press.
1964 *The people of old*. Honolulu: Bernice P. Bishop Museum Press.
1976 The works of people of old. Honolulu: Bernice P. Bishop Museum Special Publication 61.

Keeley, Lawrence
1996 *War before civilization: the myth of the peaceful savage*. Oxford: Oxford University Press.

Keesing, Roger
1985 Kwaio women speak: the micropolitics of autobiography in Solomon Island society. *American Anthropologist* 87: 27—39.

Kirch, Patrick
1982a Transported landscapes. *Natural History* 91: 32—35.
1982b The impact of prehistoric Polynesians on the Hawaiian ecosystems. *Pacific Science* 36: 1—14.
1982c Advances in Polynesian prehistory: three decades in review. *Advances in World Archaeology* 1: 51—97.
1984 *The evolution of Polynesian chiefdoms*. Cambridge: Cambridge University Press.
1985a *Feathered gods and fish hooks: an introduction to Hawaiian archaeology*. Honolulu: Kamehameha Schools Press.
1985b Intensive agriculture in prehistoric Hawai'i: the wet and the dry. In Prehistoric intensive agriculture in the tropics, ed. I. S. Farrington, pp. 435—54. Oxford: British Archaeological Reports, International Series 232.
1988 Long-distance exchange and island colonization: the Lapita case. *Norwegian Archaeological Review* 21: 103—17.
1990 The evolution of socio-political complexity in prehistoric Hawai'i: an assessment of the archaeological evidence. *Journal of World Prehistory* 4: 3u—45.
1994 *The wet and the dry: irrigation and agricultural intensification in Polynesia*. Chicago: University of Chicago Press.

———, ed.
1992 *Anahulu: the anthropology of history in the kingdom of Hawaii*, vol. 2. Chicago: University of Chicago Press.

Kirch, Patrick, and R. Green
1987 History, phylogeny, and Polynesia. *Current Anthropology* 28: 431—56.

Kirch, Patrick, and M. Kelly, eds.

1975 Prehistory and ecology in a windward Hawaiian valley: Halawa Valley, Molokai. Honolulu: *Pacific Anthropological Records* 24.

Kirch, Patrick, and D. Lepofsky
1993 Polynesian irrigation: archaeological and linguistic evidence for origins and development. *Asian Perspectives* 32: 183—204.

Kjær, H.
1928 *Oldidshuse ved Ginderup i Thy*. Copenhagen: National Museum.

Koch, Klau-Friedrich
1974 *War and peace in Jalemo: the management of conflict in highland New Guinea*. Cambridge: Harvard University Press.

Kolata, Alan
1991 The technology and organization of agricultural production in the Tiwanaku state. *Latin American Antiquity* 2: 99—125.

Kolb, Michael
1991 Social power, chiefly authority, and ceremonial architecture in an island polity. Ph. D. dissertation, Anthropology, University of California, Los Angeles.
1992 Diachronic design changes in heiau temple architecture of the island of Maui, Hawaii. *Asian Perspectives* 31: 9—37.
1994 Monumental grandeur and the rise of religious authority in precontact Hawaii. *Current Anthropology* 34: 1—38.

Kolb, Michael, and J. Snead
1994 Issues in community-level analysis in archaeology. Paper presented at the 59th annual meeting of the Society for American Archaeology, Anaheim, Calif.

Kristiansen, Kristian
1981 Economic models for Bronze Age Scandinavia: towards an integrated approach. In *Economic archaeology*, ed. A. Sheridan and G. Bailey. Oxford: British Archaeological Reports, International Series 96: 239—303.
1982 The formation of tribal systems in later European prehistory, 4000—500 B. C. In *Theory and explanation in archaeology*, ed. C. Renfrew, M. Rowlands, and B. Seagrave, pp. 241—80. New York: Academic Press.
1984 Ideology and material culture: an archaeological perspective. In *Marxist perspectives in archaeology*, ed. M. Spriggs, pp. 72—100. Cambridge: Cambridge University Press.
1987 From stone to bronze: the evolution of social complexity in northern Europe, 2300—1200 B. C. In *Specialization, exchange and complex*

    society, ed. E. Brumfiel and T. Earle, pp. 30 — 51. Cambridge:
    Cambridge University Press.
  1989 Prehistoric migrations-the case of the Single Grave and Corded Ware
    cultures. *Journal of Danish Archaeology* 8: 211—25.
  1990 Ard marks under barrows: a response to Peter Rowley-Conwy.
    Antiquity 63: 322—27.
  1991 Chiefdoms, states, and systems of social evolution. In *Chiefdoms:
    power, economy and ideology*, ed. T. Earle, pp. 16 — 43. New
    Directions in Archaeology. Cambridge: Cambridge University Press.
Krzanowski, Andresz
  1977 Yuraccama, the settlement complex in the Alto Chicama region
    (Northern Peru). In *Polish contributions in new world archaeology*,
    ed. J. Kozlowski, pp. 29 — 58. Krakow: Zakland Narodowy im
    Ossolinskich.
Lahainaluna student composition, number 15
  1885 Translated, typed copy. Honolulu: Bernice P. Bishop Museum
    Library.
LaLone, Mary B., and D. LaLone
  1987 The Inka state in the southern highlands: state administrative and
    production enclaves. *Ethnohistory* 34: 47—62.
Leach, Edmund
  1954 *Political systems of highland Burma*. London: London School of
    Economics Monographs on Social Anthropology.
LCA
  n. d. Land Commission Awards. Original manuscripts and microfilm (in
    English and Hawaiian) available in the Hawaiian State Archives,
    Honolulu.
LeBlanc, Catherine J.
  1981 Late Prehispanic Huanca settlement patterns in Yanamarca Valley,
    Peru. Ph. D. dissertation, Anthropology, University of California,
    Los Angeles.
Lechtman, Heather
  1977 Style and technology-some early thoughts. In *Material culture:
    styles, organization and dynamics of technology*, e d. H. Lechtman
    and R. Merlin, pp. 3—20. New York: West Publishing.
  1984 Andean value system and the development of prehistoric metallurgy.
    Technology and Culture 25: 1—36.
LeCount, Lisa
  1987 Towards defining and explaining functional variation in Sausa ceramics

from the upper Mantaro Valley, Peru. M. A. thesis, Anthropology, University of California, Los Angeles.

Lennstrom, Heidi
  1991 Intrasite spatial variability and resource utilization in prehistoric Peruvian highlands. Ph. D. dissertation, Center for Ancient Studies, University of Minnesota.

Lenski, Gerhard Emmanuel
  1966 *Power and privilege: a theory of social stratification.* New York: McGraw-Hill.

Leonard, Banks
  1984 Land scarcity and communal land use among Andean peasant farmers. M. A. thesis, Anthropology. University of California, Los Angeles.

Le Vine, Terry
  1979 Prehispanic political and economic change in highlands Peru: an ethnohistorical study of the Mantaro Valley. M. A. thesis, Archaeology, University of California, Los Angeles.
  1985 Inka administration in the central highlands: a comparative study. Ph. D. dissertation, Archaeology, University of California, Los Angeles.
  1993 *Storage systems in the Inka empire.* Norman: University of Oklahoma Press.

Levy, Janet
  1982 Social and religious organization in Bronze Age Denmark: an analysis of ritual horde finds. Oxford: British Archaeological Reports, International Series 124.
  1991 Metalworking technology and craft specialization in Bronze Age Denmark. *Archaeomaterials* 5: 55—74.
  1996 Heterarchy in Bronze Age Denmark: settlement pattern, gender, and ritual. In *Heterarchy and the analysis of complex society*, ed. R. Ehrenreich, C. Crumley, and J. Levy, pp. 41 — 53. American Anthropological Association, Archaeological Papers 6.

Linnekin, Jocelyn
  1987 Statistical analysis of the Great Mahele: some preliminary findings. *Journal of Pacific History* 22: 15—33.

Liversage, David
  1987 Martens Sande 2 — a single grave camp site in northwest Jutland. *Journal of Danish Archaeology* 6: 101—24.

Liversage, David, and P. K. Singh
  1985 A comparison of two Neolithic flint industries. *Journal of Danish*

Archaeology 4: 70—78.
Locke, John
　　1947(1690)　The second treatise of civil government. In *Two treatises of government*, ed. T. Cook, pp. 133—46. New York: Hafnir Press.
London, Jack
　　1989(1912)　*Tales from the Pacific*. New York: Penguin Books.
Lumbreras, Luis G.
　　1957　La cultura wanka. In Ondas Isabelinas, Organo Cultural de la Gran Unidad Escolar Santa Isabel de Huancayo 223: 15—18.
　　1959　Esquema arqueológico de la sierra central del Perú. *Revista del Museo Nacional* 28: 64—117.
McGuire, Randall
　　1992　*A Marxist archaeology*. San Diego: Academic Press.
Machiavelli, Niccolo
　　1963(1532)　*The prince*. New York: Washington Square Press.
McNeill, William H.
　　1982　*The pursuit of power: technology armed force, and society since A. D. 1000*. Chicago: University of Chicago Press.
Madsen, T.
　　1988　Causewayed enclosures in southern Scandinavia. In *Enclosures and defenses in the Neolithic of Western Europe*, ed. C. Burgess, P. Topping, C. Mordant, and M. Maddison. Oxford: British Archaeological Reports, International Series 403.
Mair, Lucy
　　1977　*Primitive government*. Bloomington: Indiana University Press.
Magnusson, Magnus, and H. Pálsson
　　1960　*Njal's saga*. New York: Penguin Books.
Malinowski, Bronislav
　　1922　*Argonauts of the western Pacific*. London: Routledge.
　　1935　*Coral gardens and their magic*. London: Allen and Unwin.
　　1944　Basic needs and cultural response. In *The scientific theory of culture and other essays*. Chapel Hill: University of North Carolina Press.
Malo, David
　　1951(1898)　*Hawaiian antiquities*. Bernice P. Bishop Museum Special Publications 2.
Mann, Michael
　　1986　*The sources of social power*. Cambridge: Cambridge University Press.
Marx, Karl

1904 *A contribution to the critique of political economy*, trans. N. I. Stone. Chicago: Charles H. Kerr.
1967(1867) *Capital: a critique of political economy*, Vol. 1, *The process of capitalist production*. New York: International Publishers.

Marx, Karl, and F. Engels
1965(1848) *The communist manifesto*, ed. J. Katz. New York: Washington Square Press.

Matos Mendieta, Ramiro
1959 Los Wanka, datos históricos y arqueológicos. *Actas y Trabajos del II Congreso Nacional de Historia del Perú*. 1: 187—210.
1966 La economía durante el período de Reinos y confederaciones en Mantaro, Perú. *Actas y Memorias del XXXVI Congreso Internacional de Americanistas*, 2: 95—99. Seville.
1972 Ataura: un centro chavin en el Valle del Mantaro. *Revista del Museo Nacional* 38: 93—108.
1975 Prehistoria y ecología humana en las punas de Junín. *Revista del Museo Nacional* 41: 37—80.

Matos Mendieta, Ramiro, and J. Parsons
1979 Poblamiento prehispánico en la cuenca del Mantaro. In *Arqueología Peruana*, ed. R. Matos Mendieta, pp. 157—71. Lima: Universidad Nacional Mayor de San Marcos.

Meggitt, Mervyn
1965 *The lineage system of the Mae Enga of New Guinea*. New York: Barnes and Noble.
1977 *Blood is their argument: warfare among the Mae Enga tribesmen of the New Guinea highlands*. Palo Alto, Calif. : Mayfield.

Meillassoux, Claude
1981 *Maidens, meals and money*. Cambridge: Cambridge University Press.

Menzies, Archibald
1920 *Hawaii nei 128 years ago*. Honolulu: W. F. Wilson.

Miller, William I.
1990 *Bloodtaking and peacemaking: feud, law, and society in saga Iceland*. Chicago: University of Chicago Press.

Mitchell, William
1973 The hydraulic hypothesis: a reappraisal. *Current Anthropology* 14: 532—34.
1991 *Peasants on the edge: crop, cult, and crisis in the Andes*. Austin: University of Texas Press.

Moore, Sally Falk
　　1978　*Law as process*. London: Routledge.
Morrison, Kathleen
　　1994　The intensification of production: archaeological approaches. *Journal of Archaeological Method and Theory* 1: 111—59.
Murra, John V.
　　1980(1956)　*The economic organization of the Inca state*. Greenwich, Conn. : JAI Press.
Nordyke, Eleanor
　　1989　Comment. In *Before the horror: the Polynesian population of Hawai'i on the eve of western contact*, by D. Stannard, pp. 105—13. Honolulu: University of Hawaii Press.
Olson, S. , and H. James
　　1984　The role of Polynesians in the extinction of the avifauna of the Hawaiian Islands. In *Quaternary extinctions*, ed. P. S. Martin and R. Klein, pp. 768—80. Tucson: University of Arizona Press.
Orans, Martin
　　1966　"Surplus." *Human Organization* 25: 24—32.
Ortner, Sherry
　　1984　Theory in anthropology since the sixties. *Comparative Studies in Society and History* 26: 126—66.
Owen, Bruce, and M. A. Norconk
　　1987　Appendix 1. Analysis of the human burials, 1977 — 1983 field seasons: demographic profiles and burial practices. In *Archaeological field research in the upper Mantaro, Peru, 1982 — 1983: investigations of Inka expansion and exchange*, by T. Earle, T. D'Altroy, C. Hastorf, C. J. Scott, C. L. Costin, G. S. Russell, and E. C. Sandefur, pp. 107—23. Institute of Archaeology, UCIA, Monograph 27.
Pálsson, Hermann, and Paul Edwards
　　1976　*Egil's saga*. London: Penguin Books.
Parsons, Jeffrey
　　1978　El complejo hidraulico de Tunanmarca: canales, acueductos y reservios. In *III Congreso Peruana: el hombre y la cultura Andina*, ed. R. Matos M. , 2: 556—66. Lima: Universidad Nacional Mayor de San Marcos.
Parsons, Jeffrey, and C. Hastings
　　1988　The Late Intermediate period. In *Peruvian prehistory*, ed. R. Keating, pp. 190—232. Cambridge: Cambridge University Press.

Parsons, Jeffrey, and R. Matos Mendieta
 1978 Asentamientos prehispánicos en el Mataro, Peru: informe preliminar. In *III Congreso Peruana : el hombre y la cultura Andina*, ed. R. Matos M., 2: 540—55. Lima: Universidad Nacional Mayor de San Marcos.
Peebles, Christopher, and S. Kus
 1977 Some archaeological correlates of ranked societies. *American Antiquity* 42: 421—48.
Polanyi, Karl
 1957 The economy as instituted process. In *Trade and market in the early empires*, ed. K. Polanyi, C. Arensberg, and H. Pearson, pp. 243—70. New York: Free Press.
Portlock, N.
 1789 *A voyage around the world . . . in 1785—1788*. London: Stockdale.
Pozorski, Shelia
 1987 Theocracy vs. militarism: the significance of the Casma Valley in understanding early state formation. In *The origins and development of the Andean state*, ed. J. Haas, S. Pozorski, and T. Pozorski, pp. 14—30. Cambridge: Cambridge University Press.
Price, Barbara
 1994 Comment. In Monumental grandeur and the rise of religious authority in precontact Hawaii, by M. Kolb. *Current Anthropology* 35: 539—40.
Price, Douglas, and Gary Feinman
 1995 *Foundations of social inequality*. New York: Plenum Press.
Randsborg, Klavs
 1984 Women in prehistory: the Danish example. *Acta Archaeologica* 55: 143—54.
Rappaport, Roy
 1967 *Pigs for ancestors*. New Haven: Yale University Press.
Rechtman, Robert
 1992 The evolution of sociopolitical complexity in the Fiji Islands. Ph. D. dissertation, Anthropology, University of California, Los Angeles.
Reeve, R.
 1983 Archaeological investigations in section three. In *Archaeological investigations of the Mudlane-Waimea-Kawaihae road corridor, Island of Hawaii*, ed. J. T. Clark and P. V. Kirch, pp. 181—239. Honolulu: Department of Anthropology, Bernice P. Bishop Museum Press, Report 83—1.
Renfrew, Colin

1973 Monuments, mobilisation, and social organization in Neolithic Wessex. In *The exploration of cultural change*, ed. C. Renfrew, pp. 539—58. London: Duckworth.

1974 Beyond a subsistence economy: the evolution of social organization in prehistoric Europe. In *Reconstructing complex societies*, ed. C. Moore. Bulletin of the American School of Oriental Research 20: 69—95.

1976 Megaliths, territories and population. In *Acculturation and continuity in Atlantic Europe*, ed. S. deLaet, pp. 98—120. Bruges: de Temple.

1982 Socio-economic change in ranked society. In *Ranking, resources and exchange*, ed. C. Renfrew and S. Sherman, pp. 1—9. Cambridge: Cambridge University Press.

Ricardo, David
1821 *On the principles of political economy and taxation*. London: J. Murray.

Rick, John
1980 *Prehistoric hunters of the high Andes*. New York: Academic Press.
1987 Dates as data: an examination of the Peruvian preceramic record. *American Antiquity* 52: 55—73.

Rosendahl, Paul
1972 Aboriginal agriculture and residential patterns in upland Lapakahi, Hawaii. Ph. D. dissertation, Anthropology, University of Hawaii.

Rowe, John
1946 Inka culture at the time of the Spanish conquest. In *Handbook of the South American Indians*, ed. J. Steward, 2: 183—330. Bureau of American Ethnology Bulletin 143.

Russell, Glenn
1988 The effect of Inka administrative policy on the domestic economy of the Wanka, Peru: the production and use of stone tools. Ph. D. dissertation, Anthropology, University of California, Los Angeles.

Sáenz, Candelario
1991 Lords of the waste: predation, pastoralism, and the process of stratification among the eastern Twaregs. In *Chiefdoms: power, economy, and ideology*, ed. T. Earle, pp. 100—118. Cambridge: Cambridge University Press.

Sahlins, Marshall
1958 *Social stratification in Polynesia*. Seattle: University of Washington Press.

1971　An interdisciplinary investigation of Hawaiian social morphology and economy in the late prehistoric and early historic periods. Grant proposal submitted to the National Science Foundation.
　1972　*Stone Age economics*. Chicago: Aldine.
　1985　*Islands of history*. Chicago: Chicago University Press.
―――, ed.
　1992　*Anahulu: the anthropology of history in the Kingdom of Hawaii*, vol. 1. Chicago: University of Chicago Press.
Sandefur, Elsie C.
　1988　Andean zooarchaeology: animal use and the Inka conquest of the upper Mantaro Valley. Ph. D. dissertation, Archaeology, University of California, Los Angeles.
Sanderson, Stephen
　1995　*Social transformations: a general theory of historical development*. Oxford: Blackwell.
Schmitt, Robert
　1971　New estimates of the pre-censal population of Hawai'i. *Journal of the Polynesian Society* 80: 241—42.
Schoenfelder, John
　1992　The politics of absolution: restricted access and ritual subordination at the Hawaiian Pu'uhonua. M. A. thesis, Anthropology, University of California, Los Angeles.
Seltzer, Geoffrey, and C. Hastorf
　1990　Climatic change and its effects on prehistoric agriculture in the Peruvian Andes. *Journal of Field Archaeology* 17: 397—417.
Service, Elman
　1962　*Primitive social organization: an evolutionary perspective*. New York: Random House.
　1975　*Origins of the state and civilization: the process of cultural evolution*. New York: Norton.
Sherman, Steven
　1982　Exchange and ranking: the role of amber in the earlier Bronze Age. In *Ranking, resources, and exchange*, ed. C. Renfrew and S. Sherman, pp. 33—45. Cambridge: Cambridge University Press.
　1986　Interaction and change in third millennium B. C. western and central Europe. In *Peer polity interaction and socio-political change*, ed. C. Renfrew and J. Cherry, pp. 137—48. Cambridge: Cambridge University Press.
Sherratt, Andrew

1981 Plough and pastoralism: aspects of the secondary products revolution. In *Patterns of the past: studies in honour of David Clarke*, ed. I. Hodder, G. Isaac, and N. Hammond, pp. 261—305. Cambridge: Cambridge University Press.

Sikkink, Lynn L.
1988 Traditional crop-processing in Central Andean households: an ethnoarchaeological perspective. In *Multidisciplinary studies in Andean anthropology*, ed. V. Vitzhum. Michigan Discussions in Anthropology 8: 65—85.

Smith, C. T., W. Denevan, and P. Hamilton
1968 Ancient ridged fields in the region of Lake Titicaca. *Geographical Review* 59: 353—67.

Snow, Dean
1994 *The Iroquois*. Oxford: Blackwell.

Spencer, Herbert
1967(1882) *The evolution of society: Selection from Herbert Spencer's principles of sociology*, ed. R. Carneiro. Chicago: University of Chicago Press.

Spriggs, Matthew
1986 Landscape, land use and political transformation in southern Melanesia. In *Island societies: archaeological approaches to evolution and transformation*, ed. P. Kirch, pp. 174—89. Cambridge: Cambridge University Press.

1991 "Preceded by forest:" changing interpretations of landscape change on Kaho'olawe. *Asian Perspectives* 30: 71—116.

Spriggs, Matthew, and P. Kirch
1992 'Auwai, kanawai, and waiawi: irrigation in Kawailoa-Uka. In *Anahulu: the anthropology of history in the Kingdom of Hawaii*, Vol. 2, ed. P. Kirch, pp. 118—64. Chicago: University of Chicago Press.

Stanish, Charles
1994 The hydraulic hypothesis revisited: Lake Titicaca basin raised fields in theoretical perspective. *Latin American Antiquity* 5: 312—32.

Stannard, David
1989 *Before the horror: the Polynesian population of Hawai'i on the eve of western contact*. Honolulu: University of Hawaii Press.

Startin, David
1982 Prehistoric earthmoving. In *Settlement patterns in the Oxford region*, ed. H. J. Chase and A. Whittle, pp. 153—56. Oxford:

Oxford University Press.
Steward, Julian
1955 *Theory of culture change*. Urbana: University of Illinois Press.
Stewart, Charles
1830 *Journal of a residence in Sandwich Islands during the years* 1823, 1824, 1825. Honolulu: University of Hawaii Press.
Stone, Glenn
1993 Agricultural abandonment: a comparative study in historical ecology. In *Abandonment of settlements and regions*, ed. C. Cameron and S. Tomka, pp. 74−81. Cambridge: Cambridge University Press.
1994 Agricultural intensification and perimetrics: ethnoarchaeological evidence from Nigeria. *Current Anthropology* 35: 317−24.
Strathern, Andrew
1971 *The rope of Moka*. Oxford: Oxford University Press.
Sturluson, Snorri
1966 *The prose Edda : tales from Norse mythology*. Berkeley: University of California Press.
Tainter, Joe
1973 The social correlates of mortuary patterning at Kaloko, north Kona, Hawaii. *Archaeology and Physical Anthropology in Oceania* 8: 1−11.
Thomas, Julian
1991 *Rethinking the Neolithic*. Cambridge: Cambridge University Press.
Thomas, W. L.
1965 The variety of physical environments among Pacific islands. In *Man's place in the island ecosystem*, ed. F. Fosberg, pp. 7 − 38. Honolulu: Bernice P. Bishop Museum Press.
Thompson, John
1990 *Ideology and modern culture*. Stanford, Calif. : Stanford University Press.
Thrane, Henrik
1989 Danish plough-marks from the Neolithic and Bronze ages. *Journal of Danish Archaeology* 8: 111−25.
Tilley, Christopher
1984 Ideology and the legitimation of power in the Middle Neolithic of Southern Sweden. In *Ideology, power, and prehistory*, ed. D. Miller and C. Tilley, pp. 111 − 46. Cambridge: Cambridge University Press.
Toledo, Francisco de
1940(1570) Información hecha por orden de Don Francisco de Toledo en su

visita de las Provincias del Perú ... In *Don Francisco de Toledo, supremo organizador del Peru: su vida, su obra* (1515—1582), ed. R. Levillier, 2: 14—37. Buenos Aires: Espasa-Calpe.

Topic, John, and T. Topic
1987 The archaeological investigation of Andean militarism: some cautionary observations. In *The origins and development of the Andean state*, ed. J. Haas, S. Pozorski, and T. Pozorski, pp. 47—55. Cambridge: Cambridge University Press.

Tosi, Joseph
1960 Zonas de vida natural en el Penú. Instituto lnteramericano de Ciencia Agrícolas de la OEA (OAS), Zona Andina, Boletín Técnio 5.

Trigger, Bruce
1990 Monumental architecture: a thermodynamic explanation of symbolic behavior. *World Archaeology* 22: 119—32.

Turnbull, John
1813 *A voyage around the world in the years* 1800 ... 1804 .... London: A. Maxwell.

Valeri, Valerio
1985 *The human sacrifice: ritual and society in ancient Hawaii*. Chicago: University of Chicago Press.

Vancouver, George
1798 *A voyage of discovery to the North Pacific Ocean and round the world*, Vol. 1. London: G. G. and J. Robinson, and J. Edwards.

Vandkilde, Helle
1991 Northern Jutland during the third and first half of the second millennium BC: from core to periphery. Manuscript.

Vayda, Andrew
1960 Maori warfare. Polynesian Society Monograph 2.
1976 *War in ecological perspective*. New York: Plenum Press.

Vebaek, C. L.
1971 An Iron Age village at Vestervig, Jutland. Acte du VII Congres International des Sciences Préhistoriques et Protohistoriques. Prag.

Vega, Andres de
1965(1582) La descripción que se hizo en la Provincia de Xauxa por la instrucción de su Majestad que a la dicha provincia se invio de molde. In *Relaciones Geográficas de Indias*, 1: 166 — 75. Biblioteca de Autores Españoles, vol. 183. Madrid: Ediciones Atlas.

Wachtel, Nathan
1982 The Mitimas of the Cochabamba valley: the colonization policy of

Huayna Capac. In *The Inca and Aztec states*, 1400 — 1800: *anthropology and history*, ed. G. Collier, R. Rosaldo, and J. Wirth, pp. 199—235. New York: Academic Press.

Webb, Malcolm C.
   1975 The flag follows trade: an essay on the necessary interaction of military and commercial factors in state formation. In *Ancient civilization and trade*, ed. J. Sabloff and C. C. Lamberg-Karlovsky, pp. 155—210. Albuquerque: University of New Mexico Press.

Weber, Max
   1930 *The Protestant ethic and the spirit of capitalism*. New York: Charles Schrobner and Sons.

Webster, David
   1985 Warfare and the evolution of the state. *American Antiquity* 40: 464—70.

Webster, Gary
   1990 Labor control and emergent stratification in prehistoric Europe. *Current Anthropology* 31: 337—66.

Wells, Peter
   1980 *Culture contact: early Iron Age Europe and the Mediterranean world*. Cambridge: Cambridge University Press.

Whitman, J. B.
   1813—15 Journal 1813 — 1815. Manuscript, Peabody Museum, Salem, Mass.

Willey, Gordon
   1953 Prehistoric settlement pattern in the Viru Valley, Peru. Bureau of American Ethnology Bulletin 155.

Wilson, David
   1987 Reconstructing patterns of early warfare in the lower Santa Valley: new data on the role of conflict in the origins of complex north coast society. In *The origins and development of the Andean state*, ed. J. Haas, S. Pozorski, and T. Pozorski, pp. 56 — 69. Cambridge: Cambridge University Press.

Wilson, Peter J.
   1988 *The domestication of the human species*. New Haven: Yale University Press.

Wittfogel, Karl
   1957 *Oriental despotism*. New Haven: Yale University Press.

Wolf, Eric
   1982 *Europe and the people without history*. Berkeley: University of

California Press.

Zuidema, R. Tom

  1977   The Inca kinship system: a new theoretical view. In *Andean kinship and marriage*, ed. R. Bolton and E. Mayer, pp. 240—81. American Anthropological Association Special Publication 7.

索 引

在本索引中,"f"代表随后一页内存在的独立讨论,"ff"代表随后两页内存在的独立讨论。超过两页的持续讨论则以页码跨度的形式表示,如"57—59"。

Abercrombie, N., N. 阿伯克龙比, 146, 152
Acolla Valley, 阿克拉山谷, 118
Adams, Robert McC., 罗伯特·亚当斯, 72, 188
Adaptationist theory, 适应主义理论, 68—69, 97
Africa, 非洲, 84
Age of Hill Forts, 山堡的时代, 187
Agriculture, 农业, 7, 65; 丹麦的, 23—24, 26, 33, 99—101, 198—99; 夏威夷的, 40—41, 43, 66, 77—78, 170, 179—80, 181 (fig.), 183, 200—201, 202, 210; 安第斯的, 47—48, 51—52, 89—93, 95—97, 188, 195—96; 技术优化, 71—73; 的角色, 74—75; 与政治组织, 82—83; 集约化, 86—89, 96. 也请参见 Dryland farming 旱地农业; Herding 畜牧; Irrigation systems 灌溉系统
Ahupua'a, 阿胡普阿, 6, 36, 39, 77, 84
Ali'i, 阿利伊, 5—6, 191, 200
Allen, Mark, 马克·艾伦, 133
Alpacas, 羊驼, 48
Althusser, Louis, 路易斯·阿尔都塞, 145f
Amber, 琥珀, 26, 162
Anahulu Valley, 阿纳胡卢河谷, 81, 87
Andersen, Svend Th., 斯文·安德森, 22
Andes Mountains, 安第斯山脉, 8; 环境, 46—48, 66; 农业, 74—75; 灌溉系统, 89—93, 95—96; 战争, 111—22; 仪式设施建造, 184—86; 象征物品, 186—87; 防御性聚落, 187—88; 印加征服, 189—90
Animals, 动物, 23, 25, 39f, 48—49,

65. 也请参见 Cattle 牲畜
Annexation Period，吞并期，44，87
Archaeology，考古学，69；丹麦的，21—22；匕首时期，27—28；夏威夷群岛的，38—39；与人口估计，41—42；曼塔罗谷地的，50—51
Armies，军队，参见 Military 军事；Warfare 战争
Arrowheads，箭镞，118，126，164
Asbrand，阿斯布朗德，123
Authority，权威，3，5—6，69，207
Axes，斧，24ff，124，162—63
Ayllu，阿依鲁，95

Bali，巴厘，148
Baltic states，波罗的海诸国，18，26
Barrows，土堆墓，21—22，23，26—27，31—33，100，167—68，197—98；与土地所有权，101—2；与文化景观，165—66
Base Roja ceramics，红色巴斯陶器，186
Bavnehøy，鲍内霍伊大墓，32，165
Bech, Jens-Henrik，延斯·亨里克·贝克，22
Beliefs，信仰，149. 也请参见 Ideology 意识形态
Bell, Duran，杜兰·贝尔，171—72
Bell Beaker culture，钟型杯文化，26，29，126，163—64
Bennett, Wendel，温德尔·贝内特，38，177，182
Beowulf，《贝奥武甫》，20—21，158—59
Big-Man society，头人社会，9，25，45，93，119，157，161
Bjergene，比耶纳山，27
Bjerre，比耶遗址，29，31—33，126，129
Bogs，沼泽，22—23
Bolivia，玻利维亚，92，189

Borges, Kimberly，金伯利·博尔赫斯，50
Bourdieu, P.，皮埃尔·布迪厄，148
British Isles，不列颠群岛，18，26，156，187—88
Bronze Age，青铜时代，7，102，141，160，191，197；丹麦的，15，21—22，26—27，29—33，65，98，100，142；考古，22—23；武器，126—31；象征物品，166—68
Browman, David，大卫·布罗曼，50
Brumfiel, Elizabeth，伊丽莎白·布鲁菲尔，1
Bureaucracy，官僚体系，69
Burials，墓葬，44，54；丹麦的，25f，32—33，124，127，129，160—69，197—98；作为土地标识，101—2

Camelids，骆驼科牲畜，48
Canoes, fighting，战斗木舟，137，206
Capitalism，资本主义，7
Carneiro, Robert，罗伯特·卡内罗，8，106，109；《国家起源的理论》，108；关于战争的论述，111，113f，116f，132
Castillo, L. J.，L. J. 卡斯蒂略，144
Cattle，牲畜：作为财富，100—101，102，129—30，131，198—99
Causewayed enclosures，堤道环壕，23，124，162
Centralization 中央化：经济的，68f；灌溉系统管理的，72—73，75—76；政治权力的，131—32
Ceramics，陶器，162f，186，189，191，196
Ceremonies, ceremonial cycles，仪式与仪式循环，143，148，156，192；公共的，153—55；钟型杯文化的，163—

64；夏威夷的，169f；万卡文化的，184—85，188

Cerro Sechin，塞钦山，111—12

Chicha，奇恰酒，115，186

Childe, V. Gordon，戈登·V·柴尔德，73，107

Chile，智利，157，189

Cieza de León, Pedro de，佩德罗·切萨·德莱昂，49，64

Cinchekona, cinche，辛切科纳，辛切，114—15，141，191，195，207

Circumscription，局限，108f，117

Climate change，气候变化，51—52，54

Clothing，衣着，158f

Clubs，棍棒，135. 也请参见 Donut stones 甜甜圈石器；Maceheads 权杖头

Cochabamba，科恰班巴，96

Cochachongos phase，科查琼戈斯期，117

Coercion，强迫，7—8，106—7，204—5

Coercive theory，强迫理论，68，69—70

Colonization，殖民，39—40，43，132—33

Commoners，平民：夏威夷的，36，45，200；图南马卡的，59—61；与基本财政经济，70—71；与土地租佃，79—81，82，180，182，201；对于平民的控制，85—86，89，103

Communication，沟通，9—10

Community，社群，94，100；夏威夷的，36，169；作为政治单元，115—16；万卡社会的，184，207. 也请参见 *Ahupua'a* 阿胡普阿；Settlements 聚落

Competition，竞争，107f

Complexity，复杂性，64，208，210—11

Confederacies，联盟，116

Conflict，冲突，107ff. 也请参见 Warfare 战争

Conquest，征服，109，119；夏威夷的，44，131—32，138，140，202—3，206；印加，121—22，189—90

Consolidation Period，稳固期，44，86，178

Control，控制，4，187，208；意识形态的，152—54，206—7；经济，203—4；军事，204—5

Cook, James，詹姆斯·库克，36—37，38，41，137f，174

Cooperatives，合作的，78

Copper，铜，26

Coppice agriculture，灌木农业，99

Cordy, Ross，罗斯·科迪，44，134

Corvée labor，强制劳力，81，95f，157，196

Cosmology，宇宙观，184

Costin, Cathy，凯茜·科斯汀，50

Cultural ecology，文化生态学，68，107—8

Cultural landscape，文化景观，157—58，163，165—66，169，172，174—75，183—84，197，202，207

Culture，文化，10，147—49

Currencies，货币，73

Cuzco，库斯科，95

Dagger Period，匕首时期，26—29，31，125—26，163

Daggers，匕首，135；燧石，26f，29，125—26，127（fig.），164—65；作为象征物品，163，168

D'Altroy, Terence，特伦斯·达特罗伊，50

Deforestation，森林退化，40，43. 也请参见 Forest clearing 森林清除

Deities，神，184. 也请参见 Gods 神

DeMarrais, Elizabeth，伊丽莎白·德玛雷，50，144

Denevan, William M., 威廉·M. 德内文, 92

Denmark, 丹麦, 7, 15, 17, 65, 191; 环境, 18, 22—23; 文献, 20—21, 159—60; 新石器时期, 23—29; 青铜时代, 29—33; 财富, 74f, 100—101, 102; 人口, 97—98, 99—100; 基本财政生产, 98—99; 战争, 122—31, 142; 物质化, 160—69; 权力策略, 197—200, 206

Display, 展示, 98, 169, 172—74, 186—87

Divine, the, 神圣性, 149

Donut stones, 甜甜圈石器, 118

Drained-field system, 排水田系统, 92f

Dryland farming, 旱地农业, 82, 88f, 183; 与政治组织, 83—85, 86

Dye, Tom, 汤姆·戴伊, 42f

Dye, David, 大卫·戴伊, 110

Early Bronze Age, 青铜时代早期, 参见 Bronze Age 青铜时代

Early Farmers, 早期农民, 160, 161—63

Early Horizon, 早地平线期, 111—13

Early Intermediate Period, 早中间期, 52—53, 54f

Early Neolithic, 新石器早期, 参见 Funnel Beaker Culture 漏斗杯陶文化

Ecology, 生态学, 69. 也请参见 Culmral ecology 文化生态学; Environment 环境

Economic power, 经济权力, 6—7

Economy, 经济, 144; 对于经济的控制, 12—13, 68—70, 203—4, 205; 政治经济, 45—46; 生业, 67—68, 94—95; 与社会权力, 70—75, 195; 丹麦的, 99—100; 意识形态, 198—99

Egil's saga, 《埃吉尔萨迦》, 20

Egshvile, 埃格什维尔墓, 127

Elites, 精英, 64, 73; 图南马卡的, 59—61; 夏威夷的, 103—4; 与战争, 109, 122, 141; 与武器, 127, 129; 继嗣, 138—40; 与物品, 172—74, 186—87, 198; 居所, 185—86

Emory, Kenneth, 肯尼斯·埃默里, 38

Engels, Friedrich, 弗里德里希·恩格斯; 《共产党宣言》, 70

England, 英格兰, 参见 British Isles 不列颠群岛

Environment, 环境, 72, 108; 变化, 20, 22; 丹麦的, 25, 26—27, 33, 98—100; 夏威夷的, 33—34, 39—40, 42—43; 秘鲁的, 46—49, 51—52, 54; 与社会复杂性, 64—65; 人工建造的, 179f, 182. 也请参见 Cultural landscape 文化景观

Ethnohistory, 民族历史, 38—39

Ethnoscience, 民族学, 147

Europe, 欧洲, 18

Exchange, 交换, 7, 12, 26, 83; 威望物品的, 75, 130, 150, 191, 199—200, 210. 也请参见 Trade 贸易

Experience, shared, 共享的经验, 151f. 也请参见 Culture 文化

Farming, 农耕, 参见 Agriculture 农业

Fear, 畏惧, 106—7, 116

Feathered cloaks, 羽毛斗篷, 9, 135, 172, 173—74, 207

Fields, 田地, 92f. 也请参见 Dryland farming 旱地农业; Irrigation systems 灌溉系统; Lo'i 洛依

Fiji, 斐济, 133

Finance, 财政, 73—74, 122. 也请参见 Staple finance 基本财政

Fish ponds, 鱼塘 41, 179

索　引

Flints，燧石 27，164－65.也请参见 Daggers，flint 燧石匕首
Forest clearing，森林清除，25f，33，51，90，99
Formative Period，形成期，44，52，55，86，118
Fortification，防御设施，112－14，117－18，119－20，133，187－88，196
Fried，Morton H.，莫顿·H. 弗里德，121，149
Friedman，Jonathon，约翰逊·弗里德曼，150
Funnel Beaker Culrure，漏斗杯陶文化，23－25，26，99，124，161－62，166

Geats，高特人，159－60
Geertz, Clifford，克利福德·格尔兹，171；《尼加拉：十九世纪巴厘剧场国家》，148
Genealogy，世系，5－6，36，45，138（图），172
Geobotany，地质植物学，22－23
Germanic society，日耳曼社会，20，98，158－60
Giddens, Anthony，安东尼·吉登斯，149
"Gift" economy，"礼物"经济，21
Gilman, Antonio，安东尼奥·吉尔曼，105
Godelier, Maurice，毛里斯·哥德利尔，145
Gods，神，172－73，175，201
Graves，坟墓，参见 Burials 墓葬；Passage graves 墓道墓葬
Grave goods，墓葬随葬品，26.也请参见 Burials 墓葬；Prestige goods 威望物品
Great Mahele，土地大分配法令，38－39，78f，81，180
Grendel，葛婪代，21
Group-oriented chiefdom，群体导向酋邦，210
Guaman Poma de Ayala, Felipe，费利佩·瓜曼·波马·德阿亚拉，50
Gunnar，贡纳尔，123－24，158f

Haas, Jonathan，约翰逊·哈斯，111
Hagstrum, Melissa，梅丽莎·哈格斯特鲁，51
Halawa，哈拉瓦岛，40
Halelea district，哈勒里阿区，39，76
Hanalei，哈纳莱伊，87
Hanstholm，汉斯特霍尔姆，29
Hassing Huse Mose bog，哈辛休斯莫斯沼泽，22
Hastorf, Christine，克里斯汀·哈斯托夫，40，51
Hatunmarca，哈通马卡，56，61－64，113－14，115
Hatun Xauxa，哈通豪哈，64，94
Hawai'i, Hawaiian Islands，夏威夷岛，夏威夷群岛，5－6，7，9，13，15，17，33－34，104，207，210；战争，8，109，133－41，142；社会组织，34－36，44－45，80（fig.）；历史文献，36－38；考古学，38－39；殖民，39－40；农业，40－41，82－83，102－3，179－80，181（fig.）；人口，41－43，65－66；政治组织，43－44，74，131－32；经济控制，75－89；等级制度，169－70；物质化，171－73，191－92；纪念碑，174－79，183－84；权力策略，200－203，205－6
Hawke's Bay (New Zealand)，霍克湾（新西兰），133
Hedeager, Lotte，洛特·赫迪格，21

Heiau, 海奥, 38, 171; 建造, 175—79
Helms, Mary, 玛丽·赫尔姆斯, 150
Helmets, feathered, 羽毛头盔 172, 207
Heltborg, 赫尔特堡, 22
Heorot, 鹿厅, 20
Herding, 畜牧, 25, 65, 99f, 198—99
Heterarchy, 异质性, 1, 151, 168, 187, 210
Hierarchy, 等级性, 1, 5, 169—70
Hill, S., S. 希尔, 146, 152
Hill-fort chiefdoms, 山堡酋邦, 121, 141, 196, 209
Hill forts, British, 不列颠山堡, 187—88
Historical materialism, 历史唯物主义, 70
Honolulu, 火奴鲁鲁, 87
Honor, 荣誉, 159
Households, 家户, 45; 图南马卡的, 59—61
House platforms, 房屋平台, 44
Hrothgar, 罗瑟伽, 20—21, 123
Huacrapukio Period, 瓦克拉普基奥期, 15, 53, 55; 聚落, 90—92, 184; 战争, 117—19, 120
Huancayo, 万卡约, 186
Hunter-gatherer societies, 狩猎采集社会 72
Hunting, 狩猎, 39f
Hydraulic theory, 水利理论, 69, 89—90

Iceland, 冰岛, 8, 20, 123—24
Iconography, 图像, 111—12
Ideas, 观念, 149. 也请参见 Ideology 意识形态
Ideological State Apparatus, 意识形态国家机器, 145
Ideology, 意识形态, 74, 104, 149; 与权力, 8—10, 143—44; 统治阶级, 145—46, 190—91, 196, 201—2; 与世界观, 146—47; 物质化, 151, 155—58, 191—92, 197; 控制, 152—54, 205, 206—7, 208; 与经济, 198—99
Indoctrination, 教化, 157
Information, 信息, 9—10
Inheritance, 继承, 81, 134—35
Inka empire, 印加帝国, 15, 46, 113; 在曼塔罗谷地, 49—50, 54f, 64, 66, 90, 94—95, 196—97; 灌溉系统, 95—97; 征服, 121—22, 189—90
Intimidation, 恐吓, 105
Iron Age, 铁器时代, 20, 22, 98
Iroquois, 易洛魁, 108
Irrigation festival, 灌溉节日, 188
Irrigation systems, 灌溉系统, 12, 72; 夏威夷的, 7, 39, 40—41, 66, 75—79, 85, 86—88, 180, 182f, 200f, 210; 安第斯的, 47, 89—94, 95—96, 184, 188, 195; 与政治组织, 68—69, 74, 82, 87

Jauja, 豪哈, 47, 49
Jensen, Jørgen, 乔根·詹森, 97
Jewelry, 珠宝, 160, 164, 167—68
Juli-Pomata region, 胡利—波马塔地区, 92
Junin, 胡宁, 52, 93
Jutland, 日德兰, 18, 25f, 99

Ka'eo, 凯欧阿, 139
Kahekili, 卡赫基利, 134—35, 139
Kaho'olawe, 卡霍奥拉维, 40
Ka-hui-a Kama, 卡惠阿卡玛, 135
Kaikeoewa, 凯克奥瓦, 82
Kalalau Valley, 卡拉劳河谷, 182
Kalamanamana, 卡拉马纳马纳, 87
Kalani'opu'u, 卡拉尼奥普, 137, 173
Kamakau, 卡玛考, 37—38

索　引　259

Kamakahelei，卡玛卡赫雷，139
Kamehameha I，卡米哈米哈一世，44，85，87f，132，138，140，202－3，205
Kaneoneo，卡尼奥尼奥，138f
Kanoa，卡诺阿，87
Kapu'unonui，卡普乌诺努伊，134
Kaua'i，考爱岛，17，34f，180，182，205；詹姆斯·库克在，36－38；考古学与民族历史，38－39；经济控制，75－89；精英，103－4，138（fig.），172；战争，138－40
Kaumuali'i，考穆阿利伊，87，139－40
Kealakekua Bay，凯阿拉凯夸湾，137，173f
Keawe，克阿韦，139－40
King, James，詹姆斯·金，174
Kinship，亲属关系，5－6，36，74，95，149，163
Kirch, Patrick，帕特里克·基希，82－83，84，132，134
Knowledge，知识，146
Ko'ele land，科勒田，81f
Kofyar，科菲亚尔人，84
Kohala，科哈拉，84，134
Koiniho，克伊尼霍，81
Kolata, Alan，阿兰·科拉塔，92
Kolb, Michael，迈克尔·科尔布，43，177－78，179
Komori, E.，E. 科莫里，42f
Kona，科纳，84－85，86
Konohiki，科诺希基，36，103，180，182f；角色，76，78f，81－82，89，201
Ko'olau，顾劳，182
Kowelo，科维洛，82
Kristiansen, Kristian，克里斯蒂安·克里斯蒂安森，22，98，127
Ku，库，171，175，177

Kula，库拉，79
Labor，劳力：对于劳力的控制，81，85－86，89，94ff，196；与纪念碑，156－57，175，177－78，179
Lalmilo-Waimea field complex，劳米洛－威美亚农业设施，88
Lanai，拉奈岛，87
Land，土地：所有权，39，103，134，184，202；夏威夷群岛的，44，79，81－82，85，134，169，182，201；曼塔罗谷地的，54，94f；与农业优化，72－73；与战争，87，108f，114，116，134；标识，101－2；使用权，180，207
Landesque capital intensification，地力资本集约化，84，90
Landscape，景观，71，103，160，179. 也请参见 Cultural landscape 文化景观
Lapakahi，拉帕卡依，84，88
Late Horizon，晚地平线期，54
Late Intermediate Period，晚中间期，53－54，56，93
Late Neolithic，新石器晚期，参见 Neolithic Period 新石器时期
Leach, Edmund，埃德蒙·利奇，2
Leadership，领导权，2，9，23，67，70，74；力量，3－4；波利尼西亚，43，132；战士的，56，114－15，141；与意识形态，190－91；与社会进化，208－9
LeBlanc, Catherine，凯瑟琳·勒布朗，51
LeCount, Lisa，丽莎·莱孔特，51
Lennstrom, Heidi，海蒂·伦斯特伦，51
Leonard, Banks，班克斯·莱纳德，51
LeVine, Terry，特里·莱文，51
Levy, Janet，珍妮特·利维，168
Liloa，利罗阿，83，139
Literature，文献：斯堪的纳维亚，20－

21，158—60
Llamap Shillón, 拉马什隆, 56, 120
Llamas, 大羊驼, 48
Llanos de Mojos, 亚诺斯德莫霍斯, 92
Locke, John, 约翰·洛克, 71
Lo'i, 洛依, 41, 77—78, 80 (fig.), 179
London, Jack, 杰克·伦敦, 182
Long houses, 长屋, 24
Lono, 罗诺神, 9, 36, 38, 170
Low Countries, 低地国家, 18

Maceheads, 权杖头, 118
Machiavelli, 马基雅维里, 141;《君主论》106
Mafia, 黑手党, 109
Makahiki, 玛卡希基: 仪式, 9, 170, 206; 圣地, 173
Mana, 曼纳, 45
Management, managers, 管理, 管理人, 36; 中央化, 68f, 72—73; 灌溉系统的, 75—76, 92
Mann, Michael, 迈克尔·曼, 12, 98, 146, 210
Mantaro Valley, 曼塔罗谷地, 17, 96, 103f, 186; 环境, 46—48, 51—52; 历史文献, 49—50; 考古, 50—51; 聚落, 52—54, 96—97; 人口增长, 54—55, 66; 政治组织, 55—64; 灌溉系统, 90—92, 93—94; 政治经济体系, 94—95; 战争, 111, 113—22; 印加影响, 189f; 权力策略, 194—97
Maori, 毛利, 132—33
Mapuche, 马普切人, 157
Marca, 马卡, 61
Marine resources, 海洋资源, 40
Marx, Karl, 卡尔·马克思, 145;《共产党宣言》, 70
Marxist theory, 马克思主义理论, 7, 9, 74, 145, 153
Materialization, 物质化: 与意识形态, 144, 151—58, 159, 191—92, 197—98; 丹麦的, 160—69; 夏威夷的, 169—84, 191—92; 安第斯的, 187—88
Material process, 物质过程, 13
Matos Mendieta, Ramiro, 拉米罗·马托斯·门迪塔, 50
Maui, 茂宜岛, 35, 140, 179, 203; 政治组织, 43—44, 87; 战争, 134—35, 139; 海奥, 177—78
Mauka, 茂卡, 87
Medieval era, 中世纪, 18
Megalithic monuments, 巨石纪念碑, 23ff, 124, 161—62
Melpa, 摩帕人, 157
Men's houses, 男人之屋, 157
Menzies, Archibald, 阿希巴尔德·孟席斯, 76, 84
Mesopotamia, 美索不达米亚, 72
Metal, 金属: 作为象征物品, 22, 102, 186—87, 191, 206
Middle East, 中东, 12, 88
Middle Formative Period, 中形成期, 92—93
Middle Horizon, 中地平线期, 51, 54
Middle Neolithic, 新石器中期, 参见Neolithic Period 新石器时期
Military, 军事, 200, 208; 夏威夷的, 85, 87, 140; 角色, 105—6, 141, 204—5; 在山堡酋邦, 121, 209; 与控制, 205—6, 207. 也请参见 Warfare 战争
Military might, 军事力量, 7—8
Mit'a, 米塔, 95f
Moka, 摩卡, 164
Molokai, 莫洛凯岛, 38, 40, 87, 134, 203

索　引

Monarchies，君主制，12，38
Montelius II Period，蒙特留斯二期，33，167，197—98
Monuments，纪念碑，143，159，207；墓葬，44，101—102，160—69，190，197；作为意识形态，155—58；夏威夷的，169—70，174—79，183—84
Morality，道德，144. 也请参见 Ideology 意识形态
Mounds，土丘/堆，56，190；墓葬，159，161—69
Multilinear evolution，多线进化论，13—14

Napali coast，纳帕里海岸，38，182
National Museum (Denmark)，国家博物馆（丹麦），22
Natchez，纳奇兹，110
Necklaces，项链，参见 Jewelry 珠宝
Neolithic Period，新石器时期，10，156，197；丹麦的，15，20，21—22，23—29，98—100，166，191；考古，22—23；武器，124—26；墓葬土丘，161—65
Neolithic-Bronze Age transition，新石器至青铜时代转变，20
New Archaeology，新考古学，97
New Guinea，新几内亚，93，109，119，164
New Zealand，新西兰，132—33
Nigeria，尼日利亚，71
Ni'ihau，尼豪岛，87，139
Njal's saga，尼亚尔萨迦，123—24，158f
Nordyke, Eleanor，埃莉诺·诺迪克，41
North Island (New Zealand)，北岛（新西兰），133
North Kohala coast，北科哈拉海岸，84
Nu'uanu，努乌阿努，87

O'ahu，瓦胡岛，35，38，81，85，87，135，139f，203
Objects，物品，参见 Symbolic objects 象征物品
Office (s)，职务，5—6，36
Oral history，口传历史，98
Ove, Lake，欧维湖，165
Ownership，所有权，7，39，70，72，I54，157，182—83，207

Pa，帕，133
Pahale，帕哈勒，79f，180
Pancán，潘坎，118，120
Paramounts，最高酋长，177；角色，35—36；与土地租佃，79，83；与战争，131—32，137，138—39；继嗣，139—40；仪式，170—71，172—74
Parsons, Jeffrey，杰弗里·帕森斯，46—47，50
Passage graves，墓道墓葬，161—62
Pastureland，草场，25，100，101—2，199
Peace，和平，119
Peer-polity interaction，同等政治体互动，198，209
Peleioholani，佩勒尤霍拉尼，134，137ff
Performance，表演，154
Perimetric features，周界设施，71
Peru，秘鲁，9；酋邦，13，15，17；环境，46—49；历史文献，49—50；考古，50—51；聚落，52—54，55—64；人口增长，54—55；灌溉系统，90—93；战争，111—22
Philippines，菲律宾，110，131
Pi'ihanahale heiau，皮伊哈纳哈勒海奥，177
Pins，针，61
Piripukio phase，皮里普基奥期，117
Pisac，皮萨克，95

Pithouses,半地穴房屋,27—28
Pizzaro, Hernando,埃尔南多·皮扎罗,49
Plants,植物,39f
Polanyi, Karl,卡尔·波兰尼,145
Political economy,政治经济体系,70, 99, 142, 155, 194, 203—4, 207—8;曼塔罗谷地的,94—95, 196;与文化环境,180, 182;控制,205—6
Political organization,政治组织:夏威夷的,43—44, 45—46, 86—87;曼塔罗谷地的,55—64, 141;太平洋的,82—83;与战争,116—17
Political process,政治过程,3f
Political systems,政治系统,67, 68—69
Political theory,政治理论,68, 69—70
Political units,政治单元,115—16
Polities,政治体,10f, 183
Pollen analysis,孢粉分析,22f, 26—27, 100
Polynesia,波利尼西亚,5, 39—40, 132—33, 201
Pond fields,水田,参见 Lo'i 洛依
Population, population growth,人口、人口增长 18;新石器丹麦的,27, 97—98;夏威夷群岛的,41—43, 86;曼塔罗谷地的,52, 53—55, 120—21;影响,65—66, 195;与战争,117, 129, 134
Portlock, N.,N. 波特洛克,140
Power,权力,3, 156;制度化,1—2;网络,10—14, 15;来源,4—10, 16;社会的,70—75;军事的,106, 141
Power strategies, networks,权力策略、网络,10—14, 15, 193—94;曼塔罗谷地的,194—97;曲半岛的,197—200;夏威夷的,200—203;结构,203—8

Pozorski, Shelia,希利亚·波佐斯基,112
Practice,实践,148—49
Prestige goods,威望物品,73, 110, 150;经济,26, 75, 199—200, 209—10;丹麦的,98, 102, 129—30, 164, 191, 198
Price, Barbara,芭芭拉·普莱斯,178
Priests,祭司,149
Production,生产,7, 12, 73, 90, 142, 170;对于生产的控制,142, 203, 208;与基本财政,70—71, 210;技术优化,71—72;与国家,95—96;丹麦的,98—99, 100, 167;武器,130—31;意识形态,151—52;象征物品,155, 206;of 威望物品,191, 200
Productivity,生产力,72, 108, 170
Propaganda,政治宣传,157
Property,贫穷,7, 39, 154, 172, 180, 182, 207
Proto-Polynesian culture,原始波利尼西亚文化,43f, 132
Puna fields,高山田地,93

Radiocarbon samples,碳十四样品,41—42, 86
Raiding,掠夺,98, 129
Raised fields,隆起田地,92
Rank, ranking,等级,43, 74, 149, 168, 191, 209
Rapa,拉帕岛,133
Reality,现实,147, 151
Rebellion,反叛,8
Reciprocal exchange,互惠交换,5, 107
Record keeping,记录,38
Redistribution,再分配,68f
Religion,宗教,144. 也请参见 Ideology

意识形态
Renfrew, Colin, 科林·伦福儒, 198, 209f
Resources, 资源, 13, 71—72, 156—57
Ricardo, David, 大卫·李嘉图, 70
Ridged fields, 脊线田地, 93
Rights, 权利: 个人的, 171—72; 财产的, 172
Ritual, 典礼, 148, 184—86. 也请参见Ceremonies 仪式
Rowlands, Mike, 迈克·罗兰, 22, 150
Ruling class ideology, 统治阶级意识形态, 145—46, 201—2
Russell, Glenn, 格伦·拉塞尔, 51

Sacredness, 神圣, 149—50
Sacrifice, 牺牲, 159—70, 177
Sahlins, Marshall, 马歇尔·萨林斯, 38—39, 149, 156
Sandalwood Period, 檀香木时期, 89
Sandefur, Elsie C., 艾尔西·C. 桑德弗, 51
Scandinavia, 斯堪的纳维亚, 18, 158—60
Schmitt, Robert, 罗伯特·施密特, 41
Scott, Cathy, 凯茜·斯科特, 50
Seltzer, Geoffrey, 杰弗里·塞尔策, 51
Sendero Luminoso, 光辉道路党, 50
Service, Elman, 埃尔曼·塞维斯, 68f, 75
Settlements, 聚落: 丹麦新石器时期的, 23—26, 27—28, 131; 夏威夷的, 37, 43—44, 134; 曼塔罗谷地的, 52—54, 56—64, 90—92; 与农业系统, 92—93, 96—97; 防御设施, 112—14, 117—18, 119—20, 133, 187—88; 防卫, 115—16, 126, 195; 仪式组织, 184—85
Sheep, 绵羊, 48

Shrines, 圣地, 38, 171, 173—74
Sicily, 西西里, 109
Sikkink, Lynn L., 林恩·L. 锡金克, 51
Single Grave Culture, 独墓文化, 25—26, 99, 124, 163, 166, 168
Slings, 投石索, 134f
Social evolution, 社会进化, 208—11
Social organization, 社会组织: 匕首时期, 28—29; 青铜时代早期, 31—33; 夏威夷的, 34—36, 44—45; 万卡的, 59, 61—64
Social process, 社会进程, 1—2
Social relationships, 社会关系, 4—6
Sønderhå, 森讷哈, 22, 27, 31, 32—33, 165—66
Songs, 歌谣 154
South Island (New Zealand), 南岛 (新西兰), 133
Spain, 西班牙, 72—73
Speaking, 发声, 9
Spears, 矛, 135
Spencer, Herbert, 赫伯特·斯宾塞, 8
Springs, 泉眼, 184
Stanish, Charles, 查尔斯·斯坦尼什, 93
Stannard, David, 大卫·斯坦纳德, 41
Staple finance, 基本财政, 70—73, 109, 121, 210; 与土地利用, 81, 92; 印加, 96, 196—97
Staples, 基本生业产品, 79, 82, 98—99
State, 国家: 与农业系统, 92—93, 95—97; 与统治阶级意识形态, 145—46
Status, 地位, 5—6; 丹麦新石器时期的, 26, 28—29, 99, 129—30, 131; 与武器, 124—26, 127—29, 141; 与物品, 160, 164, 166—68, 172—74, 207; 个人的, 171—72, 198
Stone, Glenn, 格伦·斯通纳, 84
Stratification, 分层, 44—45, 49, 145

索　引　263

Streams，溪流，184
Structuration，结构化，149
Structure of the conjuncture，结构性转折点，149，156
Sturluson, Snorri，斯诺里·斯图鲁松，20
Subsistence，生业：对于生业的控制，7，67—68，69，79，94—95；曲半岛的，18，20，198—99；夏威夷的，40，45—46；曼塔罗谷地的，54，196；与基本财政，71，109
Succession，继嗣，138—40. 也请参见Genealogy 世系
Surplus，剩余产品，71，79，202，206
Swords，剑：青铜的，127—29，130，141；作为象征，160，167f，198
Symbolic objects，象征物品，154—55，189，191，209；墓葬纪念碑中的，162—63，164，166—68，198；展示用的，169，172—74，186—87
Symbols，象征，143，152，154—55，160，169—70. 也请参见 Symbolic objects 象征物品

Tarma，塔尔玛，97
Taro (*Colocasia esculenta*)，芋头，40—41，77—78，87，180
Taxation，税务，55
Technology，技术，12，85；对于技术的控制，7，13；与资源，71—72；灌溉系统的，75—79；与战争，108，135，137，140；与象征物品，166—68
Temples，庙宇，169—70，202，206
Theater state，剧场国家，148
Theories，理论：政治的，68，69—70. 也请参见其他类型的
Thisted Museum，齐斯泰兹博物馆，22，29

Thomas, W. L.，W. L. 托马斯，156
Thorpe, Nick，尼克·索普，22
Thy，曲半岛，17，19（fig.），104，141，191，209—10；环境，18，20；考古，21—23；新石器时期，23—29；青铜时代，29—33，102；财富，100—101；战争，122—31，142；物质化，160—69；权力策略，197—200
Thy Archaeological Project (TAP)，曲半岛考古项目，22—23，26—27，31
Tin，锡，189
Titicaca, Lake，的的喀喀湖，92
Tiv，提弗人，84
Tiwanaku，蒂瓦纳科，92f，113
Toledo, Francisco de，弗朗西斯科·德·托莱多，114
Towns, walled，带有围墙的城镇，187—88
Trade，贸易，98，110，131，199—200，也请参见 Exchange 交换
Tragadero，特拉加德罗，92，118
Tribal society，部落社会，70
Tribute，贡赋，94，105，109f，206
Trobriand Islanders，特罗布里恩岛民，5
Tunánmarca，图南马卡，56，94，115；布局，57—61，184—85；作为堡垒，113—14，119—20
Túpac Amaru，图帕克·阿马鲁革命运动，50
Tupu，图普，61
Turner, B.，B. 特纳，146，152

'Umi，乌米，44，83，86，134
Unification Period，统一期，44，86
United Nations，联合国，10
Upper Mantaro Archaeological Research Project (UMARP)，上曼塔罗考古研究项目，50

索　引

Urban centers，城镇中心，18
Urigubu，乌里古布，5
Ushnu，乌什努，190

Valeri, Valerio，瓦莱里奥·瓦莱里，169，171
Vancouver, George，乔治·温哥华，76
Vayda, Andrew，安德鲁·瓦伊达，133
Vega, Andrés de，安德烈·德·维加，50，114
Vikings，维京人，18，21，98，159，也请参见 Denmark 丹麦
Visitas，巡查，50
Voluntarist theory，自愿理论，68—69

Waikiki，威基基，87
Waimea，威美亚，36，37—38，76，172，175，182
Wainiha stream，怀尼哈河，77（fig.）
Waioli，威奥利，80（fig.）
Waipi'o Valley，威庇欧河谷，83，86，139
Walls，墙，187—88，207
Wamani，瓦玛尼，184
Wanka culture，万卡文化，13，49ff，191，207，209；曼塔罗谷地的，53—56，93—94；聚落，56—64，187—88；战争，113—22，141；仪式，184—86；权力策略，194—97
Wanka I Period，万卡一期，56，93，120
Wanka II Period，万卡二期，56—57，61f，66，93，116，119f；仪式组织，184—86
Wanka III Period，万卡三期，61，189—90
Warfare，战争，87，104，106，142；与权力，8，195；曼塔罗谷地的，56，111—22；原因，107—10；曲半岛的，122—31；波利尼西亚的，132—33；夏威夷群岛的，133—41，171，177，201—2，206；与神圣规则，149—50
Wari，瓦里，53，55，90，113，119
Wariwilka，瓦里维卡，53
Warriors，战士，87，122，132，138—40；领导权，56，191，207；曼塔罗谷地的，56，114—15，196；斯堪的纳维亚的，158—59，160；控制，205—6
Warrior Societies，战士社会，160，163—65
Wealth，财富，156；丹麦新石器时期的，26，98f，102；作为政治货币，73—74；牲畜，100，129—30
Weapons，武器，26，127；曼塔罗谷地的，118，120；作为地位象征，123，124—25，141，168—69；青铜时代，126—29；生产，130—31；夏威夷的，134，135—37，205—6；象征主义，158，164—65，166—67
Weber, Max，马克斯·韦伯，3，145
Webster, David，大卫·韦伯斯特，108，134
Wessex，威塞克斯，187
Wittfogel, Karl，卡尔·魏特夫，68—69，75—76，89—90
Worldview，世界观，146—47
Wright, Herbert，赫伯特·怀特，51

Xauxa，豪哈，49，64

Yams，甘薯，5
Yanamarca Valley，亚纳马卡山谷，57，62，91（fig.）
Yarqa aspiy，亚尔卡·阿斯皮，188

Zealand，西兰岛，99

译后记

　　若是对史前考古稍有深入，那么蒂莫西·厄尔教授的名字应不会让人陌生。他是埃尔曼·塞维斯和马歇尔·萨林斯新进化论（Neo-Evolutionary）理论的继承者、酋邦考古的代表性人物，曾于1993—1997年任美国人类学会考古分会会长，2014年当选为美国艺术与科学院院士。他的学术研究主要关注人类社会组织的早期演化，以及社会不平等、社会分层与中央权力的诞生。他更为人所知的著作应是与艾伦·詹森合著的《人类社会的演化：从采集群体到农业国家》（*The Evolution of Human Societies：From Forager Group to Agrarian State*），全面且体系化地构建出了一条社会演化的通则性路径，在前人的基础上进一步深化了对于人类社会组织发展演变动力机制的理解。在中文学术圈内，厄尔教授关于酋邦考古的几篇论文曾被译介（《酋邦的演化》，《南方文物》2007年第4期；《考古学与民族学视野中的酋邦》，《南方文物》2009年第3期），从一般性的理论视角讨论了"酋邦"这一概念的定义、源流、类型、形成机制等诸问题。事实上，这些讨论已将《酋长如何掌权》的基本理论框架展现了出来，可以与本书参照对读。

回到《酋长如何掌权》一书，它试图回答的中心问题是，酋长（或最初的社会领导者）的中央化权力，以及早期社会的等级化组织结构是如何形成的。该社会文化现象的出现是后续大规模社会发展演化的前提与基础，标志着人类社会从分裂的"平等"社会中走了出来。在塞维斯的讨论中，这一问题的重要性可能还要大于从酋邦社会到国家社会的发展演变。毕竟与平等/不平等这一似乎更为本质的社会变革相比，之后的发展过程在某种程度上说只是不平等程度与规模的扩大。毋庸置疑，相关的研究已相当成熟、丰硕，国内外的各类理论与实践案例也早已多如繁花。那么，《酋长如何掌权》对于中国的史前研究又能提供怎样的独特价值呢？

首先，如上所述，厄尔本人在该研究领域中是一个标杆，他的论述在西方考古学界中极具代表性。不同于进行宏观讨论的论文，《酋长如何掌权》建基于对夏威夷、安第斯山区、丹麦这三个具体个案的细致分析，且它们都是作者亲身参与田野工作、开展大量细节研究的区域。这在当下的考古学理论中文译著中是少有的。与着重理论建构与创新方法的著作不同，本书更能为我们展示西方学者开展具体个案研究的流程与模式。这当然并不意味着对中国考古材料的分析便能直接就此"照搬"，但我们无疑能够从中收获更多研究的共鸣，更好地把握结论的推理与论述过程。这对于理解西方史前考古学理论而言也是有所帮助的。

其次，《酋长如何掌权》还鲜明地展现了美国史前考古学的全球比较视野，直接立论于三个处在完全不同时空背景下史前社会的共性与个性。厄尔的一线田野经历更使本书有别于其他许多著名的比较史学研究，最大程度避免了材料在不同语言与学术环境中转译带来的潜在谬误。当然，这一成果与近代以来具体的国际形势有着相当密切的联系，而参考近年来中国考古学的发展趋势，中文语境下的考古学研究也极有可能在不远的将来贡献出相当一部分有着独特价值的比较研究著作。在这样的前提下，本书既能为我们提供关于三个具体史前社会的前沿考古学研究进展，也能成为未来开展类似研究的一个范本。

除此之外，《酋长如何掌权》一书建立在西方人类学导向的史前研究学术背景之下，其中涉及到许多该领域内知名的概念与理论模型，如关于一般进化与特殊进化的辨析、社会权力的定义、罗伯特·卡内罗的国家起源战争论，关于复杂社会中等级化和异质性的讨论以及各路社会科学研究者们关于社会构成的诸多理论。如何将这些渊源有自的不同理论、概念运用到对史前社会的分析之中，同样是本书的一大看点。值得注意的是，厄尔本人受马克思主义的影响同样不小，这从本书副标题"史前政治经济学"中便初现端倪。因此，在阅读的过程中，读者或许会对其中的一些观点感到亲切，也更可能在相互交错的学术语境下催生出有益的学术交流。

能够翻译《酋长如何掌权》一书是我的荣幸。我对厄尔教授的了解始于本科期间的学习，得益于南京大学张良仁教授的推荐与介绍。在牛津大学陈国鹏博士的帮助下，我与厄尔教授以邮件的方式建立了联系，感受到了他真诚率直的个性及高涨的学术热情。作为一位76岁的老人，厄尔教授仍积极参与考古学学术活动，近年在中国台湾地区进行田野发掘与研究工作，笔耕不辍。在本书的翻译过程中，厄尔教授提供了有效的支持与帮助，并专门撰写了中文版序，希望能够与中国考古学界展开密切、有效的交流。

本书的翻译参考了许多已有的译著，并在文中以译者注的形式做出了说明。译稿曾经台湾"中央研究院"历史语言研究所赵金勇研究员、中国人民大学陈胜前教授等学者的分别审阅，浙江人民出版社的莫莹萍女士为本译著的出版助力良多，在此一并表示感谢。

因个人能力有限，译文中应还存在一些有碍理解或词不达意的部分，欢迎读者在阅读过程中指出，同时也欢迎读者就书中内容展开进一步讨论。希望本书能有所助益，谢谢！

张　炼

2023 年 3 月 13 日